商业数据分析
——原理、方法与应用

Business Analytics Principles, Concepts, and Applications: What, Why, and How

马克·J. 施尼德詹斯(Marc J. Schniederjans)
[美] 达拉·G. 施尼德詹斯(Dara G. Schniederjans) 著
克里斯多夫·M. 斯塔基(Christopher M. Starkey)

王忠玉 王天元 王 伟 译

机械工业出版社

针对商业数据分析的教学需求，本书提供了综合而完整的知识体系。本书介绍了最新的商业数据分析理念，阐述了什么是商业数据分析、为什么它如此有价值、如何应用它，并介绍了现在常用的重要统计技术、方法和软件工具。本书阐述了商业分析中的三种数据分析——描述性数据分析、预测性数据分析、规范性数据分析，并指导用户认识理解自己的数据分析项目。本书将基本概念与工具、技术及实际应用结合起来，通过实例，循序渐进地厘清那些企业或其他组织中可以用商业数据分析来解决的共性问题。事实已经证明，商业数据分析的原则、概念和应用提供了行之有效的理论和方法，成功地将它整合到组织当中，能帮助组织有效提升智能决策的竞争优势。

本书适合高校相关专业学生作为教材使用，也可供想了解大数据、数据分析如何帮助商业运营的管理者参考。

推荐序

我们正处于一个变革的时代,面对大数据、人工智能(AI)的崛起所带来的巨大机遇与挑战。一方面,我们需要深刻洞察技术变革的趋势,树立大数据时代的商业思维,特别是看清对商业运营管理和商业模式所带来的冲击,并及时做出应对策略,在管理形式和方法上做出响应和调整;另一方面,在商业、经济及其他领域中,管理决策行为将日益基于数据和分析做出,而并非基于经验和直觉,这些正是管理学院或商学院在人才培养中面临的新挑战。

最近,国外一些知名大学的管理学院或商学院纷纷创建了商业数据分析(Business Analytics,又称为商业分析)硕士项目或专业。商业数据分析是融合了商业经济管理、统计学、计算机科学的新兴交叉学科。商业数据分析既注重经济、金融、管理知识的掌握和运用,又关注大数据分析方法及人工智能技术的学习和训练,目的是促使数据分析工作更具有预测潜力,从而提高公司业绩和战略管理能力,最终提高运营效率。简言之,商业数据分析搭建了数据分析与商业管理之间的桥梁,是利用各种分析工具来研究数据(包含大数据),寻找有用信息,进而更好地进行决策的一门新兴交叉学科。

商业数据分析着重培养学生综合运用专业知识解决理论与实际问题的能力。这些能力的获得,通常离不开管理学院或商学院规划的知识体系和实践能力培养,当然也离不开这一领域的优秀教材。

这本书由马克·J.施尼德詹斯、达拉·G.施尼德詹斯及克里斯多夫·M.斯塔基合著,是商业数据分析领域中一本非常优秀的教材。全书以商业数据分析为主线,详细地讲述了商业数据分析三个基本部分——描述性数据分析、预测性数据分析、规范性数据分析的内容。全书结构清晰,观点明确,阐述详尽,语言简练。

正如作者在书中前言所说,"本书为商业数据分析的基础教学而编写,既可服务于大学教育,也可服务于实践者。除了为商业数据分析提供最新的文献和研究外,本书还利用简单的术语及在实践中十分有用的辅助方法,来解释商业数据分析流程。"

这本书具有以下三个特点:①紧跟当代大数据、人工智能变革的发展前沿，密切追踪业界发展动态；②理论与应用实践更加紧密，在给出有关理论的阐述讲解之后，辅以案例应用，体现学以致用；③知识体系完整，在讲述商业数据分析内容时，突出逻辑主线，深入浅出，图文并茂，并将有关辅助工具的内容放在附录之中。

本书由机械工业出版社正式出版中译本，译者之一王忠玉老师曾翻译过多本经济管理方面的书籍，比如前不久出版的《管理数据分析——原理、方法、工具及实践》中译本（机械工业出版社，2017年出版）也聚焦于商业数据分析领域的，只是侧重点有所不同，将其作为补充阅读更为有益。

李一军
教授、博士生导师
"长江学者"特聘教授

于　哈尔滨工业大学经济与管理学院

译者的话

当今,大数据(Big Data)或数据(Data)正以爆炸方式涌现在社会经济生活的方方面面,各行各业都在产生和利用着数据。比如人们在网络上购物、通信、浏览新闻、收听在线音乐、搜索信息,或在网上表达观点,这些行为都会生成原始数据而被逐一记录。当前,人们不仅拥有大量的数据(包括大数据),而且计算机的运算能力也有了快速的提升,这些为利用数据从事商业研究,特别是从数据挖掘和提取有价值的信息,提供了必要的基本条件和良好的环境。

随着大量丰富多彩的数据源不断地涌现的新时代的来临,数据成为一种新的资源。关于如何从数据中挖掘和提取有价值的信息的例子,这里选取2012年沃尔玛依据飓风预报而安排备货的案例来说明。

在飓风Frances来临的一周之前,沃尔玛公司的首席信息官(CIO)Linda M. Dillman督促她的团队,根据几周之前飓风Charley来袭期间沃尔玛的销售数据,对新飓风来袭时的销售进行预测。之前的海量销售数据被保存在数据仓库中,公司利用这些数据预测销售,目的是提前备货,进而提高公司的销售额。公司分析人员对那些销售数据进行挖掘分析,发现了一些不同寻常的需求特征。他们发现,人们确实更多地购买了某些特定的产品,但不是主观猜测的手电筒等。比如,他们发现,飓风到来前,草莓馅饼的销售量出现了增长,是平时销量的7倍左右,而最畅销的产品则是啤酒。据此,他们提前配备货物,极大地提高了公司的销售额。

当今,信息技术,尤其是互联网技术、计算机技术的不断进步和发展降低了人们获取数据、存储数据和传输数据的成本,使得越来越多的企业和政府机构等社会组织有能力从自身的业务系统,或者通过互联网等其他途径,获取规模日益庞大的数据。对于公司来说,数据的价值越来越高,人们更加重视对历史数据的积累,进行数据分析,挖掘和提取有价值的信息,以便高效、正确地认识和掌握事物的发展变动趋势,帮助决策者更好地进行决策。

要想认识和理解商业数据分析的理论及方法,一定离不开当前所处的时代背景,更离不开数据科学的基本理论和技术的支持。下面,首先简略介绍有关数据科学的基础知识,然后给出作为数据科学中一个特定的应用领域——商业数据分析的有关内容。

1. 数据科学

什么是数据科学（Data Science）？依据维基百科的释义，数据科学是一门利用数据来学习知识的学科，其目标是从数据中提取出有价值的信息。它结合了诸多领域中的理论和技术，包括数学、统计学、计算机科学，特别是计算机科学领域的数据库、大数据、机器学习、数据挖掘、数据可视化等子领域的相关技术和方法。

从数据科学的内涵来看，它是一个全新的概念，试图把统计方法和数据分析方法统一起来，目的是分析和理解客观现象产生的数据。数据科学的核心任务是从数据中抽取信息、发现知识。其研究对象是各种各样的数据及其特性。

为了认识和理解数据科学的内涵，首先从数据概念开始介绍。如果从数据科学的研究对象来看，数据是指利用测量工具所获得的未经处理的事实或数字。这些数据的类型多种多样，不仅包括传统的结构化数据，也包括网页、文本、图像、视频、语音等非结构化数据。这样定义的范畴既超出数学关于"数"的定义，又扩展了统计学关于"数据"的定义。实际上，比较常见的数据包括以下几种类型：

（1）表格。这是经典的数据类型。在表格数据中，通常行表示样本，列表示特征。

（2）点集（Point Set）。许多数据被认为是某空间中的点的集合，还有点云（Point Cloud）数据。

（3）时间序列。文本、通话和DNA序列等都可以看成是时间序列。它们也是某种变量（通常认为是时间）的函数。

（4）图像。可以看成是有两个变量的函数。

（5）视频。可以看成以时间和空间为坐标的函数。

（6）网页和报纸。虽然网页或报纸上的每篇文章都可以看成是时间序列，但整个网页或报纸又具有空间结构。

（7）网络数据。网络本质上是图，由节点和联系节点的边构成。

（8）模糊数据。本质上由各种模糊数构成。

除了前述几种基本数据类型之外，还存在更高层次的数据，例如图像集、时间序列集、表格序列等。

数据科学的理论与方法通常包括一组概念、原则、过程、技术/方法及工具，为其核心任务服务。其中，概念和基本原则给予人们观察问题、解决问题的一套完整的思想框架，而大量的数据分析技术/方法和工具则帮助人们切实实现数据科学的目标。一般来说，研究人员在进行数据分析时，要对数据的产生机制做某些基本假设，例如假设数据都是由某类相应的模型产生的。因此，数据分析的基本问题是找出这个模型，如表1所示。由于数据采集收集过程中不可避免会引入噪声，因此这些模型常常都是随机模型。

表1 常用数据类型及相应的数据模型

数 据 类 型	相应的数据模型
点集	概率分布
时间序列	随机过程
图像	随机场
网络数据	图模型、贝叶斯模型
模糊数据	模糊概率分布

美国雪城大学（Syracuse University）信息学院的杰弗里·斯坦顿（Jeffrey Stanton）在《数据科学导论》（*An Introduction to Data Science*）一书中提出：数据科学是一个新兴领域，它包括对海量数据信息的收集、预处理、分析、可视化、管理及保存等工作。

许多企业和机构之所以收集数据，原因是数据带来的价值或者潜在的价值超出了收集数据和管理数据的成本。通常，特定行业或领域的数据中会蕴含着规律，即数据中包含价值。

2. 数据科学的属性和应用过程

从数据科学的交叉特性来看，可将数据科学看成计算机科学、数学和统计学（含有现代数据分析）、特定领域的实务知识交叉融合而形成的新兴学科。相关的理论和技术源于不同学科的研究方向，相互之间存在比较大的差异，比如研究的基本假设等，而数据科学则试图在此基础上构建和谐自洽的理论体系。

德鲁·康韦（Drew Conway）利用韦氏图说明研究数据科学需要的技能，如图1所示，进而揭示出数据科学十分重要的属性——交叉性。可以看出，数据科学的特征之一是多学科的交叉。

从实践应用来看，数据科学研究并不是某一个领域的专项问题，而是多学科综合性研究问题，应用时要具

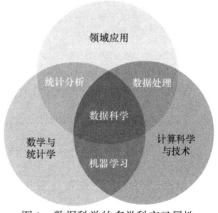

图1 数据科学的多学科交叉属性

备三个条件：第一个条件是底层构架开发或使用能力；第二个条件是程序开发能力；第三个条件是数据建模和解决问题能力。

数据科学家需要什么样的能力呢？美国加州大学伯克利分校统计系的郁彬（Bin Yu）教授提出，一个合格的数据科学家应具备的基本素质和技能可概括为 SDC³：

- Statistics（S）：统计学。
- Domain（Science）Knowledge（D）：坚实深厚的科学知识。
- Computing（C）：计算技术。
- Collaboration（Team Work）（C）：团队的合作能力。
- Communication（to Outsiders）（C）：与外界的沟通能力。

从现实来看，数据科学家收集数据、清洗数据、创建数据集、分析数据然后提出新观点，尝试用现有的数据预测未来，帮助提高产品、服务的质量和顾客黏性。更好的质量意味着更能取悦顾客、获得收益。因此，数据科学家最应该具备的三个特质是：①知道如何提出好问题；②理解所要处理数据的结构；③很好地解读这些数据。换句话说，数据科学家必须能够完成从数据到信息、知识、洞察力的过程，如图2所示。概括地讲，数据科学家就是提出合适的问题，然后提出有意义的见解来指导决策。

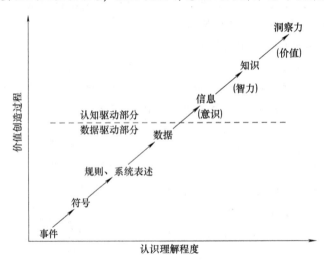

图2　从数据到信息、知识、洞察力的过程

从数据科学整个应用过程来看，不同阶段工作拥有各自的特定目标和探索工具，由不同的人来完成。例如数据获取与管理由首席数据官负责执行；数据存储与处理由数据构架师负责完成；而数据分析与建模由数据分析师负责执行；当结合到某个特定领域时，特别是试图发现商业价值和启发并进一步应用时，则由商业数据分析师来执行完成。如图3所示。

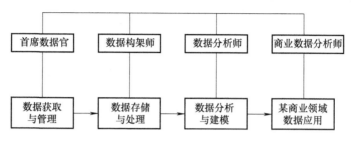

图3　数据应用中各阶段工作的目标任务和相应负责人

对于商业数据分析师和数据分析师来说，他们的工作尽管可能有交义重叠之处，但是侧重点是不一样的。本质上，商业数据分析师探寻数据中隐藏的商业规律，在商业和IT之间作为中间沟通人，提高管理者的洞察力，进而改进业务流程，提高公司绩效。

3. 数据科学专业与商业数据分析专业

大数据时代，数据成为最重要的资源。2017年，中国网民规模达到7.72亿人，互联网普及率为55.8%，手机网民规模达到7.53亿人。2016年12月，工业和信息化部发布了《大数据产业发展规划（2016—2020年）》，这是为贯彻落实《中华人民共和国国民经济和社会发展第十三个五年规划纲要》和《促进大数据发展行动纲要》，加快实施国家大数据战略，推动大数据产业健康快速发展，在行动纲领上提出的指导规划。中国信息通信研究院发布的《中国大数据发展调查报告（2017年)》显示，2016年中国大数据市场规模达168亿元，增速达到45%，预计2017—2020年仍将保持30%以上的增长。

大数据的发展离不开物联网、云计算、人工智能等技术，离不开大数据相关人才。人才是产业发展的重要基石和支撑。在国外，伊利诺伊大学厄巴纳-香槟分校从2011年起举办"数据科学暑期研究班"；哥伦比亚大学从2013年起开设"应用数据科学"课程，并从2013年起开设相关培训项目，从2014年起设立硕士学位，2015年设立博士学位；纽约大学从2013年秋季起设立"数据科学"硕士学位。

加州大学伯克利分校在2016年春季学期的时候，学校首次开设的数据科学基础课程只吸引了300多名学生，而到2017年，已经有1000多名学生注册这门课程。学校一位数据科学教授表示："在伯克利，从来没有哪门课程发展得如此之快。"

在中国，香港中文大学从2008年起设立"数据科学商业统计"硕士学位；复旦大学从2007年起开设数据科学讨论班，2010年开始招收数据科学博士研究生，并从2013年起开设"数据科学"课程；北京航空航天大学于2012年设立大数据工程硕士学位。

2017年4月，教育部公布高校新增专业——"数据科学与大数据技术"本科专业，有32所高等院校成为第二批成功申请"数据科学与大数据技术"本科新专业的高校。这样，加上此前第一批成功申请该专业的北京大学、对外经济贸易大学和中南大学，已有35所高校成功申请"数据科学与大数据技术"专业。

为了深刻认识大数据、人工智能等新技术对商业运营管理和商业模式所带来的冲击，及时做出应对策略，国内外一些知名大学的管理学院或商学院纷纷创建商业数据分析（Business Analytics，又称为商业分析）硕士项目或专业。比如，美国南加州大学的马歇尔商学院开设了商业数据分析的硕士项目，北京大学光华管理学院设立了商业分析硕士项目等，哈尔滨工业大学经济与管理学院创建了商务数据分析、商务智能辅修专业（学位）。

4. 关于Business Analytics的译法

如果针对Analytics以一种学术界常见的追根溯源方式来探究，那么通常可将Analytics理解为成"n. 分析学，解析学，分析论"。

在大数据时代背景下，Analytics是否被赋予了新的含义呢？当前，如果从学术角度来考察"Analytics"，一般是指INFORMS学术组织（www.informs.org）对其所赋予的新的含义：Analytics is defined as the scientific process of transforming data into insight for making better decisions。中文大意是：分析学被定义成将数据转变成用于更好地决策的洞察力的科学过程。可以发现，这个新定义中，Analytics的对象是"数据"，对数据的加工过程则是一种科学的过程，最终目标是为人们的决策提供某种参考借鉴的依据，而且突出了"更好地决策"的高级目标。

国外有一本期刊《分析学》（*Analytics*），将Analytics定义为：利用数学、运筹学、统计影响商业决策。

而对于"数据分析"，我们特别欣赏和赞同麦克·沃森（Michael Watson）和德里克·内尔森（Derek Nelson）的观点。他们对"数据分析"所给出的定义为："数据分析是利用数据获得洞察力，帮助人们更好地做决策的学科集合。它由下面三个分支组成：①描述性数据分析，提供数据描述，报告数据并对数据可视化处理；②预测性数据分析，利用数据预测趋势，识别数据关系；③规范性（指导性）数据分析，根据所拥有的已知数据，依据未来所希冀的方向，为执行一系列的最佳决策提供指导方针。换句话说，描述性数据分析的目的是对已经发生什么和正在发生什么，提供一种认识理解；预测性数据分析的目的是告诉人们，将要可能发生什么；而规范性数据分析的目的是告诉人们如何应对。"（源自《管理数据分析——原理、方法、工具及实践》，中译本，机械工业出版社2017年出版）

鉴于以上介绍的 Analytics 和"数据分析"的学术含义，将 Analytics 翻译成"数据分析"就非常顺理成章。查询国内最近几年以来已经引进翻译的涉及 Analytics 方面的书籍，比如中译本《数据分析竞争法——企业赢之道》（2009年出版）、《精益数据分析》（2015年出版），以及前不久我们自己的译著《管理数据分析——原理、方法、工具及实践》，也是这样翻译的。本书是一本介绍数据分析方法在管理领域应用的初中级读本，通俗易懂、简明扼要，特别适合管理人员学习阅读，因此，我们将 Business Analytics 译成"商业数据分析"就十分自然了。

5. 本书的翻译和出版

本书的翻译和出版，是为了介绍如何将商业数据分析的理论及方法应用于各个行业，是一本学习和研究商业数据分析的基础教材。

本书第一译者曾于2013年10月参加哈尔滨工业大学经济与管理学院的"商务数据分析"新专业的课程建设小组，从那时起就一直关注和积累商业数据分析方面的知识。

本书的翻译和出版要特别感谢哈尔滨工业大学经济与管理学院的李一军教授、胡运权教授、于渤教授，以及学院院长叶强教授多年来给予译者的教诲和关怀。本书翻译工作具体分工如下：哈尔滨工业大学经济与管理学院王忠玉翻译第3、4、6、7、8章和附录B、附录C、附录D；黑龙江大学王天元翻译第5章和附录E、附录F、附录G；绥化学院王伟翻译第1、2章和附录A。最后，由王忠玉统稿。译者还要感谢曾经参与本书翻译和出版工作的其他老师和同学，他们是：哈尔滨工业大学经济与管理学院金融专业硕士研究生温雅欣，上海财经大学硕士研究生黄慧凡，哈尔滨工业大学经济与管理学院学生徐明泽、赵桓、吴春媛、张宇昂、王初旭、邢喆、王欢、王晓楠、高旭彤、张天爱、钟世超、彭娟，以及中央财经大学学生张丽波等。另外，在后期统稿时，哈尔滨工业大学经济与管理学院的陈政同学参与了部分工作。

虽然译者精心钻研和翻译，但仍可能存在纰漏和错误，希望广大读者指正。联系方式：wangzhy@hit.edu.cn。

王忠玉、王天元、王　伟

作者介绍

马克·J. 施尼德詹斯（Marc J. Schniederjans），内布拉斯加大学林肯分校工商管理学院 C. Wheaton Battey 特聘教授，在此之前曾经在其他三所大学任教。施尼德詹斯教授是决策科学研究所（Decision Sciences Institute, DSI）的研究员，并在 2014—2015 年担任 DSI 主席。他曾经营过自己的货车租赁业务。目前，他是供应管理学会（ISM）、生产和运营管理学会（POMS）和 DSI 的成员。

施尼德詹斯教授主要讲授"运营管理和管理科学"，并赢得了许多教学奖，是金钥匙（Golden Key）荣誉会员和 Alpha Kappa Psi 商业兄弟会的荣誉会员。他发表了 100 多篇杂志文章，写作出版了 20 本书。他最近的一本书名为《重塑供应链生命周期》，广泛地研究了运营管理和决策科学。他还在学术会议上提交了 100 多篇研究论文。

施尼德詹斯教授不仅在五个期刊编辑委员会任职，包括《计算机与运筹学》《国际信息与决策科学期刊》《国际服务业信息系统学报》《运营管理》《生产和运营管理学》，而且担任《运营管理研究》杂志的区域编辑，以及《国际战略决策科学》杂志和《国际社会系统科学与管理评论杂志：国际杂志》（韩国）的副主编。除此之外，施尼德詹斯教授还担任多个商业和政府机构的顾问和培训师。

达拉·G. 施尼德詹斯（Dara G. Schniederjans），罗德岛大学工商管理学院供应链管理助理教授，讲授"供应商关系管理和运营管理"等课程，曾在《决策支持系统》《运筹学研究会》《商业过程管理》等期刊上发表过多篇文章。她曾与人合作编写过两本教材和一本大众读物，也曾参加编写有关定量统计方法的读物。她担任过《国际社会系统科学杂志》社会科学商业伦理专题的客座顾问，目前还担任 DSI 的网站协调员。

克里斯多夫·M. 斯塔基（Christopher M. Starkey），康涅狄格大学的经济学学生，在管理和生产及运营管理学会会议上提交过论文；他讲授"微观经济学原理"课程，也曾经讲授过"宏观经济学原理"课程。他目前的研究兴趣包括宏观经济和货币政策，以及决策方法。

前　言

我们每天都要面对大爆炸式的信息，我们尽力汇总整理信息，并运用信息来帮助决策，但有时候还是会被大量的数据所淹没。这可能导致我们得出错误的结论，同时做出错误的决定。例如一家全球性公司，在从世界各地收集数百万笔交易和客户行为数据时，单独就数据量而言，也会使得查找有用的客户信息这一任务几乎不可能完成。对于这家公司，以及更小的企业来说，解决方案是应用商业数据分析（Business Analytics，BA）。商业数据分析可以帮助人们整理大数据文件（称为"大数据"），在预测未来时，寻找有用的行为模式，并据此配置资源以实现最优化决策。商业数据分析是一个逐步深入的过程，帮助企业收集有用信息，以系统化程序来管理大数据，进而解决问题，找准提高公司绩效的机会。

本书为商业数据分析的基础教学而编写，既可服务于大学教育，也可服务于实践者。除了为商业数据分析提供最新的文献和研究外，本书利用简单的术语及其在实践中十分有用的辅助方法，来解释商业数据分析流程。就整体而言，本书所阐述的统计和定量工具中需要的数学知识不超过高中代数的水平。为了服务于读者需求，我们给出大量实例和案例，以训练读者运用普通的商业数据分析工具和软件。从业者可以发现，对商业数据分析方法进行研究，有益于考察所探讨的专题。大学师生可以发现，每章学习目标和对问题的讨论有助于满足他们的需求。

本书的目标是阐明什么是商业数据分析，为什么商业数据分析十分重要，以及如何应用商业数据分析。为实现这个目标，本书将介绍概念内容、相关软件和一些分析工具。

概念内容

本书的前面8章阐述有关的概念内容（参看第1章的1.4节关于本书内容的组织结构）。本书的概念内容远远超出商业数据分析的范围。本书将要解释：对于提供问题的解决方案来说，为什么商业数据分析是十分重要的，如何用它来实现竞争优势，以及如何协调组织更好地利用它。本书解释了在组织中应用商业数据分析时需要用到的管理知识，还有商业数据分析人员应该拥有的技能。本书还阐述了数据管理问题，例如数据收集、业务外包、数据质量及变革管理，因为这些内容和商业数据分析有关。

在建立管理基础来解释商业数据分析是什么和为什么重要之后，剩下各章则关注如何运用商业数据分析。为使这三个过程具体化，我们将商业数据分析解释为具有描述性、预测性以及规范性的分析步骤。对于每一个步骤，本书提供了一系列策略，以及商业数据分析流程的最佳实践指南。

相关软件

商业数据分析的绝大部分工作都要使用软件。令人遗憾的是，没有一个软件可以涵盖商业数据分析的所有方面。虽然有很多相关软件，但许多机构各自偏爱其中的一个。为了提供灵活性，本书介绍了多个软件，以供选择。在本书中，我们利用 SPSS®、Excel® 和 Lingo® 软件进行建模并解决问题。尽管本书提供了使用这些软件系统时的一些输入和指令，但主要内容是其输出。至于对运行软件不感兴趣的人，软件输出的资料也为他们提供了有价值的信息。对于那些在大学其他课程中会教授使用方法的基本软件，本书不再详细培训，建议对商业数据分析感兴趣的人要先了解这些基本软件的使用。

分析工具

本书附录对分析工具的内容进行了概述。商业数据分析是综合了统计、管理信息系统（MIS）和定量方法的学科。虽然书中的概念内容概括了如何进行商业数据分析流程，但如何在实际中应用商业数据分析则需要掌握定量化工具。因为一些实践者和大学课程对商业数据分析的技术方面不太感兴趣，所以本书只好在附录中给出这些定量内容。这些附录提供了用于支持各种分析的商业数据分析工具的大量解释。本书所解释和阐明的统计工具包括统计计数（排列、组合、重复）、概率方法（加法准则、乘法准则、贝叶斯定理）、概率分布（二项分布、泊松分布、正态分布、指数分布）、置信区间、抽样方法、一元回归与多元回归、绘图方法与假设检验。尽管管理信息系统已超出本书的范围，但本书仍然利用前面所提到的软件运用来阐明管理信息系统的搜索、聚类和典型的数据挖掘方法的应用。此外，本书中所解释和阐明的定量方法工具包括：线性规划、对偶性和灵敏度分析、整数规划、0-1规划、预测建模、非线性最优化、模拟分析、盈亏平衡分析和决策理论（确定型、风险、不确定型决策、期望机会损失分析、完全信息期望值，不完全信息的价值）。

我们要感谢许多人的帮助，这些人为创作本书提供了所需的支持。首先，我们非常感谢我们的编辑 Jeanne Glasser Levine 和 Pearson 的优秀工作人员的支持。他们使得创作本书变成一种快乐，并与我们一起改进最终产品。和出版商合作编写书籍的几十年使我们认识到，顶级的出版商在图书出版中发挥了非常大的作用。我们感谢 Alan McHugh，本书的封面（英文版）是他所设计的。他的不断探索精神和创新思想，对我们完成书稿做出了重要贡献。我们还要感谢 Jill Schniederjans 给予的大量编辑帮助。她减少了冗长的话语，增强了内容的趣味性。最后，我们要感谢 Miles Starkey 的帮助，他的存在和魅力提升了我们的精神状态，使我们保持在正确的方向上并按期完成书稿。

尽管许多人为本书写作提供了帮助，但其准确性和完整性由我们负责。对于本书可能存在的所有错误，我们事先表示歉意。

马克·J. 施尼德詹斯（Marc J. Schniederjans）
达拉·G. 施尼德詹斯（Dara G. Schniederjans）
克里斯多夫·M. 斯塔基（Christopher M. Starkey）

目 录

推荐序
译者的话
作者介绍
前言

第1部分 什么是商业数据分析

第1章 什么是商业数据分析 / 2
本章目标 / 2
1.1 术语 / 2
1.2 商业数据分析流程 / 5
1.3 商业数据分析流程与组织决策过程的关系 / 8
1.4 本书内容的组织结构 / 9
总结 / 10
问题讨论 / 10
参考文献 / 11

第2部分 为什么商业数据分析是十分重要的

第2章 商业数据分析十分重要的原因 / 14
本章目标 / 14
2.1 简介 / 14
2.2 为什么商业数据分析十分重要：提供解决问题的方案 / 15
2.3 为什么商业数据分析十分重要：提供战略竞争优势 / 17
2.4 商业数据分析十分重要的其他原因 / 18
总结 / 21
问题讨论 / 21
参考文献 / 21

第3章 哪些资源对支持商业数据分析至关重要 / 23
本章目标 / 23

3.1 简介 / 23
3.2 商业数据分析人员 / 23
3.3 商业数据分析中的数据 / 27
3.4 商业数据分析技术 / 29
总结 / 33
问题讨论 / 33
参考文献 / 34

第3部分 如何应用商业数据分析

第4章 如何整合组织资源支持商业数据分析 / 36

本章目标 / 36
4.1 整合商业数据分析的组织结构 / 36
4.2 管理问题 / 43
总结 / 48
问题讨论 / 49
参考文献 / 49

第5章 什么是描述性数据分析 / 50

本章目标 / 50
5.1 简介 / 50
5.2 数据可视化与数据探索 / 51
5.3 描述性统计学 / 53
5.4 抽样与估计 / 57
5.5 概率分布简介 / 61
5.6 市场营销/策划案例：BA过程中的描述性数据分析 / 63
总结 / 70
问题讨论 / 70
习题 / 71

第6章 什么是预测性数据分析 / 72

本章目标 / 72
6.1 简介 / 72
6.2 预测模型 / 73
6.3 数据挖掘 / 75
6.4 市场营销/策划案例续：BA过程中的预测性数据分析 / 79
总结 / 89
问题讨论 / 89

习题 / 89

参考文献 / 91

第7章 什么是规范性数据分析 / 92

本章目标 / 92

7.1 简介 / 92

7.2 规范性数据分析模型 / 93

7.3 非线性最优化 / 94

7.4 市场营销/策划案例续：BA过程中的规范性数据分析 / 100

总结 / 104

补充内容 / 104

问题讨论 / 104

习题 / 105

参考文献 / 106

第8章 商业数据分析案例研究 / 107

本章目标 / 107

8.1 简介 / 107

8.2 案例研究：问题背景和数据 / 108

8.3 描述性数据分析 / 108

8.4 预测性数据分析 / 114

8.5 规范性数据分析 / 120

总结 / 125

问题讨论 / 125

习题 / 126

第4部分 附录

附录A 统计工具 / 128

附录B 线性规划 / 153

附录C 线性规划的对偶性与灵敏度分析 / 185

附录D 整数规划 / 203

附录E 预测 / 210

附录F 模拟 / 228

附录G 决策理论 / 235

第1部分
什么是商业数据分析

第1章 什么是商业数据分析

第1章 什么是商业数据分析

本章目标

- 给出商业数据分析的定义
- 解释分析、商业智能同商业数据分析的关系
- 阐述商业数据分析流程的三个步骤
- 阐述数据的四种测量尺度分类
- 解释商业数据分析流程与组织决策过程的关系

1.1 术语

商业数据分析⊖始于数据集（简单的数据集或者数据文件），或者数据库（包含人物、地点等信息的多个文件数据集）。随着数据库规模的不断扩大，数据需要合理地存储。计算机云（用于数据的远程存储、检索和计算的硬件和软件的统称）及数据仓库（用于报告和数据分析的多个数据库）可用于存储数据。随着数据库存储区越来越大，一个新的术语应运而生，即**大数据**（Big Data）。大数据描述了那些太大、太复杂，以至于软件系统几乎无法处理的数据集的集合（Isson 和 Harriott，2013，第 57 ~ 61 页）。Isson 和 Harriott（2013，第 61 页）定义了小数据：大数据以外的数据。例如，那些帮助个体企业记录客户资料的较小的文件即可视为小数据。作为一种整理数据以寻找有用信息的手段，分析有了崭新的用武之地。

在商业文献中，存在通常彼此关联的三个术语：分析、商业数据分析和商业智能。**分析**可以被定义为涉及使用统计技术（集中趋势测量、图表等）、信息系统软件（数据挖掘技术、排序程序）和运筹学方法（如线性规划）的一种用于探索数据、数据可视化、发现数据传递模式或趋势的过程。

⊖ Business Analytics，简称 BA，又译为商业数据分析学，实际上 analytics 的本意为分析学，鉴于国内大多数译者将 Business Analytics 译成"商业数据分析"，因此本书也采用这个通行的译法。——译者注

简言之，分析将数据转变为有用的信息。"分析"是一个较为陈旧的术语，它可应用于所有学科，而不仅仅适用于商业领域。一个典型例子是：对气象数据进行收集，并将其转化成为统计资料，进而用于预报天气。

分析有许多不同的类型，这里有必要给予分类，以便认识、理解其用途。我们将其分为三种类型：描述性数据分析、预测性数据分析和规范性数据分析，依据的是国际运筹学与管理科学学会（INFORMS）关于分析分类的建议（参见表1.1）。这三种类型的分析中，每一种都可以视为是独立的。例如，有些公司仅仅使用描述性数据分析，为其所面临的决策提供信息；而其他一些公司，则可能使用多种类型的分析方法来搜集有价值的信息，帮助规划和决策。

表1.1 分析的类型

分析的类型	定　义
描述性数据分析	运用简单的统计技术来描述数据集或者数据库中包含了什么，比如制作描述顾客年龄的条形图，用于百货公司按年龄定位目标客户群
预测性数据分析	运用高等统计技术、信息软件或运筹学方法来识别预测变量，并建立预测模型来识别那种用描述性数据分析无法观测的趋势和关系。比如将多元回归用于揭示年龄、体重和锻炼对减肥食物销售的影响（或显示没有关系）。知晓某种关系的存在，有助于理解为什么一组自变量的集合会影响诸如公司绩效这个因变量
规范性数据分析（也称指导性数据分析）	运用决策科学、管理科学、运筹学（应用数学技术）来对资源进行最优化配置。比如百货公司针对目标客户的广告预算有限，运用线性规划模型来最优地分配不同广告媒体的预算

对于三种类型的分析来说，它们的目标和方法各不相同，如表1.2所示。这些不同之处将分析和商业数据分析截然区分开来。分析聚焦于从数据来源产生有价值的信息，而商业数据分析则更进一步，利用分析来改进公司绩效。分析的过程可以包含分析三种类型中的任何一种，而商业数据分析则主要综合三种类型的分析产生新的、独特的、有价值的信息，以此帮助商业组织决策。另外，这三种类型的分析需要依顺序使用（首先是描述性数据分析，其次是预测性数据分析，最后是规范性数据分析）。因此，商业数据分析可以被定义为如下过程：开始于商业数据收集，然后依次应用描述性数据分析、预测性数据分析和规范性数据分析，目的是支撑和论证商业决策过程及组织绩效。Stubbs（2011，第11页）认为，商业数据分析优于简单分析，这有赖于以下三个方面：与商业的关联清晰；所获得的结果是可执行的；绩效和价值可测量。

表1.2 分析目标与方法

分析类型	目标	方法举例
描述性数据分析	识别大数据集或数据库中可能存在的趋势。目的是对数据大致情况和识别趋势,或对未来商业行为潜力的准则有初步了解	描述性统计学,包括集中趋势指标(均值、中位数、众数)、离散趋势指标(标准差)、表格、图、排序法、频数分布、概率分布和抽样法
预测性数据分析	建立预测模型,识别与预测未来趋势	统计方法,如多元回归与方差分析 信息系统方法,如数据挖掘和排序 运筹学方法,如预测模型
规范性数据分析	最优配置资源,以便充分利用预测出来的趋势或未来的机会	运筹学方法,如线性规划与决策论

商业智能(BI)被定义为基于商业目的将数据转化成有意义和有用信息的一系列过程和技术。有些人认为,商业智能是一个包含分析、商业数据分析及信息系统在内的宽泛学科(Bartlett,2013,第4页),也有人认为,商业智能主要聚焦于收集、存储和探索大型的数据库组织结构,并据此获得对决策和规划有用的信息(Negash,2004)。一般来讲,商业智能的一个主要部分是将数据存储于计算机云存储器或数据仓库。尽管这些数据可以用于分析,但数据仓库本身不属于分析或者商业数据分析。在实际应用中,商业智能聚焦于查询和生成报告,但在报告中有商业数据分析的内容。商业智能寻求解答的问题如:"现在正在发生什么""在哪里发生"及"依据以往经验需要什么商业措施"。商业数据分析则从另一个角度,回答像是"为什么发生""有哪些潜在的新趋势""将要发生什么"及"对未来的最佳策略是什么"这些问题。

总的来看,商业数据分析包含了传统分析的过程,同时对分析出的结果又有额外的要求,即必须对公司绩效有着可测量的影响。商业数据分析包含类似商业智能的报告,但和商业智能仅仅报告和存储这些结果相比,商业数据分析则侧重于通过分析来对结果进行解释。本书会经常提到分析、商业数据分析以及商业智能。表1.3中所列的特点有助于认识它们之间的差异。

表1.3 分析、商业数据分析和商业智能的特点

特点	分析	商业数据分析	商业智能
公司绩效规划作用	正在发生什么,将要发生什么	当下正在发生什么,将要发生什么,最佳处理策略是什么	当下正在发生什么,为处理它我们已经做了哪些事
使用描述性分析作为分析的主要部分	是	是	是

(续)

特 点	分 析	商业数据分析	商业智能
使用预测性分析作为分析的主要部分	是	是	否（仅过去）
使用规范性分析作为分析的主要部分	是	是	否（仅过去）
混合使用以上三者	否	是	否
聚焦于商业	可能	是	是
聚焦于存储和维护数据	否	否	是
要求聚焦于提升公司价值和绩效	否	是	否

1.2 商业数据分析流程

完整的商业数据分析流程包含三个主要步骤（参见图1.1）。商业数据分析流程的结果必定与商业活动有关，并且在一定程度上有助于提升公司绩效。

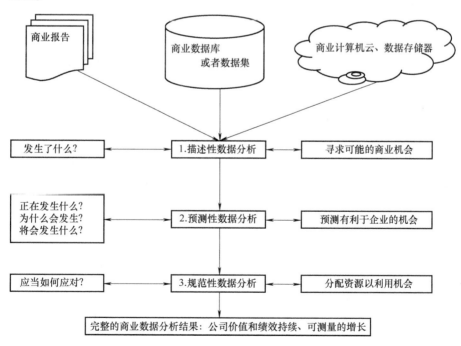

图1.1 商业数据分析流程

图 1.1 所表示的商业数据分析流程的逻辑基于这个问题：企业所拥有的数据蕴含着哪些有价值或者有助于解决问题的信息？如图 1.1 所示，组成商业数据分析的每个步骤都有额外的问题需要解答。回答这些问题，需要通过组成商业数据分析流程的三个步骤，来挖掘数据中有价值的信息。商业数据分析流程就像是挖矿，找到新的、独特的、有价值的信息从而走向成功，直观地说，如同在矿井中找到金子。SAS 是分析领域中的一家重要的公司（www.sas.com），他们提出了问询钻取（Query Drilldown）的概念，是指挖掘问题和找出答案，从而提炼出有用的信息。许多公司通常采用商业数据分析来解决特定的问题，而其他一些公司则利用商业数据分析探索和发现新知识，以引导企业的规划和决策，从而提高公司绩效。

一些数据源可能难以管理，过于复杂，通常令人困惑。整理数据与试图了解它的信息价值，这需要应用商业数据分析流程的第一步：描述性数据分析。一开始只是简单地将数据分组，可采用表 1.4 列出的四种分类法。同时，将数据合并入电子表格，如 Excel，准备交叉制表和列联表也是将数据限定在一个易于管理的数据结构中的手段。利用集中趋势和离散程度的简单测量也会有利于捕获到提升公司绩效的潜在机会。其他的描述性分析归纳方法，诸如表、曲线图和图形，都能够帮助决策者实现数据的可视化，更好地理解潜在的机会。

经过步骤 1 的描述性数据分析，人们可以识别一些代表商业机会或未来可能（但尚未被定义）的趋势的模式或因素。但要解释数据中发生了什么（即过去发生了什么），还需要做更多的努力（需要更多的挖掘），比如做聚焦于商机目标的详细统计报告。企业基于大量数据对预测性变量进行统计学搜寻，发现的行为模式如果将来发生，企业就会加以利用。例如，企业可能在综合销售信息里发现，在经济停滞时期，如果采取某些广告策略，某一特定收入水平的客户群就会购买某些商品。这些销售额、顾客群和广告变量可能是表 1.4 中数据的任意数量化形式，但它们必须满足前文提到的商业数据分析的三个条件：与商业的关联清晰；所获得的结果是可执行的；绩效和价值可测量。

表 1.4 数据的测量尺度分类

数据测量尺度分类	解 释
分类数据	数据可根据一个或多个特征进行分组。分类数据通常包含基数或百分比例：产品市场可基于销售价格划分为"高端"或"低端"市场 这个术语常用于包含分类数据的数据集以及交叉表、列联表所概括的观察值

(续)

数据测量尺度分类	解释
有序数据	将数据排列或排序，用以显示相关偏好 例1：足球队排名不是基于所得分数而是胜场 例2：基于产品质量的企业排名
等距数据（区间数据）	按照等比例尺度排列数据，数据中每个值和其他值的距离都是相同的。它是有序数据 例1：A 温度表 例2：标度为李克特量表式的测量仪器（即1，2，3，4，5，6，7），1 和 2、2 和 3 被视为是等距的，以此类推 注意，在有序数据中，企业排名中第一名和第二名的差异可以很大。而在等距数据中，它们必须是成比例的关系
比率数据（比值数据）	将数据表示成连续尺度上的比率 例：具备绿色制造项目的企业比率是不具备该项目企业比率的2倍

为了确定在步骤1描述性数据分析中所发现的趋势和行为是否真的存在或有效，以及能否被应用于预测未来，人们在步骤2中会有更进一步的分析，即商业数据分析流程中的预测性数据分析。商业数据分析流程的这一步骤中有多种方法可供采用。一种常用的方法是多元回归（关于多元回归和方差分析的讨论，参见附录A和附录E）。无论在描述性数据分析中发现的预测性变量间是否存在统计学关系，这个方法都是理想的建模方法。其发现的关系可能是因变量可预测地同公司价值或某种绩效相联系。例如，某企业可能想从几种促销手段（可测量的自变量，在模型中由电视广告、无线广播、个人推销或杂志的费用表示）中寻找一种产生销售额（因变量，公司绩效的一种测量）的最有效的方法。我们必须确保，多元回归模型的应用是有效和可靠的，这也是我们使用方差分析和其他验证性分析来辅助建模的原因。使用高级统计程序探索数据库对最佳预测变量进行验证和确认，是商业数据分析流程在这一步骤的重要部分。这会告诉我们正在发生什么，以及它为什么会发生在模型的变量间。

一元或多元回归模型通常可以预测未来的趋势线。当回归不符合实际时，我们可使用其他预测模型（指数平滑、平滑平均）做预测性数据分析，来生成所需预测（参见附录E）。识别出的未来趋势是步骤2的主要成果，而预测性数据分析正是用来发现它们的。这有助于告诉我们将要发生什么。

如果企业通过商业数据分析流程的步骤2预测了趋势，并了解到未来的情景，那么就能把握住未来潜在的机会。在步骤3规范性数据分析中，运筹学方法可被用于最优化分配一个企业有限的资源，从而利用所预测出的未来趋势中的机会。人力、技术和资金上的限制使得任何一家公司都无法在同一时间利用所有的机会。规范性数据分析能够让企业合理分配有限的资源，以尽可能完全地实现目标。例如，线性规划（一种约束优化方法）已被用于供应链设计，来使利润最大化（Paksoy 等，2013）。（线性规划和其他优化方法，参见附录 B、附录 C、附录 D）。商业数据分析流程的步骤 3 解决了"未来怎样做分配和决策才是最优的"的问题。

总之，商业数据分析流程中这三个主要部分——描述性数据分析、预测性数据分析及规范性数据分析，能帮助企业在数据中发现机会、预测趋势——从而预测未来的机会，还能帮助企业选择行动路线，目的是最优化分配企业资源，从而使公司价值和绩效最大化。第 5~7 章将详细介绍商业数据分析流程以及各种方法。

1.3　商业数据分析流程与组织决策过程的关系

商业数据分析能够解决问题，并识别出改善公司绩效的机会。在这个过程中，组织也可以决定指导行动的策略，确立竞争优势。解决问题和识别所遵循的战略机会是一个组织典型的决策任务。后者，机会的识别，可以视为需要解决的战略选择问题。可以发现，在 1.2 节所描述的商业数据分析流程和经典的组织决策过程有着密切的相似之处，这一点并不令人意外。如图 1.2 所示，商业数据分析流程与经典的组织决策过程有着内在的关联。

组织决策过程（ODMP）由 Elbing（1970）提出。如图 1.2 所示，它关注制定决策，为的就是解决问题。但同时也能用于从数据中寻找机会，以及决定采取什么样的行动以充分利用它们。组织决策过程五个步骤是从察觉不均衡或意识到有需要决策的问题开始的。类似地，商业数据分析流程的第一步，就是辨别出数据库中可能存在的有助于解决问题和发现机会的信息，从而来改善公司绩效。而在组织决策过程第二步，也就是探索问题，需要确定问题的规模、影响，同时考察是否有其他因素，为的是诊断问题到底是什么。同样地，商业数据分析流程中描述性数据分析也寻求那些可能有助于解决问题和发现机会的因素。组织决策过程中描述问题步骤和商业数据分析流程中预测性数据分析在发现策略、路径或者趋势上都有着类似结构，这些发现都清晰地定义了组织要去解决的问题。最后，在组织决策过程的最后一步策略选择和实施时，同商业数据分析流程最后的规范性数据分析包含的任务类型如出一辙（做出最优的资源分配，并加以执行）。

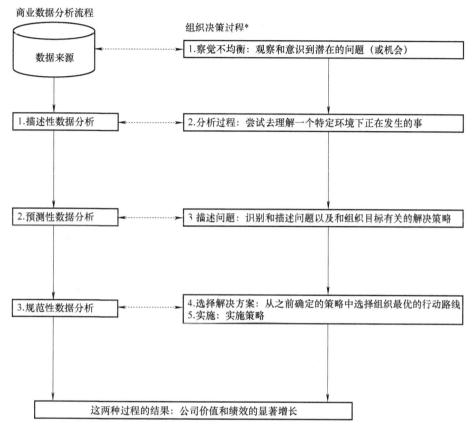

图1.2 商业数据分析流程与组织决策过程的比较
（来源：改编自 Elbing（1970），第 12~13 页表 1。）

组织决策过程中一直蕴含的决策功能和商业数据分析流程是极其相似的，二者采用相同的逻辑，都可以提升组织的决策技巧和能力。

1.4 本书内容的组织结构

本书旨在回答关于商业数据分析的三个问题：
- 什么是商业数据分析？
- 为什么商业数据分析是十分重要的？
- 如何应用商业数据分析？

为了回答这三个问题，本书相应地分为三部分。第 1 部分"什么是商业数据分析"，包含第 1 章，回答"是什么"的问题。第 2 部分中"为什么"的问题由第2章和第3章给予解答。

如何应用商业数据分析非常重要，因此本书余下几章和附录都将围绕这个问题展开。第4章"如何整合组织资源支持商业数据分析"，解释了组织需要如何支持商业数据分析。第5章"什么是描述性数据分析"、第6章"什么是预测性数据分析"、第7章"什么是规范性数据分析"，分别说明商业数据分析流程的三个步骤，进一步阐明如何应用商业数据分析。第8章"商业数据分析案例研究"，提供了商业数据分析的具体例子。第8章之后是面向分析的一系列附录内容，以供补充分析和讨论。

第3部分涵盖了利用计算机软件进行定量分析的相关内容。为体现应用软件的多样性，书中使用了SPSS、Excel以及LINGO。既可使用SPSS和LINGO来复现书中的分析案例，也可单独利用Excel及其加载项。鉴于软件的不断变化和教育背景的差异，本书不再提供更多的关于软件方面的解释。

某些章除基本内容之外，还有帮助强化学习的内容。每一章开始都给出本章学习目标，章尾则有总结、问题讨论，根据需要还会列出参考文献。此外，第5~8章介绍了一些问题的案例和解决方案，当然也有额外的习题。

几个附录给出了关于方法论更详细的一些说明。将它们安排在附录中是为了使内容更流畅，同时为有经验的读者提供一种弹性方式，使他们可以仅选择想使用的技术性内容来阅读。

总结

这一章介绍一些重要术语，将商业数据分析定义为如下过程：此流程有助于确保有用的信息用于制定商业决策和抓住商机。我们也介绍了数据的测量尺度分类，来帮助理解商业数据分析中可能采用的各种测量；同时解释了商业数据分析流程和组织决策过程的关系——这两者是相互补充的。本章最后介绍了全书的内容组织结构，说明了这些结构如何安排以利于学习。

认识知道商业数据分析是什么，这一点特别重要，知道它为什么重要也是同样重要的。第2章就将回答后面这个问题。

问题讨论

1. 分析和商业数据分析的区别是什么？
2. 商业数据分析和商业智能的区别是什么？
3. 为什么商业数据分析流程有着特定的顺序？

4. 商业数据分析流程和组织决策过程如何相似？

5. 为什么等距数据必须是成比例关系的？

参考文献

Bartlett, R. (2013) A Practitioner's Guide to Business Analytics. McGraw-Hill, New York, NY.

Elbing, A. O. (1970) Behavioral Decisions in Organizations. Scott Foresman and Company, Glenview, IL.

Isson, J. P., Harriott, J. S. (2013) Win with Advanced Business Analytics. John Wiley & Sons, Hoboken, NJ.

Negash, S. (2004) "Business Intelligence." Communications of the Association of Information Systems. Vol. 13, pp. 177-195.

Paksoy, T., Ozxeylan, E., Weber, G. W. (2013) "Profit-Oriented Supply Chain Network Optimization." Central European Journal of Operations Research. Vol. 21, No. 2, pp. 455-478.

Stubbs, E. (2011) The Value of Business Analytics. John Wiley & Sons, Hoboken, NJ.

第 2 部分
为什么商业数据分析是十分重要的

第 2 章　商业数据分析十分重要的原因
第 3 章　哪些资源对支持商业数据分析至关重要

第 2 章 商业数据分析十分重要的原因

本章目标

- 阐述在解决商业问题方面，商业数据分析为什么是重要的
- 解释商业数据分析为什么在识别新的业务计划中是重要的
- 描述商业数据分析有助于解决哪些类型的问题
- 解释商业数据分析如何帮助一个组织取得竞争优势
- 解释各种不同类型的竞争优势及其与商业数据分析的关系
- 解释对企业来说商业数据分析的重要性

2.1 简介

通信和信息系统正在以难以置信的速度和包罗万象的方式收集着人们生活中方方面面的数据。此外，企业要为意见调查、日常经营而收集各种各样的数据。云信息系统可以提供大量容易获得的数据，数据仓库系统则有能力将大数据存储在大型数据库中，当前需要从数据中获取信息，从而判断是否进行数据投资。正如 Demirkan 和 Delen（2013）所证明的，将大数据放入云计算机当中，可以及时、便捷地进行商业数据分析。企业认识到，要保有竞争力，就一定需要这种信息，而商业数据分析正是获取这些信息的一种途径。

大数据文件和小数据文件存在的问题，是它们可以很容易掩盖所需的信息。有时，文件里数据的细小变动都会导致含义的变化。20 世纪 60 年代的电视剧《密谍》⊖ 里经常出现"I want information"，当我们平时用于书面

⊖ *The Prisoner*，是于 1967 年 10 月 1 日至 1968 年 2 月 4 日期间，在英国 ITV 电视台播出的电视系列剧。剧中身为英国谍报员的主角，某天决定辞职。当他回家收拾行李时被迷晕绑架到一处不明之地，岛上有许多和他一样的"囚犯"，每个人的真实身份被隐匿，并且以编号来称呼。被赋予"6 号"这个编号的主角，每集都会遇到村中的新领导者"2 号"前来质问他"辞职的理由"与"所知的情报"，但主角却坚拒回答。"6 号"屡次尝试逃出"村子"，却总是遭到"2 号"阻拦，并以各种手段隐藏幕后的秘密。——译者注

或口语当中,这句话是指有人想要获得情报。但在《密谍》中,它却意味着"in"和"formation",即"I want in formation",用于让囚犯听话并和他人做一样的事情。单词中的一个空格即可改变本来的含义。细小差异就可以造成含义的变化,这对于想要在大数据中寻求相关商业信息的企业来讲是一个挑战。商业数据分析便应运而生。

2.2 为什么商业数据分析十分重要:提供解决问题的方案

虽然这么说可能有些自夸,但商业数据分析是未来解决重要商业问题的最佳手段。在商业数据分析三个步骤中的每一步(由第1章可以知道),对一系列问题的解答都能够并且应该被视为分析的逻辑结果。商业数据分析为什么成为有价值的决策工具?为什么学习和使用它是十分重要的?对这些问题的回答就给出了理解这些问题的信息和知识基础。

如表2.1所示,典型商业数据分析可以回答的一些问题,不仅和商业数据分析中的每一步息息相关,而且和时间有所关联。我们举个例子来更好地理解商业数据分析所给出信息的重要价值,说明它为什么对企业来讲是至关重要的。

表2.1 商业数据分析所要回答的问题

商业数据分析的三个步骤	时 间 段		
	过 去	现 在	未 来
描述性数据分析	过去发生了什么	基于过去,现在发生了什么	基于过去,未来将要发生什么
预测性数据分析	过去它是怎样发生的 为什么它发生在过去	数据中可能存在什么趋势 现在应采取什么行动	如果考虑当前趋势和预测,未来可能发生结果的范围和可能性是什么
规范性数据分析	我们怎样最好地利用从趋势和预测中得到的信息	我们怎样优化利用资源来使未来的公司绩效最大化	在未来,怎样才能不断地应用商业数据分析来优化公司绩效

(来源:Isson 和 Harriott(2013)第169页。)

例如,一个信用合作社为房主贷款提供了一系列的套餐服务,这些促销宣传会定期地出现在各种媒介(纸媒、电视、收音机)上,目的是为了吸引新客户选择这些套餐。在营销过程中,信用合作社并不知道所产生的交易是由于促销活动,还是他们正常商业活动周期的结果。为了搞明白这一点，信用合作社进行了商业数据分析。商业数据分析中所得到的信息已由表2.2给出（基于表2.1的问题）。首先，按照过去→现在→将来的顺序阅读描述性数据分析一行，再按照相同的方式阅读下面两个分析步骤。这个例子展示了可以从商业分析问题的求解中获得的信息类型。

表2.2 对信用合作社例子所进行的商业数据分析

商业数据分析的三个步骤	时 间 段		
	过 去	现 在	将 来
描述性数据分析	图形结果显示，过去广告推销活动导致了新贷款的适度增加	基于对贷款活动的排序，新房主在新贷款申请时刚好经历了贷款的适度增加	基于迄今为止贷款的直方图，没有明显的模式，只是随着时间推移，新贷款销售均匀为常数。没有观察到商业周期改变了贷款模式的影响
预测性数据分析	统计学上表明过去新贷款数量的增加和营销活动存在关联，但为什么产生新的贷款却取决于营销的方式	利用多元回归，此模型预测资金分配给电视广告与平面广告，将比投资于广播更为有效	利用回归模型中的方差统计，可以给出因促销的投资变化而产生新贷款的置信区间
规范性数据分析	将市场预算资金更多地投入到电视和纸媒的广告上，可以更有效地接触到目标受众	已知资金受限资源，用线性规划模型来配置营销预算，使得新贷款的促销结果最大化	在一段时间内持续跟踪由促销活动带来的新贷款项目，与分析的预期结果相对比

上述信用合作社案例中对问题的求解，就是一个典型的商业组织解决问题和寻求机会的过程。回答这些问题要靠一系列的商业数据分析流程，而不仅仅是单独依靠统计学、计算机搜索程序或者运筹学就能解决的。这些结果的价值体现在，它能为信用合作社管理层提供一个重要而精确的行动指南。通过持续不断地将商业数据分析作为决策支持系统，公司不仅可以发现为什么需要商业数据分析，而且可以知道，商业数据分析为何可以成为获得竞争优势的手段。基龙等人（Kiron, etc. 2012）曾经报道，在2012年的一项商业调查中，企业凭借商业数据分析使得该组织的决策制定有更好的数据支撑，并获得了竞争优势。

2.3 为什么商业数据分析十分重要：提供战略竞争优势

如果公司能制定实现目标的成功规划，那么这个公司就是市场上的赢家。如果公司没有有效地规划未来，那么这个公司就是市场上的失败者。经营企业重要的一点就是制定规划。只有制定出正确的规划，才会有想要的结果。

企业组织制定的规划一般分成三种类型，如图 2.1 所示。大多数企业组织规划的结构中都存在着双向的活动，但规划过程通常遵循从战略层面到战术层面再到操作层面的顺序。在图 2.1 中，向上流表示从较低层次向上传递的信息，而下降流表示从更高层次的管理向下传递到较低层次的执行命令。Teece（2007）以及 Rha（2013）在关于商业数据分析流程和战略规划中三个步骤的研究中，都向我们展示了相同的结论。

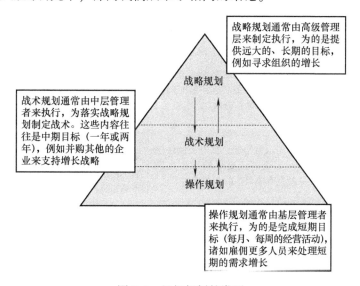

图 2.1　组织规划的类型

(来源：改编自 Schniede rjans 和 Le Grand（2013）第 9 页图 1.2。)

企业为了成为市场上的赢家，要有效制定规划并向下传递正确的指令，这需要优良的信息作为决策基础。有些信息是非常有价值的，因为它为企业取得了竞争优势（企业在更高层次上具有执行力，处于当前同行业或市场的领先地位）。商业数据分析可以为企业提供全部三种规划所需的有用信息，以使企业取得竞争优势。商业数据分析帮助企业获得竞争优势的例子已由表 2.3 给出。

表 2.3 商业数据分析可以帮助实现竞争优势的途径

竞争优势类型	描 述	商业数据分析可以帮助实现竞争优势的途径
价格领导	从市场角度来看，提供产品或服务，在行业中为客户提供最低的成本，同时使公司获得可接受的利润	确定主要竞争对手；监测、报告和预测具有准确竞争力的价格，使公司能够保持很低的成本，同时能够保持和测量利润率
可持续发展	为了确保既不伤害环境，也不伤害公司在企业的资源使用情况下的盈利底线	查明需要的资源分配，以避免破坏环境，提高如何重新分配资源并帮助它们分配优化的方式，实现最佳平衡点
运营效率	相比于竞争对手，要改进内部业务和活动，减少客户的成本。降低的成本可以为客户提供基于效率的更低价格的优势	确定需要更正或修改的业务领域，并提出替代方案，以提高效率。这对选择何种替代方案以确保商业效益最大化也是有益的
服务有效性	可以提供给客户比其他公司更简单和易于接受的业务。这突显了公司的服务特色，同时降低了客户的时间成本，从而提高了客户价值	获取客户意见，确定哪些方面需要完善；解释为什么需要修复，提供修复建议，提高服务运营的有效性，对改进进行量化和报告
创新	通过观察现有市场，供应突破性的产品，引入全新或更好的产品或服务，来扰乱竞争对手的业务意向	获取并确认客户对于新产品的建议或者对于现有产品的意见，监测客户动态、提供改良的新产品，监测新产品的市场表现并报告结果
产品差异化	提供其他竞争者不能提供的多种产品、服务或功能	找到竞争对手没有提供的产品，提出可以提供的新服务，预测新产品在利润上的潜力

2.4 商业数据分析十分重要的其他原因

商业数据分析在提供信息用于决策领域方面有着数不尽的应用。

2.4.1 商业数据分析为什么十分重要的应用原因

后面几章将给出商业数据分析在决策上的若干潜在应用。表 2.4 描述了几个简单的例子。

表 2.4 商业数据分析在增强决策中的应用

决策中的应用	描 述
提高客户盈利能力	商业数据分析可以提供竞争对手产品的详细信息（当前的定价和价格趋势）。这些信息可用于确定价格，以使企业通过权衡更低价格的销量与利润，或提高价格来增加利润，以保持利润处于最大化水平，怎么做取决于竞争对手的定价
降低风险	利用所有商业数据分析步骤中提供的信息类型，企业不必猜测，而是计算销售、预算、人力和技术等方面的数据来确定未来指南，将概率估计作为降低误判风险的指导
商品促销策略优化	在商业数据分析流程的规范性步骤所用的定量工具，可用于确定库存商品的最佳布局设计，降低库存成本水平，甚至安排销售人员，进而实现促销效果的最大化
人力资源决策	根据 Fitx-enz（2013，第 223~245 页）的观点，商业数据分析中的预测性步骤的人力资源指标可以被计算出来（劳动生产率、每个全职员工（FTE）的收入、每个全职员工的成本等）。反过来，这回答了怎样做才能提高人力资源员工素质、什么类型的培训将是最有效的、激励性薪酬如何刺激绩效的问题
公司绩效跟踪	在商业数据分析的描述性步骤过程中，除了收集常规数据，还可以不断收集、监控和测量特定的企业绩效参数，然后对那些测量不断更新并加以分析，以便提供最新绩效成就指数用于比较绩效。此外，对预期绩效的分析，可用于指导制定规划以及达成目标

2.4.2 商业数据分析带来的新数据资源的重要性

随着新计算机的产生和电信技术的进步，数据也出现了一些新的类型。因此，这就需要新的分析类型应用于商业数据分析。数字分析（Digital Analytics）是描述利用数字信号源来传送数据时的术语。基于数据分析的这些新来源的例子包括文本分析与非结构化数据分析。文本分析（Text Analytics）被定义为一组语言、统计以及基于计算机的技术，这类技术可对来自文本源中的信息内容加以建模和安排（Basole 等，2013）。寻找文字图案的内容就是针对数据库的搜索过程，目的是提供有用信息。文本分析也被称为文本数据挖掘，就是利用数据挖掘软件观察数据库，为的是寻找和验证各种可以做出预测的信息。

利用文本分析搜索和量化文本数据，这开启了基于技术驱动型数据收集技术来搜集客户和市场信息的巨大机遇。技术驱动型数据的一个例子是社交媒体数据。社交媒体数据被定义为个人或团体通常在技术平台所执行的，涉及共享、创建、讨论和修改等的口头或电子内容。全球性社交平台有推特（Twitter）和脸谱（Facebook）等。应用于社交媒体数据中的方法或技术，可以分析包括照片或图片、视频、网络论坛、网络日志、论坛、社交博客、维基、社交网络和播客等信息，但不限于这些内容。这些数据来源都是社交媒体分析的基础，在此基础上，可以学习新的社交媒体行为和信息的类型。它们为商业数据分析提出了巨大挑战，这是因为在以有用方式来量化信息方面出现了数据过多的困难。它们还提供了可能找到创造竞争优势信息的机会。社交媒体分析如何帮助找到汽车缺陷的例子，已经由亚伯拉罕斯等人（Abrahams等，2012）的一项研究所给出。通过利用被汽车热爱者用于社交媒体（在线论坛）的文本挖掘，可以对一系列的质量缺陷进行识别、分类以及优先处理，以便为汽车制造商所纠正。

另一个类似于数字信号源分析的是移动分析。移动分析（Mobile Analytics）被定义为从移动设备，如智能手机、iPad等终端设备所获得的任何数据。所有这些移动技术被用于从人的互动交往中获得数据（Evans，2010）。这些设备是移动的，随用户从一个地方到另一个地方，这为分析者提供了区分可用信息的不同类型。例如，移动技术允许分析者不仅可以跟踪那些潜在客户谈论某种产品的使用（如社交媒体分析），而且可以跟踪客户在哪里对产品进行决策行为，还可以帮助解释为什么会做出那些决策。例如，移动通信技术可能揭示购买发胶的所在地，这个地方其实是邻近投放发胶广告的广告牌区域，这就有助于揭示广告牌促销的有效性。

数据如果被置于数据库当中，同时以符合逻辑的方式归档、访问、被引用甚至使用时，则称为结构化数据。当数据或信息（要么是数字要么是非数字）不能放入数据库或没有预定义的结构时，则这些数据称为非结构化数据。非结构化数据的例子包括图像、文本及其他数据，它们有些会因某些原因不能放置在基于内容的逻辑搜索数据库中。这类数据可以被数字化地存储在文件中，但是不能用任何逻辑模型或分类处理方式来有效地进行检索。大多数包含在电子邮件和Web上的数据都是非结构化的。考查非结构化数据的另一种方式是看它会留下来什么，而且不能被放置在结构化数据库中。随着时间的推移，人们投入在开发可用于非结构化数据的复杂算法和其他基于计算机的技术上的努力会更多，以减少属于非结构化数据的数量。每天都会产生大量图形数据或其他非结构化数据，商业数据分析所面临的挑战是，要更加努力地去理解非结构化数据，并将其结构化，而同时人们也在努力地获取非结构化数据的信息价值。商业数据分析的部分价值和重要性就是接受这个挑战。

总结

本章试图解释对企业组织来说，商业数据分析为什么是一个重要课题，并讨论商业数据分析是如何解答重要问题的，还有它是如何帮助企业赢得竞争优势的。此外，本章阐述了商业数据分析在组织规划中的作用。最后，本章介绍其他的数据分析类型，解释它们的优点和面临的挑战。

我们在下一章将进一步解释商业数据分析所需资源。正如任何管理任务一样，要想成功利用商业数据分析，就需要在人力和技术资源方面加以投资。第3章探讨怎样进行资源配置，以使商业数据分析效用最大化，并解释为什么需要投资。

问题讨论

1. 为什么商业数据分析流程的每一步都有过去、现在和未来的维度？
2. 什么是竞争优势？它与商业数据分析是怎样的关系？
3. 为什么在商业数据分析中具有决策的能力很重要？
4. 商业数据分析如何有助于实现可持续发展？
5. 什么是数字分析？

参考文献

Abrahams, A., Jiao, J., Wang, G., Fan, W. (2012). "Vehicle Defect Discovery from Social Media." Decision Support Systems. Vol. 54, No. 1, pp. 87-97.

Basole, R., Seuss, C., Rouse, W. (2013). "IT Innovation Adoption by Enterprises: Knowledge Discovery through Text Analytics." Decision Support Systems. Vol. 54, No. 2, pp. 1044-1054.

Demirkan, H., Delen, D. (2013). "Leveraging the Capabilities of Service-Oriented Decision Support Systems: Putting Analytics and Big Data in Cloud." Decision Support Systems. Vol. 55, No. 1, pp. 412-421.

Evans, B. (2010). "The Rise of Analytics and Fall of the Tactical CIO." *Informationweek*. December 6, No. 1286, p. 14.

Fitx-enz, J. (2013). "Predictive Analytics Applied to Human Resources." In Isson, J. P., Harriott, J. S. (2013) Win with Advanced Business Analytics. John Wiley & Sons, Hoboken, NJ.

Isson, J. P., Harriott, J. S. (2013). Win with Advanced Business Analytics. John Wiley & Sons, Hoboken, NJ.

Kiron, D., Kirk – Prentice, P., Boucher-Ferguson, R. (2012). "Innovating with Analytics." MIT Sloan Management Review. Vol. 54, No. 1, pp. 47-52.

Rha, J. S. (2013). "Ambidextrous Supply Chain Management as a Dynamic Capability: Building a Resilient Supply Chain" (Doctoral Dissertation).

Teece, D. J. (2007). "Explicating Dynamic Capabilities: The Nature and Micro-foundations of (Sustainable) Enterprise Performance." Strategic Management Journal. Vol. 28, No. 13, pp. 1319-1350.

第3章 哪些资源对支持商业数据分析至关重要

本章目标

- 解释确立商业数据分析项目时需要人员、数据和技术的原因
- 解释商业数据分析人员应掌握的技能及其原因
- 描述商业数据分析工作的特性
- 描述数据库百科全书的内容
- 解释数据来源的分类
- 描述内部和外部数据来源
- 描述信息技术基础设施
- 描述数据库管理系统及其如何支持商业数据分析

3.1 简介

为了完全理解为什么需要商业数据分析,就必须认识商业数据分析人员所承担角色的性质。此外,还有必要认识商业数据分析项目所需要的资源有哪些,目的是更好地领会商业数据分析所提供的信息的价值。各个企业对商业数据分析资源的需求会有所不同,以便满足特定的决策支持要求。有些公司可能选择有限的投资,而另一些公司则可能有 BA 团队或 BA 专家部门。无论资源投资水平如何,商业数据分析项目至少需要在商业数据分析人员、数据和技术资源方面加以投资。

3.2 商业数据分析人员

确定商业数据分析员工所需人员的一种方法是,考察提供 BA 服务的组织在商业数据分析领域的认证需要什么。INFORMS(www.informs.org/Certification-Continuing-Ed/Analytics-Certification)是一家重要的学术和专业组织,于 2013 年宣布启动一项认证分析专业(CAP)项目。另一个更为成

熟的组织 Cognizure（www.cognizure.com/index.aspx），提供各种服务产品，包括商业数据分析服务。此组织提供了通用认证商业数据分析专业（BAP）考试，测评商业数据分析工作人员的现有技能，并确定需要改进的领域（www.cognizure.com/cert/bap.aspx）。这是验证 BA 领域技术能力、专业知识以及专业标准的工具。此认证包括三个考试，涵盖表 3.1 所列的内容领域。

表 3.1 Cognizure 认证机构认证考试内容领域

测评	专题	涵盖内容	示例
I	统计方法	1. 数据可视化和探索数据 2. 描述性统计 3. 概率分布 4. 抽样和估计 5. 统计推理 6. 回归分析 7. 预测建模和分析	1. 图形和图表 2. 平均值、中位数、众数 3. 正态分布 4. 置信区间 5. 假设检验 6. 多元回归 7. 对原始数据的拟合曲线函数与模型
II	运筹学方法	1. 线性优化 2. 整数优化 3. 非线性优化 4. 模拟方法 5. 决策分析 6. 预测	1. 线性规划 2. 整数规划 3. 非线性规划 4. 蒙特卡罗方法 5. 预期价值分析 6. 指数平滑
III	案例研究	现实世界的实践知识	上述解决现实世界问题方法的应用

（来源：改编自 Cognizure Organization 网站，www.cognizure.com/cert/bap.aspx。）

表 3.1 所列出的大部分内容领域，将在后面几章和附录中加以讨论与说明。人们很容易清楚地看出，Cognizure 认证项目所需的三个考试是在前面几章所讨论的商业数据分析流程的三个步骤（描述性数据分析、预测性数据分析和规范性数据分析）的内容，认证项目图 3.1 中的专题适用于商业数据分析流程中的三个主要步骤。基本统计工具适用于描述性数据分析步骤，更高级的统计工具适用于预测性数据分析步骤，运筹学工具适用于规范性数据分析步骤。一些工具既可应用于描述性数据分析步骤，还可应用于预测性数据分析步骤。类似地，仿真工具既可应用于在预测性数据分析步骤，又可应用于规范性数据分析步骤中解答问题，这取决于使用它们的方式。将所有工具相结合，则是案例研究的现实应用。运用案例研究旨在提供实践经验，其中所有工具用于解答重要问题或寻求机会。

其他组织也提供专门化的认证项目。除了分析工具之外，这些认证包括其他领域的知识和技能。例如，IBM 提供了各种专业的 BA 认证（www-03.ibm.com/certify/certs/ba_index.shtml）。这些包括多达数十种统计、信息

第 3 章 哪些资源对支持商业数据分析至关重要

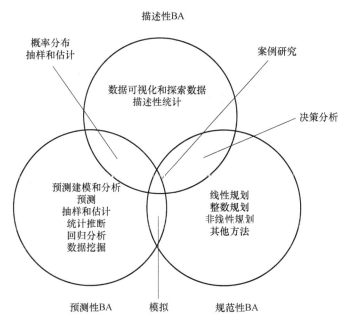

图 3.1 认证内容领域及其与商业数据分析中三个步骤的关系

系统和与 BA 相关的分析方法的认证，还包括与商业数据分析人员（管理员、设计师、研发人员、解决方案专家和技术专家）相关的专业技能集合，如表 3.2 所示。

表 3.2 BA 人员类型

BA 人员类型	描述
管理员	在 IBM BA 和 BI 软件平台中，管理员管理服务器（负载平衡、安装和配置）。他们管理计算机门户报告，管理调度程序和负责故障排除，还负责用户授权和安全认证
设计师	设计师是负责利用关系数据模型撰写报告的团队成员，还负责专业报告的质量提升、定制和管理
研发人员	作为团队成员，研发人员所需的技能与 BA 过程密切相关，涉及分析应用程序、数据仓储、建模、运筹学和统计方法的使用，以及向客户展现实时数据流
解决方案专家	作为团队成员，解决方案专家运用适当的方法和开发途径，负责 BA 程序的分析、规划、设计、部署和操作。这需要对众多不同 BA 软件应用的了解，还需要了解统计学、信息系统和运筹学
技术专家	技术专家是负责安装和配置 BA 和 BI 应用的团队成员

（来源：改编自 IBM 网站 www-03.ibm.com/certify/certs/ba_index.shtml。）

参与者在商业数据分析中职位和角色的多样性，导致了 BA 职位需要不同的技能集合或能力。在一般意义上，BA 职位需要业务、分析和信息系统技能方面的能力。如表 3.3 所示，业务技能涉及人员和流程的基本管理。商业数据分析人员必须与组织内部的商业数据分析员工（BA 团队成员）以及公司内部的其他功能区域（BA 客户和用户）进行沟通，使其有用。因为他们服务于公司内的各种功能领域，商业数据分析人员需要拥有客户服务技能，以便他们能够与公司的人员进行互动，并了解问题的性质。商业数据分析人员还需要向公司内部的用户销售他们的服务。此外，有些人必须领导商业数据分析团队或部门，这需要相当强大的人际管理技能和领导能力。

表 3.3　选择商业数据分析人员技能或能力要求的类型

技能或能力的类型	可能的角色描述
业务方面	• 领导力 • 对相关人员的管理能力和沟通能力 • 管理 BA 项目（确定优先次序、安排进度等） • 管理 BA 过程（采用合适的规则、程序） • 确定项目的要求 • 培训 BA 人员的开发能力
分析方面	• 了解如何使用统计方法 • 了解如何使用运筹学方法 • 知道如何对定量数据进行数据挖掘，并对非结构化数据进行文本分析
信息系统方面	• 维护和使用计算机门户网站 • 识别和提取数据 • 保持数据质量

商业数据分析的基础是认识理解表 3.1 所列出的分析方法，还有未列出的其他分析方法。除了工具集，还需要知道它们如何被整合到商业数据分析流程中以利用数据（结构化的或非结构化的）获得由分析需求所指导的客户的信息。

总之，对于从事商业数据分析职业的人员来说，应该知道如何与人进行互动，并利用必要的分析工具将数据用于有用的信息，这些信息可以在信息系统中被处理、存储和共享，以便指导公司达到更高水平的公司绩效。

3.3 商业数据分析中的数据

人们需要利用结构化和非结构化数据（第 2 章曾经介绍过）来生成分析。将数据组织成一个可以理解的框架作为开始，统计学家通常将数据分成有意义的一些数组。

3.3.1 数据分类

有许多方法可以对 BA 数据进行分类。其中常用的一种是依据内部或外部来源加以分类（Bartlett，2013，第 238~239 页）。内部数据的典型例子见表 3.4。当公司试图解决内部生产或服务运营问题时，就可能需要内部来源的数据。典型的外部数据来源（参看表 3.5）数量众多，为 BA 提供了巨大的多样性和独特的挑战。数据可以定量（如销售额）方式来测量，或以定性方式采用偏好调查（例如，某一种产品和另一种产品相比，消费者更加喜爱某一产品），或通过网络上消费者对竞争性产品利弊的讨论量（喋喋不休）来定性测量。

表 3.4 BA 可利用的典型内部数据来源

内部数据类型	描述
记账和提示系统	记账系统和提示系统会打印出账单，并监控基于价值的客户细分市场的客户付款信息
业务	行业编码、会计信息、员工信息等可在日常业务过程中收集
客户	当客户为支付产品、服务或者签收时，可以获得客户的名字、地址、带来的盈利、特殊合同、市场细分情况等
客户关系管理系统	客户关系管理（CRM）系统是收集和提供客户的历史，以及如投诉、不再与一个公司发生联系等行为信息
人力资源	有关员工、薪水、能力等信息可通过对就业历史记录的日常工作来收集
企业资源计划系统	企业资源计划（ERP）系统用于内部沟通，目的是为管理问题和所关注的事情，以及生产与销售产品所需要的操作活动提供直接反馈信息
产品	信息是通过从采购经由售后再到监控盈利能力、持久性和质量而收集来的
生产	用于优化生产、库存控制以及将产品投递给客户的供应链的信息均是在生产过程中收集起来的
问卷	客户行为的信息是通过问卷获得的，以便测量客户服务和产品质量等
网页日志	信息是利用公司网站通过 Cookie 和其他手段来收集的，以便了解客户的导航行为和产品的利益点

表 3.5 商业数据分析可利用的典型外部数据来源

外部数据类型	测量工具
满意度	<ul><li>收入、利润</li><li>市场份额、销售额</li><li>产品/服务调查数据</li><li>忠诚度</li><li>品牌意识</li><li>每位客户的平均支出</li></ul>
客户人口统计	<ul><li>地理位置（距市场的距离）</li><li>收入水平</li><li>市场规模</li></ul>
竞争	<ul><li>市场份额</li><li>竞争对手盈利能力</li><li>广告促销努力</li><li>偏好调查</li><li>产品上的 Web 信息</li></ul>
经济	<ul><li>人口统计</li><li>收入分配统计</li></ul>

绝大部分外部数据来源可在文献中找到。例如，美国人口普查和国际货币基金组织（IMF）是用于宏观经济水平上建模的十分有用的数据来源。同样，被调查群体和调查数据也可能来自于 Nielsen（www.nielsen.com/us/en.html）、Claritas 的消费心态或人口统计数据（www.claritas.com）、Equifax 的财务数据（www.equifax.com）、Dun & Bradstreet（www.dnb.com）等。

3.3.2 数据问题

无论数据来源如何，它必须被放置在使得商业数据分析人员可以使用的结构中。我们将在下一节讨论数据仓库，但这里我们重点介绍对于任何数据库或数据文件的可用性至关重要的几个数据问题。这些问题是数据质量和数据隐私。数据质量可以定义为服务于其收集目的的数据所要求的质量。它意味着各种不同的应用会要求不同的质量，但有一些共同点，通常包括准确地表示现实、测量所要测度的内容、永恒性以及完整性。数据质量较高，将有助于确保竞争力，帮助客户服务，并提高盈利能力。当数据质量较差时，就会提供矛盾的信息，导致误导性决策。例如，文件有缺失数据，这可能会阻碍某些表单的统计建模，并且信息的不正确编码可以完全使数据库无用。确保数据质量需要数据管理者付出努力,以此清除错误信息的数据,并修复或替换缺失数据。我们将在后面几章讨论这些质量数据测量的一些内容。

数据隐私是指保护共享数据,以方便只允许访问它的用户。这是一个安全问题,需要在知道所需内容与共享太多而导致更多风险之间加以权衡。不受限制的访问存在许多风险。例如,竞争对手可以通过访问地址来窃取公司的客户。产品质量故障的数据泄露可能损害品牌形象,客户可能变得不信任分享信息的公司。为了避免这些问题,公司需要遵守关于客户隐私的现行立法,并制订专门用于数据隐私的计划。

收集和检索数据以及计算分析需要使用计算机和信息技术。商业数据分析人员所做的大部分工作涉及管理信息系统,以从各种来源中收集、处理、存储和检索数据。

3.4 商业数据分析技术

为支持员工进行日常业务操作,公司需要信息技术(IT)基础设施,如表3.6所示。这些类型的技术是商业数据分析运作的基本需求。

表3.6 信息技术(IT)基础设施

类 型	说 明
计算机硬件	这是指信息系统中用于输入、处理和输出活动的物理设备。硬件包括各种尺寸的计算机,各种输入、输出和存储设备;包括连接计算机的电子通信设备,如移动手持设备
计算机软件	这是指信息系统中对硬件组件起控制和协调作用的预编程指令集,包括像ERP这类的系统软件,也包括移动设备上的小型应用程序(计算机软件应用程序)
网络和通信技术	物理设备和软件连接着多种硬件设备,将数据从一个物理位置传输到另一个物理位置。它包括用于连接到网上以共享语音、数据、图像、声音和视频的计算机和通信设备,还包括因特网、内部网(仅限公司内员工访问的基于因特网技术的内部网络)和外部网(将私人内部网扩展到企业外的授权用户)
数据管理技术	软件控制支配着物理存储介质上的数据组织。它包括数据库管理系统、数据仓库、数据集市和联机分析处理(OLAP),以及数据、文本和Web挖掘技术

就商业数据分析而言，表3.6所列出的数据管理技术是非常重要的。数据库管理系统（DBMS）是一种数据管理技术软件，它允许公司集中并有效地管理数据，并通过应用程序提供对存储数据的访问。DBMS通常用作应用程序和结构化数据的物理数据文件之间的接口。数据库管理系统承担着在哪里存储以及如何存储数据才能使其更有效的任务。此外，有些DBMS可以处理非结构化数据，例如，面向对象的DBMS能存储和检索非结构化的数据，如图形、图像、照片和语音数据。想要处理目前大多数公司收集的大数据，这些技术是必不可少的。

数据库管理系统提供用于组织、管理和访问数据库的工具。数据定义语言、数据字典、数据库百科全书和数据操纵语言是四个更为重要的功能。数据库管理系统具有数据定义功能，以此规定数据库中内容的结构，在创建数据库表和创建用于识别内容的特性时使用。随着数据库内容成规模地增大，这些表和特性是检索中的重要因素。这些特性记录在数据字典（一种自动或手动创建的文件，存储着数据的大小、描述、格式及其他用于刻画数据的属性）中。数据库百科全书是列出公司当前数据项目，以及可以用于构建或购买的数据文件的表格，它的典型内容如表3.7所示。对于商业数据分析来说，数据库管理系统所包含的数据操纵语言工具是非常重要的。这些工具用于在数据库中检索特定的信息，例如结构化查询语言（SQL），用户通过查询和响应可在数据库中找到特定的数据。

表3.7 数据库百科全书的内容

数据库内容项	描述
目的	数据库存在的意义，包括利用数据时使用的其他报告和分析
时间	数据何时收集或何时运用的时间窗口
资源	内部（审计、会计等）和外部（客户等）的资源
示意图	展示表格和其他数据文件关联的示意图
成本	收集数据的成本，包括采购价格
数据可用性	数据何时是可用的时间窗口
收集技术	收集方法，包括观察、数据挖掘、普查和焦点小组
收集工具	网页、客户自发形成、电子调查等

对于决策者来说，数据仓库是用于存储具有潜在意义的当前和历史数据的数据库，可供任何需要访问的人使用。数据仓库中的数据是禁止更改的。数据仓库还提供一系列的查询工具、分析工具和图形报告工具。有些公司使用内部门户网站，为整个公司提供数据仓库的信息。

数据集市是数据仓库内的重点关注子集或较小的分组。公司通常建立企业范围的数据仓库，这里的中央数据仓库服务于整个组织，较小的、分散的数据仓库（称为数据集市）聚焦于组织数据中的有限部分，并被放置于独立的数据库中，便于特定用户访问。例如，公司可能会开发关于产品质量的小型数据库，专门关注于优质客户和产品问题。与企业范围的数据仓库相比，专注于最受关注项目的数据集市可以更快地被创建起来，而且成本更低。

一旦捕获数据并将其存入数据库管理系统中，人们就可以使用商业数据分析工具对其进行分析，包括OLAP，还有各种针对数据、文本以及Web的挖掘技术。OLAP是一种允许用户在多个维度上观察数据的软件。例如，可以根据年龄、性别、地理位置等条目来查看雇员，用OLAP找出35岁以上、男性以及在国家西部地区的雇员人数。即便数据存储在非常大的数据库中，OLAP也可以让用户在线快速获得特定问题的查询答案。

数据挖掘是一种发现驱动（Discovery-driven）的软件应用，通过在大数据或大型数据库中寻找隐藏的模式和关系，从中推断规则来预测未来的行为，从而提升对商务数据的洞察力。观察到的模式和规则被用来指导做决策。运用它们还可以预测这些决策的影响。它是一种理想的预测性数据分析工具，在第1章所提到的BA过程时曾使用过。采用数据挖掘技术可获得的信息类型如表3.8所示。

表3.8 采用数据挖掘技术可获得的信息类型

信息类型	描述	示例
关联	发生的事情和某个事件的关联	报纸上投放的广告促进了销售
分类	通过检查经过分类的已有项目并用推断出的规则来指导分类，从而识别出描述项目所在群体的模式	识别出哪些客户倾向于需要更多的客户服务，哪些客户需要的更少
聚类	对未经分组的数据进行分类，从而有助于发现数据中的不同组别	对一个单一的、庞大的客户群体按照不同特点进行分组识别，比如找出在飞机上更喜欢喝茶的旅客

(续)

信息类型	描述	示例
预测	预测值可以识别客户行为模式	通过一个典型客户，估计未来销售额的走向
序列	事件的时间关联	识别出购买新房子的人和将在90天内购买新车的人之间的关联

  文本挖掘（第2章曾经提及）是一个软件应用程序，用于从非结构化数据集中提取关键元素，发现文本材料中的模式和关系，还能概括信息。鉴于存储的大多数信息都是非结构化数据（电子邮件、图片、备忘录、文字稿、调查结果、业务收据等），挖掘与寻找有用信息的需求在未来将会要求更多地使用文本挖掘工具。

  Web挖掘旨在发现Web用户的行为模式、趋势，提升对客户行为的洞察力。例如，营销人员使用网络搜索引擎提供的商业智能服务，可以跟踪各种词汇和短语的流行程度，了解消费者感兴趣的内容和正在购买的东西。

  除了前面讨论的通用软件应用之外，还有一些BA分析师日常在商业数据分析流程三个分析步骤中所使用的软件应用程序（参见第1章）。这包括Microsoft Excel ®电子表格应用程序、SAS应用程序和SPSS应用程序。Microsoft Excel（www.microsoft.com/）电子表格系统带有专门用于BA分析的加载项。这些加载项拓宽了Excel在BA领域的应用。Analysis ToolPak（分析工具库）是一个Excel加载项，其中包含用于描述性和预测性BA过程步骤的各种统计工具（如图形和多元回归）。另一个Excel加载项Solver（规划求解）包含BA过程中规范性分析步骤中所使用的运筹学最优化工具（如线性规划）。

  SAS ® Analytics Pro（www.sas.com/）软件提供了一个桌面统计工具集，允许用户以可视化方式对信息进行访问、操作、分析和呈现。它允许用户从任意来源获取信息，并将其转换为有用和有意义的信息，这种可视化方式使得决策者能够快速认识并掌握数据中的关键信息。它专为需要以一种易于理解的方式来探索、检查和呈现数据的分析师、研究者、统计人员、工程师以及科学家而设计，并且可以多种格式分发发现的结果。它是一个主要用于BA过程中描述性分析和预测性分析步骤的统计工具包。

  IBM的SPSS软件（www-01.ibm.com/software/analytics/spss/）为用户提供了广泛的统计和决策工具。这些工具用于数据收集、统计操作、结构化和非结构化数据的趋势建模以及优化分析。通过获取统计工具包，SPSS 软件可以涵盖 BA 过程中的所有三个步骤。

商业数据分析流程也可以使用其他软件来进行。本书将使用的是 Lindo Systems（www.lindo.com）的 LINGO®软件。LINGO 是一个综合工具，旨在使构建和求解优化模型更加迅捷、轻松和高效。LINGO 提供了一个完整集成包，包括用于表达模型优化的直观语言、用于创建和编辑问题的全功能环境以及一组内置求解器。此求解器用于求解线性规划、非线性规划、二次规划、随机线性规划和整数线性规划方面的最优化建模。

总之，任何进行商业数据分析的组织所需要的技术，都会涉及一种通用信息系统结构，包括数据库管理系统、BA 分析师所需要的能对组织有所贡献的更为具体的软件。具有更多 BA 需求的组织，基本上会需要更多的技术来支持商业数据分析工作，但对所有想要运用 BA 寻求竞争优势的企业来说，需要对技术进行大量投资，这是因为商业数据分析是一项依赖技术的工作。

总结

商业数据分析的重要意义和它的成本是成正比的。在这一章中，我们探讨了成本问题，也通过商业数据分析带来的诸多好处证实了 BA 的必要性。本章讨论企业需要哪些资源来支持 BA 项目。由此，我们确认三个主要资源领域：人员、数据和技术。为了找到具有相应技能的商业数据分析人员，我们阐述了 BA 认证考试的内容，还讨论专业人员的类型，并讨论了 BA 数据的内部来源和外部来源可作为数据分类的手段。最后，商业数据分析技术涵盖了支持个体分析师的软件包的通用信息系统。

在这一章中，我们重点介绍要想实现可行的商业数据分析操作所需的资源投入。在第 4 章，我们开始第 3 部分"如何应用商业数据分析"。具体来说，在下一章中，我们将关注本章所提到的资源如何配置在组织中，以便实现目标。

问题讨论

1. 如何运用 BA 认证考试内容，解释 BA 分析师的技能集合？对于他们来说，哪些技能是必需的？
2. 对于想要从事商业数据分析的人员来说，为什么领导力是一项重要的技能？
3. 在商业数据分析中，为什么对数据依来源进行分类是重要的？
4. 什么是数据质量？为什么它在商业数据分析中是极其重要的？
5. 数据仓库和数据集市之间有什么差异吗？

参考文献

Bartlett, R. (2013). A Practitioner's Guide to Business Analytics. McGraw-Hill, New York, NY.

Laursen, G. H. N., Thorlund, J. (2010). Business Analytics for Managers. John Wiley & Sons, Hoboken, NJ.

Stubbs, E. (2013). Delivering Business Analytics. John Wiley & Sons, Hoboken, NJ.

Stubbs, E. (2011). The Value of Business Analytics. John Wiley & Sons, Hoboken, NJ.

第3部分
如何应用商业数据分析

第4章　如何整合组织资源支持商业数据分析
第5章　什么是描述性数据分析
第6章　什么是预测性数据分析
第7章　什么是规范性数据分析
第8章　商业数据分析案例研究

第4章 如何整合组织资源支持商业数据分析

 本章目标

- 解释为什么中心化的商业数据分析组织结构优于其他结构
- 阐述商业数据分析项目、课题和团队之间的关系,以及公司如何利用它们来整合商业数据分析资源
- 阐述商业数据分析为何未能实现其最初目标的原因
- 阐述典型的商业数据分析团队的角色及其失败的原因
- 解释为什么建立信息策略如此重要
- 解释将商业数据分析外包的优劣势
- 阐述如何清洗数据
- 解释变革管理所涉及的内容及其与商业数据分析的关系

4.1 整合商业数据分析的组织结构

依据 Isson 和 Harriott(2013,第124页)的观点,一个组织要想成功地运用商业数据分析,不论企业是什么样的组织形式,商业数据分析都必须整合进公司当中。这就要求对商业数据分析的资源以如下方式加以整合:可在部门内部或不同部门之间查看客户资料,可从多种渠道(组织内部及组织外部)访问客户信息,可通过中心资料库访问历史分析结果,同时对于数据分析过程来说,将技术资源整合为可解释的。这些要求的共性是达到如下理想的整合情况:使进入与通过商业数据分析流程的信息流量最大化,分享给组织中迫切需要这些信息的用户。要想完成这样的信息流目标,就要求考虑各种不同的组织结构和管理问题,这有助于整合商业数据分析资源来最好地服务于组织。

4.1.1 组织结构

正如第2章所提到的,大多数组织都是层级形式的:由高层管理人员制

定战略性的规划决策，中层管理者制定战术性的规划决策，基层管理人员制定经营性的规划决策。在此分级系统中，存在一些其他的组织结构支持那些商业数据分析所需的资源组的存在和发展。这些其他组织结构形式包括项目组、课题组和团队。这里所说的项目（Program）是指寻求创造产出的途径的过程，并且时常包含以提高组织绩效为意图对几项相关课题进行管理。项目也可以是一个大课题。课题（Project）倾向于创造产出，被定义为：在组织内部或组织之间，通过临时而非永久性的社会系统来实现特殊的、明确的任务，这一过程通常有一定的时间限制。课题通常由团队组成。团队（Team）包含有技术的、为实现同一目标努力的一群人。团队特别适合执行复杂的任务，此任务包括许多相互依赖的子任务。

图4.1给出了一个商业组织等级制度中的项目、课题、团队之间的关系。在这个等级制度中，组织的高层管理者确立一个商业数据分析项目倡议作为战略目标，要求在公司内部创建商业数据分析组。商业数据项目并不总是有截止时间的限制。中层管理人员对战略性的商业数据分析目标进行重新组织或分解成可行的、在固定时间内执行的商业数据分析课题计划。一些公司只有一个课题（建立一个商业数据分析组），而另一些公司则有多个商业数据分析课题，进而需要建立多个商业数据分析组，这取决于组织结构的不同。通常，课题有截止时间的限制，由此评判课题的成功与否。在某些情况下，课题可进一步分成为较小的任务，这些较小的任务被称为商业数据分析团队倡议，以便实施商业数据分析更广泛的策略。商业数据分析团队可能有长期的时间限制（比如，依据整个组织主要数据分析的来源而定）或者有固定的时间段（例如，考察专门产品的质量问题，然后结束）。

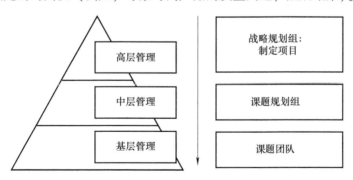

图4.1　项目、课题与团队的层级关系

概括地说，考察商业数据分析资源整合的一种方式是：将它视为从商业数据分析项目，拆分到商业数据分析课题，最终落实到商业数据分析团队执行规划任务到实施的过程。如图 4.1 所示，这个分层关系是检验公司如何部署规划、确定工作量来满足战略的需要和要求的一种方法。

通常，商业数据分析组织结构是以倡议开始的，即识别数据分析中所要利用和开发的某种课题。如今大多数公司都认识到了这种需要。接下来的问题就是在资源有限的情况下，如何使公司组织满足实现战略、战术和经营目标的需求。在公司组织结构内，对商业数据分析资源分配进行规划，这是商业数据分析最好地服务于公司的起点。

整合商业数据分析资源，需要确定投入资源的数量。对于投入资源的产出，公司可能只需确定一个人来计算分析。对于商业数据分析倡议来说，一个更常见的开头是创建商业数据分析团队组织结构，团队成员需要具有各式各样的数据分析与管理技能，这是因为信息系统、统计学以及运筹学方式中都使用了多种不同的技术（我们将在 4.1.2 节讨论商业数据分析团队）。组织整合商业数据分析资源的另一种方式是运用课题结构体系。大多数的公司实施多个课题，而有些公司实际上是整个组织都在执行课题。例如，咨询公司大概会将其每位客户看成一个课题（或产品），并围绕那个客户的特定需求来整合他们的资源。一个课题结构体系通常需要多个商业数据分析团队来处理更广泛的各式各样的数据分析要求。对商业数据分析资源投资较大时，可能就需要公司建立商业数据分析部门作为特殊的组织来管控所有的 BA 资源。尽管某些公司创建了商业数据分析部门，但是这些部门并不需要很大。不论组织结构采用什么样的组织架构，商业数据分析的作用就是公司咨询任务中的员工的作用（并不是业务管理）⊖。

存在多种方式来组建组织、整合商业数据分析资源，以便服务于战略性规划。在职能部门等级严格的组织内部，各个商业数据分析部门或团队不得不分配到各个职能范围，如图 4.2 所示。这样的职能组织结构的优势在于：在组织副总裁的直接监管之下，在各专门的领域更有效地专注于分析。

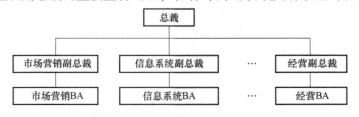

图 4.2　商业数据分析的职能组织结构

⊖ Line Management：业务管理，通常公司的组织结构都是双轨的，也就是有行政管理和业务管理。行政管理起到日常沟通、协调和保障的作用，而业务管理则主要是某方面的具体业务的管理，帮助完成各个部门的业绩，比如销售、研发和市场等方面。——译者注

但这种结构不会促进跨部门的分析，而跨部门的分析被视为执行商业数据分析项目是否成功的关键性判断因素。

每家公司对商业数据分析不同的需求，有时决定着在现存组织职能范围内怎样布置商业数据分析的问题。很明显，许多形式的结构都可以安置商业数据分析组。例如，由于商业数据分析为使用者提供信息，管理信息系统（MIS）的职能会包含商业数据分析，而首席信息官（CIO）既是信息系统（含数据库管理）的主管，又是商业数据分析组的领导者。

在大型组织中，另一种普遍的组织结构通过项目或产品来配置资源，这被称为矩阵组织结构。如图4.3所示，这种结构允许副总裁对相关专业的专家（包含 BA 专家）进行间接控制，同时也允许课题或产品经理对他们进行直接控制。这种结构近似于职能组织结构，也不利于使 BA 项目成功实施的跨部门的分析。

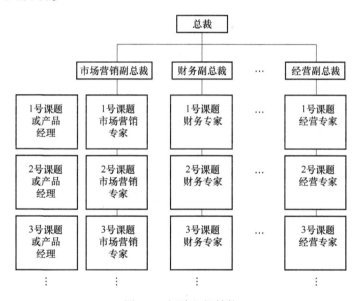

图 4.3　矩阵组织结构

文献表明，能实现最佳整合商业数据分析资源的组织结构有如下特征：全员参与 BA，允许进出 BA 资源组的人员运用公司内的全部资源，如图 4.4 所示（Laursen 和 Thorlund，2010，第 191~192 页；Bartlett，2013，第 109~111 页；Stubbs，2011，第 68 页）。虚线描述了一种员工（不是业务管理）关系。这种中心化组织结构避免了职能组织结构和矩阵组织结构中的重复，从而使得投资成本最小化。同时，这会使职能范围内部以及之间的信息流最大化。这是商业数据分析团队在其对组织的咨询功能方面的逻辑结构。Bartlett（2013，第109～110页）提出了中心化结构（图4.4所给出的就是其中一个）的其他一些优势。这些优势包含：减少信息向上层输送过程中向外部的逐渐扩散，隔离政治利益，打破组织内部孤立职能范围之间的交流障碍，为更宽泛领域中的专家进行重要分析提供了更中心化的平台，为进行以分析为基础的团队做决策而努力，分离业务管理者与潜在代理人（例如，市场营销副总裁不干预商业数据分析团队处理营销中客户服务的事务）。另外，这种结构还使得商业数据分析与为其解决问题的所有工作人员之间有更密切的联系。

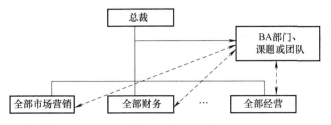

图4.4 中心化BA部门、课题或团队的组织架构

考虑到建议中心化组织结构的逻辑和主张，存在许多理由支持所有的商业数据分析团队中心化。这些理由帮助解释了，为什么那些要将BA资源整合、布置进组织中的类型的组织形式有时会失败。表4.1只列出了部分原因，并提供了在创建BA组的过程中所需要考虑的一些重要问题。

表4.1 BA项目或组织失败的原因

原因	描述
缺乏高层人员的指导	高级主管没能认识到商业数据分析的价值及其重要性，这最终导致资源的减少甚至整个项目的失败
有限的认识能力	存在如下认识错误：分析学必须用于特定领域，为的是给出应用于那个领域的必要正确性。例如，金融回归分析只能正确地应用于金融领域
相信物理位置的接近	存在下面的认识错误：BA组在商业业务领域中，BA人员要接近具体业务才能起作用
BA组中缺乏领导	在组织中，如果缺乏倡导的领导者或者在BA课题或团队中缺乏带领实现理想目标的领导者，则全部努力都会白费
缺乏支持	如果没有处理数据所需的人员、数据及技术，将导致失败
缺乏所有组织间的合作	与那些缺乏跨越多个组织小组的分析学相比，能解决跨多个职能范围问题的分析学更易被接受并取得成功

(续)

原因	描述
缺乏技术和人力资源	商业数据分析部门、课题组或团队缺乏能进行分析的娴熟人力,这最终会导致BA的失败
不能下放权力	错误地希望通过下放权力来内部解决问题(相信自己)而不是在整个组织中寻求帮助。这阻碍了外部BA部门来解决问题,也阻碍成功应用BA所需信息的交流
缺乏整合的过程	如果信息只是存储在筒仓中而缺少分享,会使BA取得成功的难度更大

概括地说,公司可以选择能使其BA组处于合理职位的组织结构,要么是以现存组织结构形式来加以整合,要么是将BA组分开,完全进入组织内的各个领域。然而,一些公司可能从一些小团队开始他们的BA项目,还有其他一些公司或许会选择从完整的BA部门开始。不论BA资源的投资规模大小怎样,都必须要使职能领域之间的信息流最大化,目的是使BA产生最大的效益。

4.1.2 团队

当承接到BA工作时,人们倾向于创建BA团队来完成。对于雇用BA团队的公司来说,可按参与者在团队中所负责的工作来对其角色加以定义。表4.2列出了BA团队中某些参与者所承担的角色及其典型背景。

表4.2 BA团队参与者的角色和背景

职位或功能	角色描述	参与者背景或技能
数据分析建模师	建立并维护预测模型来提供启发	统计学、运筹学、数据分析建模
分析过程设计师	建立并执行可重复使用程序,以便减少BA的执行时间	管理咨询、流程分析、系统设计
数据分析师	回应公司内职能范围的BA需要来获得洞察力	写报告、解决问题、沟通交流,为客户提供服务
BA团队带头人	领导BA团队,制定战略和战术,确保公司绩效提升,实现与管理之间的互动	BA管理者或执行官
商业领域专家	提供商业经验,确保得到密切相关的启发,帮助解释商业数据的意义	在存在问题或机会的领域具有商业经验

(续)

职位或功能	角色描述	参与者背景或技能
数据管理者	保证在成本最小化条件下数据的可得性	数据建模或数据仓库,在数据质量过程方面拥有相关经验
执行专家	确保迅速而稳健地运用模型,减少接入用时	信息系统和数据仓库的专业技能,有企业体系构建经验
监控分析师	识别、建立及运用普通的分析学,用于测量价值,加以优化处理	管理 BA 方面的专家,能预测与进行金融建模、流程设计、团队指导

(来源:改编自 Stubbs (2013,第 137~149 页;2011) 的表 3.3;Laursen 和 Thorlund (2010),第 15 页。)

布置安排团队完成其任务,这需要团队成员之间及其组织之间的合作。如同 BA 团队,合作包括与其他人一起工作,来实现其共享与明确的一系列目标,这些目标和他们的重要任务相一致。BA 团队同样有具体的任务要完成。团队合作是通过协同工作来完成重要任务。

工作性质的改变(不再有隐藏的筒仓⊖、更为开放的环境等)、专业知识的提升(例如,交互性工作倾向于更加专业化,需要专家知识共享的多样化)、培育创新的需求(创造力和创新由一群分享想法的人经由合作而产生),这些推动了团队成员间的合作。为了取得进步,特别是在 BA 领域,必须鼓励队员和团队内外的人合作。对于组织来说,信息流性质的改变(原来分层的数据流倾向于向下传送,而在现代化的组织之中,信息流是向各个方向传送的)、商业经营范围的改变(也就是从国内到全球,这要考虑到在多个地点从多种资源获得较多的信息,有更广的视野),这些都促进了合作。

公司如何改变其经营文化和商业运营机制来促进合作呢?一种影响文化的方式是提供可以支持更开放的、跨部门的信息技术。这包括电子邮件、即时通信、维基软件(合作性编辑工作,如维基百科),以及社交媒介和网络,同时鼓励合作性写作、修订、编辑。其他支持合作的技术包括在线研讨会、音频和视频会议,甚至使用平板电脑来增强面对面的交流。这些都可以作为使企业文化更加开放、增进交流的工具。

公司应利用奖励机制来激励团队的努力。公司理应对团队的绩效加以奖励,个人也应因为其在团队中的绩效而获得奖赏。中层管理者组建团队,

---

⊖ 筒仓是一种用来储藏散装物料的设施,在农业和工业领域均有使用。农业上筒仓可以用来储存谷类和饲料,工业上则被用来储存煤炭、水泥等物料。——译者注

协调团队的工作，监控团队成员的绩效，而高层管理人员应将合作和团队工作当成重要职能来建设。

尽管有合作和向好的意图，BA 有时还是会失败的。这其中存在众多原因，知道常见的一些原因有助于管理层避免失败。表 4.3 列举了导致团队失败的一些常见原因。这也阐述了导致 BA 团队表现得无序、无用的问题。

表 4.3 BA 团队失败的原因

失败的原因	描述
缺乏交流	没有充分研究对决策有价值的信息，在从数据中寻求商业机会方面做得不够。对于这种信息一定要同用者、客户分享，并使公司中每一个人从中受益。只有当分析显示出有形、有益的结果，才会被视为 DA。如果那些结果没有以连续方式加以交流，那么就会认为 BA 团队为组织提供的价值较少
信息传送失败	如果 BA 团队缺少传递所需答案或信息的能力或资源，则可能导致团队不能传递有价值的信息。BA 团队失败的次数越多，则团队被淘汰的可能就越大
缺乏正义	BA 团队需要资源分配。一般认为，这些分配来自其他部门，这得益于 BA 的贡献。如果没有讲清楚 BA 的作用及其对公司潜在的贡献，使用者可能不会认为对 BA 团队不间断的努力投入花销是值得的
不能产生价值	BA 团队必须要"兜售"他们建议的解决方案及想法。假如缺少对潜在用户价值的清晰认识，就很难做到
不能证明成功	BA 团队需要记录并测量其想法和建议的影响力。如没有这样的报告，潜在用户可能不会支持对 BA 进行投资

（来源：改编自 Flynn（2008，第 99~106 页）、Stubbs（2011，第 89 页）。）

4.2 管理问题

整合组织资源是管理的职能。存在许多与 BA 项目有关的管理事项，有些对运营 BA 部门、课题或团队特别重要。这一节所包括的内容是建立信息政策、BA 外包、保证数据质量、测评 BA 的贡献与变革管理。

4.2.1 建立信息政策

公司需要管理信息。可通过建立信息政策来构建以下规则：信息和数据如何被组织和维护；什么人被允许查看或修改数据。信息政策为共享、传播、获得、标准化、分类、总结各类信息和数据制定了组织规则。它定义了如下特定程序和职能：规定哪些用户和组织单位可以共享信息，信息可以发布到什么地方，谁负责数据的更新和维护。

对于小公司来说，企业主应该建立信息政策。至于大公司，数据管理部门可能对特定的政策和数据管理的程序负责（Siegel 和 Shim，2003，第280页）。责任包括：发展信息政策，为数据搜集和存储制订计划，监督数据库的设计，发展数据索引，对系统专家及终端用户群如何使用数据进行监控。

对许多的数据管理活动（Data Administration）而言，一个更为流行术语是数据治理（Data Governance），这包含建立针对管理商业中所使用数据的可用性、易用性、完整性和安全性方面的政策和流程。特别地，这专注于提升数据的保密性、数据安全性以及遵守政府的管制。

这类信息政策、数据管理以及数据治理的目的，是指导与确保整个组织改善数据管理。对于数据库管理系统的创建及其对 BA 项目的支持来说，这些步骤是同样重要的（参见第 3 章）。

4.2.2　BA 外包

外包被定义为一种战略，组织采用这一方法来布置从内部资源到外部资源的商业活动和责任（Schniederjans 等，2005，第 3～4 页）。对商业经营活动进行外包是组织运用的一种策略，以执行 BA 项目、完成 BA 课题、运作 BA 团队。许多商业活动都可以进行外包，包括 BA。外包是一种重要的 BA 策略，应该被视为任何 BA 项目的一个可行备选方案。

和业务管理任务（如管理仓库）相比，BA 是更适合外包的。对于 BA 项目来说，是否将其进行外包是非常重要的选择，需要管理层权衡利弊。表 4.4 列出了部分外包的优势。

表 4.4　外包 BA 的部分优势

外包 BA 的优势	描述
减少花销	当分析只能定期执行时，维持完整地运行 BA 部门的花销要多于偶尔雇用外部 BA 咨询团队来解决问题的花销
获得较强的分析能力	公司外部团队的分析能力通常要强于内部的
获得更灵活的人力	经济下行时，通常面临裁员。雇用顾问更为容易，且费用要低于雇用全职 BA 员工。外包对于按需增加或减少 BA 服务有更高的灵活性
获得新知识	经验丰富的 BA 咨询顾问拥有与其他公司合作时所得到的丰富知识和经验。这种经验或许能成为竞争优势

不过，BA 外包也有一些不足。表 4.5 已经列出外包 BA 的一些劣势。

表 4.5 外包 BA 的劣势

外包 BA 的劣势	描 述
控制力减弱	一旦外包，BA 项目的大部分控制权会被外包公司所掌握。委托公司不但丧失控制权，而且失去获得新的独一无二的信息的机会，因为外包公司不会和委托方分享这些信息
存在关系处理上的困难	客户公司与外包公司之间因存在距离、文化差异、语言问题等而出现沟通障碍。缺乏管理会导致客户服务和产品质量出现大量问题
缺乏创新	外包 BA 减少了公司内部人员之间的合作，同时也减少通过共享合作进行创新的机会
有信息风险	外包人员接触客户的专有信息，包括分析上的创新。这种信息可能会被分享给其他的竞争公司，将客户公司置于风险之中
可能获得无用的分析	有时外包公司的能力不如公司内部的分析人员，这种外包只是浪费时间和金钱

管理 BA 的外包并不会牵涉整个部门，绝大多数公司只是外包课题或任务。例如，公司向外部供应商外包云计算服务（Laudon 和 Laudon，2012，第 511 页），或者其他公司将软件设计和遗留程序的维护外包给世界上低工资水平国家，以此来降低成本（Laudon 和 Laudon，2012，第 192 页）。

将 BA 进行外包，这也是企业引入 BA 应用的一种战略（Schniederjans，等，2005，第 24~27 页）。最初，为了学习如何运营项目、课题或者团队，与某外包公司签订一段时间的合同。然后，客户公司可学习到外包公司的经验。外包合同结束后，客户公司可以组建自己的 BA 部门、项目或团队。

4.2.3 保证数据质量

一般来说，BA 建立在假设数据是高质量的基础上。数据质量是指数据的精确度、精密度以及完整度。高质量的数据能正确地反映这个真实世界。数据输入错误、未能很好维护数据库、过时的数据和不完整的数据，则会经常导致公司做出不好的决策，并毁坏公司的 BA。从组织形式上看，数据库管理系统（在第 3 章所提及的 DBMS）的员工对保证数据质量负有管理上的责任。不论是谁领导 BA 项目，都应该为保证数据质量付出努力，这样做是十分必要的，因为 BA 部门在管理信息系统部门（通常也管理 DBMS）之外也发挥着十分重要的作用。

理想的情况是，一个设计得当的数据库应该有高质量的数据，同时要有全组织范围的数据标准，并努力避免重复或不一致的日期元素。不幸的是，时代在不断地变化，越来越多的组织允许消费者和供应商能经由网络直接地将数据输入数据库中。因此,大多数质量问题是在数据输入过程中产生的,如拼错名字、数字顺序错误、错误编码或缺失编码。

组织需要识别并更正错误数据,并建立数据库中编辑数据的规则和程序。数据质量的分析可以从审核数据质量开始,即进行结构化调查,或对数据精确性以及完整性进行检查。这种审核可能是对于整个数据库,也可以针对一组抽样文件,或者是对终端客户对数据质量的认知的调查。如果在审核数据文件时发现错误,就会实施数据清理(Data Cleansing 或 Data Scrubbing)来清除或修复数据。表 4.6 列出了数据审核项目与更正错误数据(数据清洗)的建议。

表 4.6 数据审核项目与数据清洗建议

数据审核项目	描述以及数据清洗建议
当前数据	检查数据是否为最新数据。如果数据已过期,则删除它
完整性	检查是否存在缺失值。如果文件出现 50% 以上的数据缺失,则从数据库中删去该文件
相关性	检查数据是否与最初收集数据的目的相关。如果不再相关,则从数据库中删除整个数据
查重检验	检查数据库中是否存在重复的数据文件,删除重复数据
异常值	检查定量数据文件中的极值(异常值),以便查出可能的数据编码错误。从数据文件中删除任何怀疑有错误的数据文件或修复数据
不一致数值	如果数据文件既包括字符又包括数字数据,而本来应该只有字符或只有数字,则可进行修复
编码	如果数据文件中存在可疑或未知的数据编码,则从数据库中删除或修复数据的编码

4.2.4 测量 BA 的贡献

当考察 BA 投资的正确性时,必须用 BA 对组织的项目所做出的贡献来判定。这意味着要计算每一个 BA 项目的绩效。这些分析应该包含为组织带来的有形和无形价值。这也应包括建立沟通策略来提升所估计的价值。

测量 BA 给组织带来的价值和贡献,有助于企业认识为什么 BA 是值得投资的。BA 的价值可以利用标准金融方法来完成,比如偿还期(多长时间的收益可以弥补最初投资成本)或者投资报酬率(ROI)(参见 Schniederjans 等,2010,第 90 ~ 132 页),给出定量分析是可能的。当以无形贡献为主时,其他方法,如成本收益分析法(Schniederjan 等,2010,第 143 ~ 158 页),可以被拿来使用。

对 BA 带给公司的价值进行持续测量可以帮助组织解决问题，寻找新的商业机会。通过持续不断地执行 BA，公司更可能利用第 1 章所介绍的 BA 流程中规范性阶段的最优化方法来识别内部活动，并借此予以增强。它还可以识别表现不佳的资产。另外，跟踪记录 BA 的投资回报可以识别组织中哪些领域有优先分析的必要。对过去 BA 资源的分配和应用进行考察，也可以证明关于 BA 投资决策的正确性。它们还可以帮助企业进一步完善数据支持、员工招聘及对 BA 技术进一步投资方面的工作。

4.2.5 变革管理

Wells（2000）发现，在组织变革中，组织文化与实施管理变革是十分重要的。组织文化是指组织如何支持雇员间的合作、协调和授权（Schermerhorn，2001，第 38 页）。变革管理被定义为：将组织（人员、团队、项目、部门）转换成一个变化的理想未来状态（Laudon 和 Laudon，2012，第 540~542 页）的一种方式。变革管理是在组织内执行变革的一种方式，如增加 BA 部门（Schermerhorn，2001，第 382~390 页）。组织内的变革或者是计划性的（在变革领导者指令下，计划性地努力的结果），或者是非计划性的（在没有变革领导者具体指令下的自发改变）。BA 的应用总是会导致这两种形式的改变，这是因为 BA 解决具体问题的作用（通过渴望已久的、计划的改变来解决问题）及 BA 能探索的本质（例如，非计划的新知识机会的变化）。变革管理几乎可以以任意方面的因素为目标，见表 4.7。

表 4.7 变革管理的目标

变革目标	描述
文化	这代表组成组织的个人和团体的价值观和规范的变化。BA 在某些情况下必须营销自己，建立信任和改变决策。这通常需要以不同的文化视角来考虑决策
组织结构	这是改变组织的授权和沟通的路线。BA 职位的跨部门性质使得它可以提供改变组织、改变关系和任务的信息
人力	BA 需要促使员工在情感和技能上改变的因素的相关信息，这会让组织取得更高水平的公司绩效
任务	BA 可能发现一些员工需要执行的工作设计、规范以及规定，为的是改变他们的目标并使公司绩效水平得到提升
技术	BA 可能发现用于设计和工作流程的信息系统技术，这种技术能使雇员和设备整合入运营系统，同时为提升公司绩效做所需的变革

（来源：改编自 Schniederjans 和 Cao（2002），第 261 页图 7。）

不进行任何变革就能从 BA 中获益，这是不可能的。企业需要寻找使人员、技术系统或者商业管理执行方面引发变革的那种崭新且独一无二的信息。通过在组织内部树立变革管理的观念，公司能对资源和流程加以整合，以便更迅速地接受由 BA 所建议的变革。在任何公司中建立变革管理观念，要取决于该公司独一无二的特征。与成功的变革管理项目类似，有很多活动也同样适用于管理商业数据分析部门、项目或团队的变革。导致变革管理成功的部分活动，已经由表 4.8 列出。

表 4.8 变革管理的最佳范例

最佳范例	描 述
优秀标杆	对于某些企业来说，变革是恐怖的事情，而变革的坚决拥护者会支持对变革做出努力。卓越的变革管理同样能帮助指导工作、激发变革的积极性，使变革活动走上正轨
目标清晰	任何形式的变革都应被明确定义，包括有哪些变化、哪些工作人员需要变化、有哪些过程需要变化及其如何影响技术。这同样包含使变革工作走上正轨的截止时间
沟通良好	要避免对变革的抵制行为（对任何新事物的一种自然的反应），可以通过高效与反复的沟通来帮助面临变革的这些人理解变革的价值，及时让他们知道取得的进步，这对减少他们的恐惧是十分有用的
绩效测评	变革开始之前所列出的目标可用于测量变革期间的绩效。查看公司绩效随着变革而获得的提升，可激励进一步变革，并得到那些受影响的对象的支持
高层管理人员的支持	所有 BA 部门、项目或者团队成功的关键都是需要高层管理人员的支持。这种支持有时直接是资金，有时是给予其获得更多资源的权利

总结

在组织中创建 BA 部门，从事 BA 项目，或者组建 BA 团队，这在很大程度上可以决定整合资源以达到信息共享的目标的成功程度。在这一章，我们讨论了几种组织结构（职能型、矩阵型、中心化），以此为基础来讨论 BA 资源组织。BA 团队作为重要的组织资源整合工具的角色，也在本章进行了讨论。此外，本章讨论了 BA 组织和团队失败的原因。这一章中还包含其他管理问题，比如建立信息政策、BA 外包、保证数据质量、测量商业数据分析的贡献和变革管理。

一旦公司为商业数据分析部门、项目或者课题等建立了内部组织，下一步工作就是从事 BA。在接下来的三章，我们将开始详细讨论执行 BA 流程的三个步骤。

问题讨论

1. 有关管理信息系统的文献一致建议使用分散化方法分配资源是最有效的。但是，为什么有关 BA 的文献中建议的与之相反的中心化的组织才是最好的结构呢？
2. 为什么合作对 BA 如此重要？
3. 为什么组织文化对 BA 如此重要？
4. 建立信息政策是如何影响 BA 的？
5. 在什么情形下，BA 外包有助于组织 BA 部门的发展？
6. 为什么我们需要衡量 BA 对组织的贡献？
7. 数据质量如何影响 BA？
8. 变革管理在 BA 中扮演着什么样的角色？

参考文献

Bartlett, R. (2013). A Practitioner's Guide to Business Analytics. McGraw-Hill, New York, NY.

Flynn, A. E. (2008). Leadership in Supply Management. Institute for Supply Management, Inc., Tempe, AZ.

Isson, J. P., Harriott, J. S. (2013). Win with Advanced Business Analytics. John Wiley & Sons, Hoboken, NJ.

Laursen, G. H. N., Thorlund, J. (2010). Business Analytics for Managers. John Wiley & Sons, Hoboken, NJ.

Schermerhorn, J. R. (2001). Management, 6th ed., John Wiley and Sons, New York, NY.

Schniederjans, M. J., Schniederjans, A. M., Schniederjans, D. G. (2005). Out sourcing and Insourcing in an International Context. M. E. Sharpe, Armonk, NY.

Siegel, J., Shim, J. (2003). Database Management Systems. Thomson/South-Western, Mason, OH.

Stubbs, E. (2013). Delivering Business Analytics. John Wiley & Sons, Hoboken, NJ.

Stubbs, E. (2011). The Value of Business Analytics. John Wiley & Sons, Hoboken, NJ.

Wells, M. G. (2000). "Business Process Re-Engineering Implementations Using Internet Technology." Business Process Management Journal, Vol. 6, No. 2, 2000, pp. 164-184.

第 5 章 什么是描述性数据分析

本章目标

- 解释我们为什么需要数据可视化并探索数据
- 介绍统计图表以及如何运用它们
- 阐述在商业数据分析流程中如何运用描述统计方法
- 阐述 SPSS 软件的描述统计输出与 Excel 软件的描述统计输出之间的差异
- 阐述在商业数据分析中如何应用抽样方法及其应用领域
- 阐述什么是抽样估计及其如何帮助商业数据分析
- 阐述如何使用置信区间与概率分布
- 解释在商业数据分析流程中如何运用描述性数据分析

5.1 简介

在所有商业数据分析项目（也称商业数据计划）中，都存在一系列目标。这些目标是安排商业数据分析活动的一种手段，其目的是支持战略总目标。目标可能是寻找和发现新的商业机会、解决公司正面临的运营问题，或促进组织不断发展。它是由商业数据分析创建的目标，同时部分地指导实践。从组织的战略规划者落实到商业数据分析部门或分析人员的相关指令，聚焦于商业数据分析倡议或项目的战术。任务或许是探索新产品的市场营销数据，或许是通过收集工程和客户服务信息来提高服务质量。无论商业数据分析任务是什么样的类型，第一步都是探索数据，并揭示新的、独特的、相关的信息，其目的是帮助组织推进目标。

本章研究如何执行商业数据分析流程中的第一步：描述性数据分析。本章的重点是，使读者熟悉用于这个步骤的常见的描述性数据分析工具，以及 SPSS 与 Excel 软件。这里的阐述处理不考虑具体计算，而是专注于这些分析工具支持商业数据分析的使用和含义。为了说明目的，我们将使用如图 5.1 所示的数据集，此数据集代表着四种不同类型的产品销售（销售 1（Sales 1）、销售 2（Sales 2）、销售 3（Sales 3）以及销售 4（Sales 4））。

第 5 章 什么是描述性数据分析

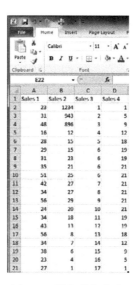

图 5.1 销售数据集合

5.2 数据可视化与数据探索

尽管研究数据集并不存在着唯一一种最好的方法，但是对于数据集看起来像什么确实有概念化的方法，这样的方法是商业数据分析流程中这一步骤所必需的。画图表通常是用来表示数据内容的可视化方法。

当人们决定使用 SPSS 和 Excel 软件选项生成图表时，对数据集中所选定的变量来说，要了解每一种软件自身提供的一系列画图形式。为了考察销售数据集，用图 5.1 的数据生成图表。其中一些图形由表 5.1 列出，它们可作为认识数据集信息价值的一组探索工具。到底选择哪一种图形，取决于画图的目的。

表 5.1 商业数据分析中所使用的统计图形

图形类型	应用注释	图形例子
面积图	1. 同时显示多于一个变量 2. 在对比两个变量时最为理想 3. 例子：展示不同产品的销售情况，显示是否改进 4. 注意图中所展示的3D效果，本表中大多数图都可以实现此效果	

51

(续)

图形类型	应用注释	图形例子
柱状图	1. 可以是水平、垂直、锥或周期性的，而且有叠加变量的多维柱状图 2. 用于显示随时间变化而发生的变化 3. 例如：用柱状图揭示一个人与另一个人的生产率的对比	
条形图	1. 和柱状图一样 2. 注意，此图形揭示了明显向上的趋势	
折线图	1. 用于展示线性趋势、其他线性或非线性表现形式 2. 最好用于展示以时间为轴的时间序列数据	
饼分图（饼图）	1. 用于针对比例的概念化处理 2. 用于其他各种圆环类，像甜甜圈图（空心） 3. 用于多个变量受到限制的情况下	
散点图	1. 用于观测数据集的模式 2. 用于发现数据集中的异常值，并加以清除 3. 考察异常值的趋势是否增强了线性图形的趋势	

(续)

图形类型	应用注释	图形例子
直方图	1. 帮助揭示变量数据集中的频率 2. 通过将数据点分组为频数，减少数据量的规模	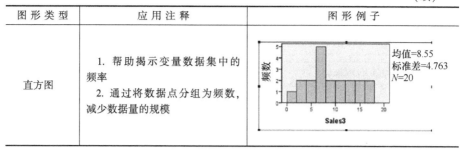

由表 5.1 所给出的图形揭示出一些有趣的事实。面积图能清晰地比较两个变量数据集中数值的大小（销售 1 与销售 4）；条形图揭示了销售 3 数据中几乎完美的线性趋势，这是十分有用的；而散点图表揭示了销售 4 数据中所出现的几乎完美的非线性函数。此外，由 20 个各种不同百分比的散布凌乱饼分图展示出，在特定情况下所有图形都可以被使用或应该使用。最佳的实际应用会提供画图的建议方案，这被看成是商业数据分析的探索性活动。执行商业数据分析的人员应该能画出各种各样的图形，目的是查看哪些图形揭示出有趣而有用的信息。人们利用这些图形可获得进一步深入细化的、更为详细的信息，同时得到与商业数据分析倡议目标有关的更合适的图形。

粗略审查图 5.1 中的销售 4 数据，散点图出现了凹的形状。大多数商业数据分析问题会涉及大数据，数据之大不太可能这样简单查看，就能对结构或外观加以判断。这就是要利用描述性统计学，以基于参数的方式来查看数据的原因，这样才能更好地认识数据所揭示的信息。

5.3 描述性统计学

当人们选定了 SPSS 与 Excel 中描述性统计学的选项之后，这些软件会自动地针对数据集中的变量，计算出许多有用的统计数据。表 5.2 列出了一些描述性统计数据，将其作为探索工具有助于认识数据集的信息价值。

表 5.2 商业数据分析团队参与者的角色

统计量	计算（数据集）	应用领域	示 例	应用注释
N	数值的个数	任何领域	每月公司交易的样本量	用于明确多少个项目被用到统计计算中
求和	整个数据集中的数值之和	任何领域	公司的总销售额	用于明确总值是多少

（续）

统计量	计算（数据集）	应用领域	示例	应用注释
均值	所有数值的平均值	任何领域	每月平均销售额	用于捕获数据集的集中趋势
中位数	从大到小排列的数据集的中间值	求数据分布的中间点	国家居民的总收入	用于求某个数据的上方与下方各占50%
众数	数据集中出现次数最多的数值	数据集中有数据重复出现	有限的工资水平情况下的固定年薪	用于声明数据集中高度重复的共同值
最大值、最小值	分别为最大值、最小值	对数据分布离散程度的概念化	一天销售额中的最大值与最小值	用于提供数据的范围或极值点
极差	最大值与最小值之差	粗略估计数据分布的散布程度	一个月期间的销售额的散布程度	用于简单估计散布程度
标准差	数据集中均值与所有其他值之差平方和的均值平方根	依计算中所用的单位，精确估计偏离均值的数据分布的散布程度	偏离平均销售额的标准差	此值越小，则数据集给出的预测值就越好，且变异较小
方差	数据集中均值与所有其他值之差平方和的均值	方差估计是针对数据分布偏离均值的差距，而不是针对计算中的个体单位	当用同一数据集的其他变异比较时，最好用方差测量	此值越小，则数据集给出的预测值就越好，且变异较小
偏度系数	正值或负值。当值符号是+，则分布是正偏态；当是-，则分布是负偏态。值越大，偏态程度就越大	关于均值不对称程度的测量	随着国家居民年龄变老，人口年龄分布变得更加负偏态	此值越接近于0，则对称性就越好。正偏态分布表示向左偏，负偏态分布表示向右偏
峰度系数	此值小于3表示平坦的分布，大于3表示有峰的分布	从垂直方向测量分布关于均值的散布。并揭示正的与负的对称性，这取决于正负号	客户在午餐和晚餐时间是分布高峰，然后变得平缓	此值越接近于2，则峰度就越小（分布的峰值或平坦化）

(续)

统计量	计算（数据集）	应用领域	示例	应用注释
标准误（均值的）	样本标准差的均值（调整标准差，以反映样本量）	抽样分布的标准差	偏离样本平均销售额的标准差	此值越小，则变异就越小，预测样本数据集就更准
样本方差	同前面的方差一样，只是要调整样本量	抽样数据分布散布的方差估计	当采用抽样来收集数据时，用方差测量	此值越小，则变异就越小，预测样本数据集就更准

幸运的是，我们不需要自己计算这些统计量。计算机软件方便了人们计算这些描述性统计量。利用SPSS中的描述性统计量所计算的销售数据集情况，由表5.3给出，同时，利用Excel所计算的结果由表5.4给出。

表5.3 SPSS描述性统计量

	N	Range	Min	Max	Sum	Mean		Std. Dev.	Variance	Skewedness		Kurtosis	
	Statistic	Statistic	Statistic	Statistic	Statistic	Statistic	Std. Erro	Statistic	Statistic	Statistic	Std. Erro	Statistic	Std. Erro
Sales 1	20	40	16	56	703	35.15	2.504	11.198	125.397	490	512	-.429	.992
Sales 2	20	1233	1	1234	3344	167.20	83.686	374.254	140065.853	2.241	512	3.636	.992
Sales 3	20	16	1	17	171	8.55	1.065	4.763	22.682	272	512	-.988	.992
Sales 4	20	20	1	21	292	14.60	1.603	7.170	51.411	.824	.512	-.825	.992
Valid N	20												

表5.4 Excel描述性统计量

	A	B	C	D	E
1	Statistics	Sales1	Sales2	Sales3	Sales4
2					
3	Mean	35.15	167.2	8.55	14.6
4	Standard Error	2.503970531	83.68567758	1.064931428	1.603286099
5	Median	34	19	7.5	18.5
6	Mode	34	15	6	21
7	Standard Deviation	11.19809664	374.2537276	4.762518131	7.17011341
8	Sample Variance	125.3973684	140065.8526	22.68157895	51.41052632
9	Kurtosis	-0.429071744	3.636015862	-0.988175871	-0.825197874
10	Skewness	0.490453685	2.240917321	0.27209513	-0.824089881
11	Range	40	1233	16	20
12	Minimum	16	1	1	1
13	Maximum	56	1234	17	21
14	Sum	703	3344	171	292
15	Count	20	20	20	20

查看图5.1中的四个变量数据集，以及表5.3与表5.4中的统计数据，从数据集所计算的详细统计量可以得出一些明显的结论。并不令人感到惊奇的是，由为数不多的最大值与众多较小值组成数据集，这个集合会有最

大的方差统计量（如标准差、样本方差、极差、最大值/最小值）。此外，销售2数据有很高的正偏度（偏度 >1），很高的峰度（峰度 >3）。注意，在销售1数据中，存在着非常接近的均值、中位数、众数，可是销售2数据却没有这样的性质。这些描述性统计量提供了更加精确地查看数据行为的基础。被称为度量集中趋势的均值、中位数以及众数也可以用来清晰地定义偏态分布的方向。负的偏态分布对这些统计量给出下述顺序：均值 <中位数 <众数，而正的偏态分布则预示着这样的顺序：众数 <中位数 <均值。

那么，从这些数据统计中可以了解到什么呢？从这些数据中，人们能得到许多观察结果。记住，在研究大数据集时，人们仅有图形与统计数据，以此作为确定数据看起来像什么样子的指南。但是，从这些数据统计出发，人们能刻画数据集。所以，对于销售2数据来说，它可以预测数据集有正的峰度和峰值。注意，图5.2给出了销售2数据的直方图。而SPSS图展示了正态分布（钟形曲线），来反映均值的位置（曲线上的最高点，也就是167.2），以及数据如何拟合正态分布（在这种情况下，表现得不是很好）。正如预期的那样，该数据集确实由于包含了较大值与众多较小值的数据点而服从方差很大的分布。

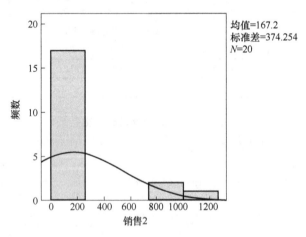

图5.2　销售2数据的SPSS直方图

我们也知道，数据点构成数据集，当方差非常大时，这就表明此数据集有极度的多样性，以至于很难使用这个变量来预测将来的行为或趋势。在商业数据分析的进一步探索中，这种类型的信息可能是非常有用的，可作为除去无益于预测的数据的手段，但它无助于组织改善其运营。

有时，大数据文件变得如此之大，以至不能利用某些统计软件系统来操作。在这些情况下，如有必要，可以选取其中较小的且有代表性的数据样本。想要获得准确预测商业行为的样本，就需要认识抽样过程，还要利用该抽样过程进行估计。

5.4 抽样与估计

绝大多数商业数据分析领域的估计都需要利用样本数据来完成。在这一节，我们讨论各种类型的抽样方法，还有在抽样估计中如何使用样本的问题。

5.4.1 抽样方法

抽样是处理大数据的重要策略。如果因数据文件太大，软件无法运行，或者因数据太大而无从下手时，就要求对数据文件中的元素进行抽样，从而形成一个新的数据文件，这个样本文件能准确地反映原数据文件的总体信息。对于抽样数据来说，存在三个应该认识的组成要素：总体、样本以及样品元素（这里的元素构成了样本）。公司收集某一年客户服务绩效文档，这可定义为那一年的客户服务绩效总体。从那个总体得到的较少样本元素所构成的样木（个人客户服务文档），可以减少研究大数据时所付出的努力。有几种抽样方法可以用于得到有代表性的样本。这些抽样方法由表5.5给出。

简单随机抽样方法、系统随机抽样方法、分层随机抽样方法及整群随机抽样方法，这四种方法均基于总体中元素出现的概率。配额方法与判断方法则不是基于概率的。虽然就某些方法而言，随机化过程会有助于确保从总体中抽取到有代表性的样本，但有时因为成本或时间方面的限制，非概率抽样方法却是抽样的最佳选择。

对于特定商业数据分析来说，到底应该选择哪一种抽样方法分析呢？这取决于样本的性质。如表5.5所示，应用注释中提到的总体规模、样本量大小、应用领域（地理、数据的分层、排序等），甚至数据的研究者所付出的努力都会影响特定的方法选择。选择最佳的应用方法，首先要确定那些会限制样本收集选择的任何约束条件（如允许时间与成本）。这可以缩小选择范围，例如只能选择配额方法。另一个最佳应用建议是，从商业数据分析项目的目标开始，然后利用它们作为指导来选择抽样方法。例如，假设商业数据分析的目标是促使特定产品的销售增加。这可能导致对客户进行随机抽样，如果收入对于分析的最终结果特别重要时，甚至可以利用收入水平来进行分层随机抽样。幸运的是,运用软件来收集数据的过程更容易、更节约成本。

表 5.5 抽样方法

抽样方法	描述	应用	应用注释
简单随机抽样	允许总体中的每个样本元素具有等可能的选择机会	基于客户作为特定族群成员出现的百分比来选择客户	样本量必须充分大,可避免抽样误差
系统随机抽样(定期抽样)	从总体中按固定的间隔来选择样本元素	从离开机场的人群中,每5个人选1个人	假设样本元素的顺序间隔是以随机方式形成的;否则,可能导致抽样偏差
分层随机抽样	第一阶段:将总体分成组(称为层) 第二阶段:应用简单随机抽样	在三个不同经济阶层中,随机选择相等数量的人	分层必须代表总体,否则可能导致抽样偏差
整群随机抽样	第一阶段:依据地理区域将样本元素分组(称为整群) 第二阶段:应用简单随机抽样	从投票选区随机选择相等数量的人	整群必须代表总体,否则可能导致抽样偏差
配额抽样	基于固定配额或样本元素数量	选取前200位进入商场的人	• 主要用于节省时间和资金 • 样本量必须充分大,可避免抽样误差
判断抽样	依据专家建议,选取样本元素	基于备选者外表的特殊性选取样本元素来采访	因没有确定选择标准,依赖于访问者经验,故而存在偏见

利用数据文件软件,并结合前面所提到的抽样方法可以迅速地收集数据。例如,SPSS允许简单随机抽样、系统随机抽样、分层随机抽样和整群随机抽样方法等。运用这个软件时,需要对每一层指定样本元素的数量(例如,在这个例子中为每一层选择2个)。在表5.6中,SPSS为销售4数据定义了7层。通过观察图5-1中销售4的数据可以发现其内在逻辑。另外,SPSS输出的结果显示,特定样本元素是从每一层随机抽样得到的,还有所得到样本的总数量及百分比,如图5.3所示。比如,第21层的样本元素所占比例仅为0.33或33%,这是利用SPSS随机抽取的。

表 5.6 销售 4 变量的样本分层（SPSS）

		Summary for Stage 1			
		Number of Units Sampled		Proportion of Units Sampled	
		Requested	Actual	Requested	Actual
Sales4 =	1	2	2	100.0%	100.0%
	5	2	2	100.0%	100.0%
	9	2	2	100.0%	100.0%
	12	2	2	100.0%	100.0%
	18	2	2	100.0%	100.0%
	19	2	2	50.0%	50.0%
	21	2	2	33.3%	33.3%

Sales4	InclusionProbability_1_	SampleWeightCumulative_1_	PopulationSize_1_	SampleSize_1_
1	1.00	1.00	2	2
5	1.00	1.00	2	2
9	1.00	1.00	2	2
12	1.00	1.00	2	2
18	1.00	1.00	2	2
19	.	.	.	.
19	.50	2.00	4	2
21	.	.	.	.
21	.	.	.	.
21	.33	3.00	6	2
21	.	.	.	.
21	.33	3.00	6	2
21	.	.	.	.
19	.50	2.00	4	2
19	.	.	.	.
18	1.00	1.00	2	2
12	1.00	1.00	2	2
9	1.00	1.00	2	2
5	1.00	1.00	2	2
1	1.00	1.00	2	2

图 5.3 销售 4 变量的 SPSS 分层样本

Excel 还允许简单随机定期抽样。例如，图 5.4 展示出 Excel 销售 4 数据的输入和输出结果。在这个例子中，5 个值的随机样本需从 20 个样本元素中得到。以随机抽取方法所得到的样本元素的结果 5，被表述在图 5.4 的右下角。

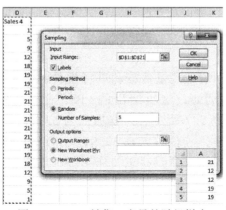

图 5.4 Excel 销售 4 变量的随机样本

5.4.2 抽样估计

抽样方法一般都会导致样本结果出现误差。表5.2列出的大部分的统计方法系统地阐述了总体统计学。一旦将抽样引入统计分析中，人们必定将数据处理成样本，而不是拿总体进行分析。许多统计技术，如均值的标准误和样本方差，都加入数学修正因子来调整描述性数据分析统计工具，以此校正抽样误差。

校正抽样误差的方法之一是，对抽样统计量加上某个置信度。样本统计量中的置信通常用置信区间表示，这是关于样本统计量的区间估计。一般来说，我们将这个区间估计表达成如下公式：

置信区间 = 样本统计量 ± 置信系数 × 估计的标准误

置信区间中的样本统计量源自于样本的测量或比例，以此估计总体参数，如均值可用来测量集中趋势。置信系数被设置为定义置信程度的某个百分比，以此准确地识别正确的样本统计量。置信系数越大，由样本得出的总体均值就越有可能落入置信区间。尽管许多软件可以对置信水平设置任何百分比，但是绝大多数的软件都对置信水平默认设定为95%。SPSS与Excel都允许用户自定义百分比。在上述表达式中，估计值的标准误可以是任何统计估计，包括用于估计总体参数的比例。例如，使用均值作为样本统计量，我们有以下区间估计表达式：

置信区间 = 均值 ± 95%对应的置信系数 × 均值标准误

这个表达式的输出结果由两个值组成，一个是置信区间的上限，另一个是置信区间的下限。对这个区间可给出如下解释：利用样本表示的总体均值有95%机会落入此区间中。这样，仍有5%机会导致真实总体均值不会落入此区间当中，这是由抽样误差而引起的。由于均值的标准误源自于变异统计量（标准差），所以刻画此表达式的方差统计量越大，则置信区间就会越宽，而且样本均值的准确性就越差，进而导致了对真实总体均值来说很好的估计。

当人们分析各种统计测量数据和进行检验时，利用SPSS与Excel可以计算置信区间。例如，这里给出的SPSS输出结果是销售1变量的95%置信区间，如表5.7所示。样本均值为35.15。置信区间表明，有95%的机会使真实总体均值落入在29.91与40.39区间。当试图确定样本是否有意义时，这种信息具有重要作用。例如，知道有95%的机会确定均值为29.91，这将影响到为达到盈亏平衡点而是否继续销售产品的决策。

表5.7　SPSS给出的销售1变量的95%置信区间

单一样本统计量

	N	Mean	Std. Deviation	Std. Error Mean	95 Percent Confidence Interval of the Difference	
					Lower	Upper
Sales 1	20	35.15	11.198	2.504	29.91	40.39

为阐述某些预测模型的准确性，置信区间也是非常重要的。例如，可利用置信区间来创建预测回归方程，查看将模型应用于预测未来销售时，未来的估计值会是多少。有关置信区间的更多讨论，参见附录A。

5.5　概率分布简介

借助于得到的样本，人们试图认识揭示总体的信息。获得样本后，以此为基础来预测或进行决策，这样做有可能不会准确地捕获总体信息，这种可能性确实存在。没有一个样本可以向分析人员保证，能捕获到真实总体信息。置信区间统计利用误差来表示样本准确反映总体信息的可能性。

利用5.4节给出的置信区间公式，置信系数将百分比（95%）设置为表示如下的可能性：用样本统计来代表总体统计数据（用统计学术语来说，总体统计数据是参数）可能存在潜在的误差。通常将用在置信区间中的置信系数称为 Z 值。这个 Z 值在空间上与代表分布曲线下的概率的面积（表示为百分比或频率）有关。样本的标准正态分布是一个如图5.5所示的钟

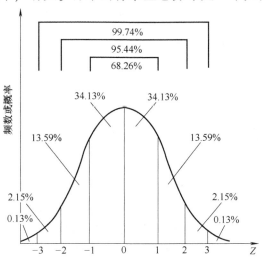

图5.5　标准正态概率分布

形曲线。该分布显示出 Z 值与此曲线下的面积的关系。Z 值表示均值标准误的某个数值。

置信系数是与 Z 值有关的数值,该值将正态曲线下面的面积划分为一些概率。利用中心极限定理,我们假设所有样本量充分大的抽样分布服从正态分布,此分布的标准差等于估计的标准误。这意味着,区间加上或减去估计的两个标准误(无论估计是多少)有 95.44% 的可能性包含真实总体或实际总体的参数。加上或减去估计的三个标准误,则有 99.74% 的可能性包含真实总体或实际总体的参数。所以,Z 值代表了相应的样本估计的标准误。表 5.8 选取了几个置信水平的 Z 值,置信水平表示真实总体参数落入置信区间内的概率,并刻画了那个区间在曲线下的面积的百分比。

表 5.8　Z 值与置信水平

置 信 水 平	相应的 Z 值
0.60	0.253
0.70	0.524
0.80	0.842
0.90	1.282
0.95	1.645
0.99	2.327
0.999	3.08

商业数据分析使用概率分布和置信区间的重要性,体现在这种工具可以允许分析人员根据利用样本得到的假设参数,以某种统计精度来进行预测。换句话说,BA 分析师可以以某个设定的置信水平,运用源自大型数据库的样本来准确地预测总体参数。

概率分布的另一个重要性体现在可以用这种工具来计算某些结果可能发生的概率,诸如实现绩效目标的概率。在商业数据分析流程中,就探索描述性数据分析步骤而言,计算某些事件发生的概率可用于指导后续分析步骤。实际上,在权衡分析人员在商业数据分析所有步骤中所面临的选择时,概率信息可能都非常有用。例如,假设利用销售 1 变量的统计当作样本,可以发现销售量大于均值(35.15)的一个标准误的概率。在图 5.6 中,均值(35.15)与均值的标准误(2.504)的统计数据,已经在标准抽样正态分布的底部表示出来。当对样本均值增加均值的一个标准误时,所得到的值是 37.654。大于 37.654 的概率(图 5.6 中的阴影区)是 15.87%(13.59% + 2.15% + 0.13%)。所以,利用销售 1 变量的样本信息,可以得出销售超过 37.654 的概率仅有 15.87%。

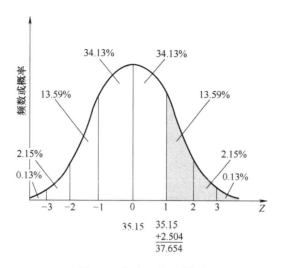

图 5.6　概率函数的例子

利用这种方法计算概率，可以应用于其他类型的概率分布。概率的概念与分布、概率术语及概率的应用内容，可参见附录 A。

5.6　市场营销/策划案例：BA 过程中的描述性数据分析

在本章最后一节，还有第 6 章及第 7 章中，我们给出和商业数据分析步骤有关的市场营销/策划的案例研究，以此阐明用于 BA 问题分析的某些工具和策略。这是第一个涉及商业数据分析的描述性数据分析步骤的案例。而预测性数据分析步骤（第 6 章）与规范性数据分析步骤（第 7 章）也将利用这个案例继续展开研究。

5.6.1　案例背景

某公司收集到了服务产品月度销售的随机样本，这类信息平时很少提供，仅每月提供一次而已。这种服务产品的销售只会体现在本月的促销活动上。基本上，公司会在月初开始或本月期间投放促销资金，为了查看促销成果，无论销售结果怎样都要记录下来。促销月活动并不会对其他月份产生影响，这是因为每月提供的服务产品是独立的，而且是在特定年份中随机安排的。产品的性质似乎没有受到季节性或周期性变化的影响，这样的影响会妨碍预测并使规划预算很困难。

公司可通过广播（Radio）广告、报纸（Paper）广告、电视（TV）广告以及销售点（POS）广告来促销服务产品。公司收集销售信息及促销费用，因为促销费用在销售开始之前就已经到位，并且假设促销活动影响产品销售，所以四种促销费用可以被视为预测数据集。实际上，就这个问题的建模而言，产品销售将被视为因变量，而其他四个数据集则是自变量或预测变量。

这五个数据集均是以千美元为单位来统计的，由SPSS软件得到如图5.7所示的输出结果。公司想知道的是，给定固定预算350000美元用于推广这种服务产品，当再次提供时，应该如何最好地安排预算分配，以使未来几个月的产品销售最大化。这正是所有产品经理和营销管理者进行促销时所要回答的典型问题。在分配预算之前，需要认识如何估计未来产品销售。这需要认识、理解和促销活动有关的产品销售行为。为了开始学习和促销活动有关的产品销售行为，我们从商业数据分析流程的第一步——描述性数据分析开始讨论。

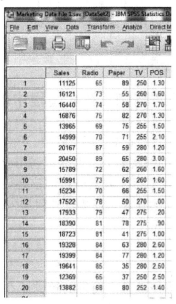

图5.7　市场营销/策划案例研究的数据

5.6.2　描述性数据分析

为了对数据中的可能关系进行概念化处理，人们要计算数据的某些描述统计特征，画出图形、图表（最终产生建模中的某些变量）。可利用SPSS计算这些统计数据并生成图表，SPSS的输出如表5.9所示，包括一系列基本描述性统计数据（均值、极差、标准差等）以及几个图表。类似地，也可利用 Excel 输出一系列基本描述性统计数据，如图 5.8 所示。对于不能计算的值，则提供指定的符号"#N／A"。

表 5.9　市场营销/策划案例研究的描述性统计量（SPSS）

	\multicolumn{7}{c}{描述性统计量}
	N	极差	最小值	最大值	均值	标准差	方差
广播广告	20	24	65	89	76.10	7.355	54.005
报纸广告	20	54	35	89	62.30	15.359	235.905
电视广告	20	30	250	280	266.60	11.339	128.905
销售点广告	20	3	0	3	1.54	0.750	0.562
销售额	20	9325	111.25	20450	16717.20	2617.052	6848960.589
有效 N	20						

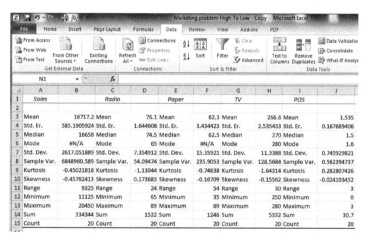

图 5.8　市场营销/策划案例研究的描述性统计量（Excel）

记住，这是试图描述数据并揭示数据内容线索的探索的开始。特别是当数据文件的规模不断增大时，更需要一些探索尝试，以便找出表达数据的最佳方式。在这个简单例子中，尽管数据集很小，但是如果探索工作做得很好，仍然可揭示出有价值的信息。

在图 5.9 中，SPSS 给出了五种典型图形。这些图形分别包括条形图（销售额）、面积图（广播广告）、饼图（报纸广告）、折线图（TV 广告）和点图（POS 广告）。尽管这些图形非常有趣，但没有揭示出有助于认识未来销售趋势的行为，这些内容或许隐藏在此类数据中。图 5.10 给出了用于比较的 Excel 图形。两者唯一的区别是，后者将饼图改为圆环图。

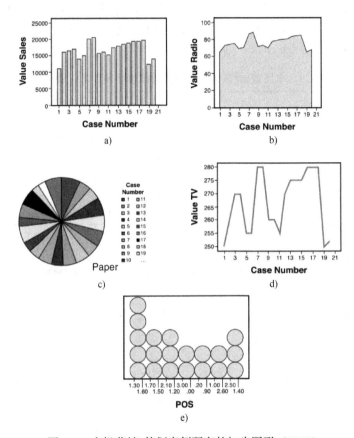

图 5.9　市场营销/策划案例研究的初步图形（SPSS）

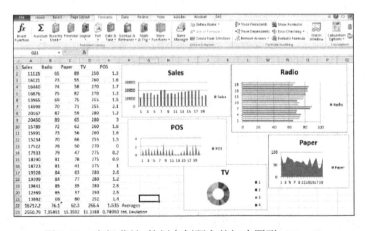

图 5.10　市场营销/策划案例研究的初步图形（Excel）

第 5 章 什么是描述性数据分析

　　为了加快揭示潜在信息关系的过程，我们思考一个特别的探索方案。对于这个案例来说，它主要预测服务产品的未来销售。这意味着，为了画出一条趋势线，就要寻找某类图形。其中一类简单的图形就是与趋势分析相关的折线图。再次利用 SPSS，为前面五个数据集分别画出折线图，如图 5.11 所示。垂直轴的单位是千美元，水平轴则是数据集中所列出的观测值的数据顺序。同时，给出了可以比较的 Excel 图形，如图 5.12 所示。

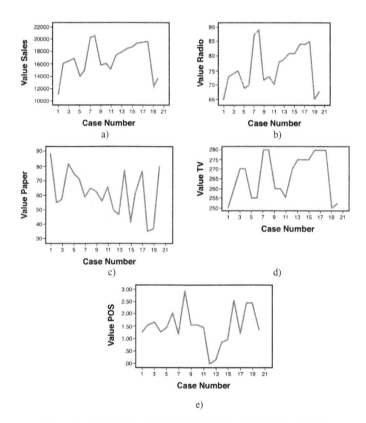

图 5.11　市场营销/策划案例研究的初步折线图（SPSS）

　　虽然这些图形较为清晰地显示了数据行为特性，但是仍然没有清楚地揭示出可能的趋势。由于 20 个月的数据没有以任何特定顺序表示出来，同时也没有按时间排序，所以它们是可以以任何方式重新排序的独立数值。如果需要，可以重新排序数据，或者对其排序并将其作为描述性数据分析过程的一部分。因为趋势通常是向上或向下的线性行为特性，如果对数据

67

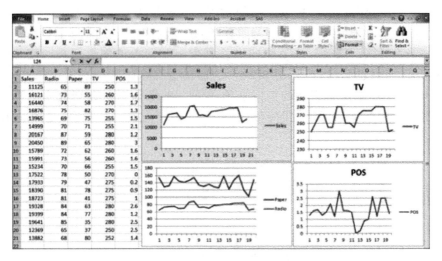

图 5.12　市场营销/策划案例研究的初步折线图（Excel）

进行从低到高（或从高到低）重新排序，那么人们可能会观察到产品销售数据集中的趋势。通过移动 20 行数据对销售额进行重新排序，使得销售额呈现从低到高的排列，如图 5.13 所示。利用重新排序的数据集，可以得到 SPSS 新的折线图结果，如图 5.14 所示。同时，还给出了可比较的 Excel 图形，如图 5.15 所示。

*Untitled2 [DataSet4] - IBM SPSS Statistics Data Editor

	Sales	Radio	Paper	TV	POS
1	11125	65	89	250	1.30
2	12369	65	37	250	2.50
3	13882	68	80	252	1.40
4	13965	69	75	255	1.50
5	14999	70	71	255	2.10
6	15234	70	66	255	1.50
7	15789	72	62	260	1.60
8	15991	73	56	260	1.60
9	16121	73	55	260	1.60
10	16440	74	58	270	1.70
11	16876	75	82	270	1.30
12	17522	78	50	270	.00
13	17933	79	47	275	.20
14	18390	81	78	275	.90
15	18723	81	41	275	1.00
16	19328	84	63	280	2.60
17	19399	84	77	280	1.20
18	19641	85	35	280	2.50
19	20167	87	59	280	1.20
20	20450	89	65	280	3.00

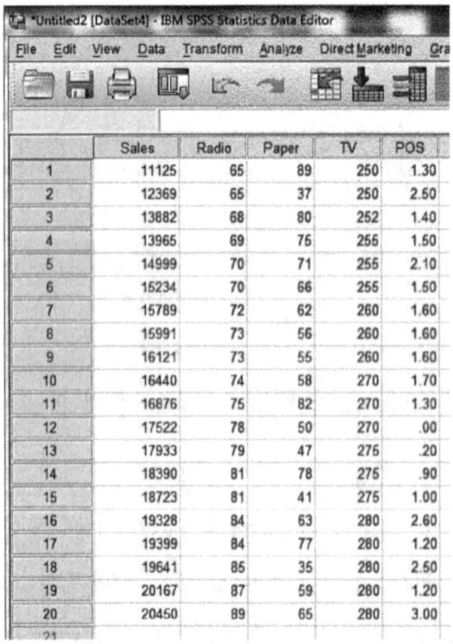

图 5.13　市场营销/策划案例研究的折线图中重新排序的数据

第 5 章 什么是描述性数据分析

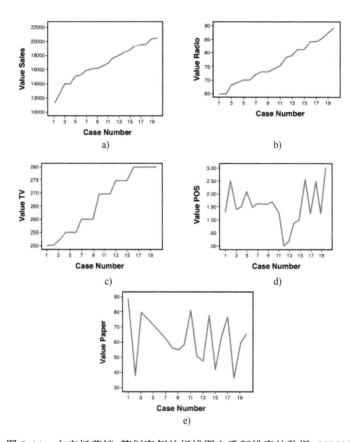

图 5.14 在市场营销/策划案例的折线图上重新排序的数据（SPSS）

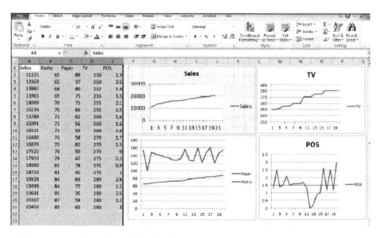

图 5.15 在市场营销/策划案例的折线图上重新排序的数据（Excel）

以产品销售额从低到高的重排序为指导，其他四个变量的某些图已经表明了其与产品销售额的关系。对于广播和电视广告，已经显示出似乎具有与产品销售额相匹配的类似的从低到高的趋势关系。这表明，就产品销售而言，存在两个良好的预测变量。而报纸和销售点广告与产品销售额的关系相当不稳定。因此，后面的两个变量在寻求预测产品销售额的模型中可能不是非常有用。尽管在分析中此时此刻不能排除它们，但是如果将它们添加在准确预测产品销售的模型当中，可能并无益处。换句话说，似乎没有必要添加它们，添加后可能会引起模型精度的变化。为得到更详尽的内容，需要做进一步的分析，以建立更好的预测变量集，从而确定产品销售额之间的关系。

总之，对于这个案例研究来说，描述性数据分析的结果显示：广播、电视广告与未来产品销售额之间存在潜在关系，同时质疑报纸及销售点广告与销售额的关系。对这些结果进行梳理，得出建议，停止对报纸和销售点广告的投资，更有效地将资金分配给广播与电视广告。在证实这个重新分配是合理的之前，需要进行更多分析。接下来的分析，也就是预测性数据分析，将在第 6 章最后一节加以阐述。

总结

这一章讨论了数据可视化和数据探索。本章重点阐述并举例说明了商业数据分析流程中对描述性数据分析步骤十分有用的图形和统计方法，还提供利用 SPSS 和 Excel 输出的图形、图表和统计方法结果来加以说明。此外，讨论了抽样方法及对 SPSS 和 Excel 软件的某些应用。还讨论了抽样估计以及它和抽样分布的关系，以便在中心趋势测量时进行误差估计。最后，还介绍了第一个案例研究，以此说明商业数据分析流程中描述性数据分析步骤。第 6 章和第 7 章将会继续此案例研究的深入讨论。

本书的多个附录旨在通过介绍技术、数学和统计工具内容来丰富各章的素材。这不仅是为了更好地理解本章所讨论的方法，而且还有基本统计学的回顾和其他数量化方法，建议读者阅读本书所提到的附录。

商业数据分析流程中的描述性数据分析步骤的结果，为进行更深入的分析创建了探索性基础。在第 6 章，我们继续阐述商业数据分析流程的第二步——预测性数据分析。

问题讨论

1. 为什么说利用图形和图表来探索数据是十分重要的？
2. 偏度和峰度之间的区别是什么？

3. 如果有总体信息，为什么我们还要使用样本呢？

4. 是否存在一种利用来自均值、中值以及众数的中心趋势测量排序的方法来确定偏度呢？

5. 表5.5所列出的抽样方法中哪一个是最好的，为什么？

6. 在设定置信水平的条件下，为什么不设置一个足够低的以便确保包含总体参数呢？

习题

1. 利用SPSS或Excel，运用图5.1的数据绘制销售2分布的折线图。对于图形来说，表5.4中的峰度统计量是否有意义呢？均值、中值（中位数）以及众数模式的位置是否支持表5.4中的偏度统计量呢？请解释这两个问题。

2. 利用SPSS或Excel，运用图5.1中的数据绘制销售3分布的散点图。基于表5.4中的统计，你如何判断它的峰度：是高度还是轻微？均值、中值以及众数模式的位置是否支持表5.4中的偏度统计量？请解释这两个问题。

3. 利用SPSS或Excel，运用图5.1的数据得到销售3分布的随机样本。运用软件，确定数据集中的四个项目用于抽样。从数据集中应该选取哪些特定值呢？

4. 利用SPSS或Excel，运用图5.1的数据得到销售2分布的随机样本。运用软件，确定数据集中的四个项目用于抽样。从数据集中应该选取哪些特定值呢？

5. 当均值为50，同时均值的标准误为12时，其99%的置信区间是多少呢？

6. 当均值为120，同时均值的标准误为20时，其99%的置信区间是多少呢？

7. 某公司计算出一年的新产品平均销售额为2000美元，均值的标准误为56美元。公司想知道，（根据今年的情况）下一年的平均销售额将高于2112美元的概率。概率是多少？

8. 这些年来，家园高尔夫球公司制作了一系列各种不同的高尔夫球产品。通过对数千个高尔夫球进行研究揭示出，其"最大飞"高尔夫球产品的平均飞行距离为450码⊖，均值的标准误为145码。公司希望能改进产品，以便多飞行290码。从450码改善到740码的概率是多少？

⊖ 1码=0.9144米。

第 6 章 什么是预测性数据分析

本章目标

- 简述在商业数据分析中使用了哪些逻辑驱动模型
- 阐述什么是商业数据分析中的因果图
- 解释逻辑驱动模型与数据驱动模型的区别
- 解释数据挖掘在商业数据分析中有怎样的辅助作用
- 解释为什么神经网络在商业数据分析中有助于判断关系与分类
- 解释在商业数据分析中如何使用聚类分析
- 解释逐步回归在商业数据分析中如何发挥作用
- 解释在商业数据分析中如何使用调整后 R^2 统计量

6.1 简介

在第 1 章中,我们将预测性数据分析定义为运用高等统计学、信息软件或者运筹学方法来确定预测变量并建立预测模型,从而识别描述性数据分析中并不容易观察到的趋势和关系。一旦知道存在关系之后,就要解释为什么一组自变量(预测变量)能够影响像经营业绩这样的因变量。第 1 章曾深入解释描述性数据分析的目的——帮助决策者建立预测模型,从而识别和预测未来的趋势。

想象这样一种情景,我们可以获得一家公司的销售和客户信息的大数据文件(如对各种不同类型广告的反响、产品质量的客户调查、供应链绩效的客户调查、销售价格等)。再假设之前的描述性数据分析表明,某些客户变量之间存在关系,但仍然需要在销量和客户行为之间建立精确的定量关系。为了满足这个要求,我们需要首先运用大数据,确定是否存在一种可量化的定量关系,然后从统计形式上建立有效的模型来预测未来的事件。这就是预测性数据分析在商业数据分析中所要发挥的作用。

在商业数据分析流程中,预测性数据分析步骤可以运用的方法有许多。有些方法用于将大数据分类为可操作的文件,以便用于以后建立精确的定量模型。正如之前第 3 章所提到的，预测性模型和分析可能用到一些方法，包括预测方法、抽样与估计、统计推断、数据挖掘，以及回归分析中所采用的一些方法。常用的方法是多元回归（参见附录 A、附录 E 对多元回归与 ANOVA（方差分析）检验所进行的讨论）。在确定描述性数据分析中所得到的预测变量与人们试图预测的因变量之间是否存在统计关系之后，建立多元回归模型就是一个理想的方法。这一章最后一节将阐述使用这种方法的例子。

尽管一元回归和多元回归经常用于预测未来的趋势，但有时回归方法并不切合实际。在这种情况下，其他预测方法如指数平滑法、移动平均法，就可应用于预测性数据分析中，创建商业活动中所需的预测。无论使用什么方法（参见附录 E），在商业数据分析流程中，预测性数据分析的重要输出是识别未来趋势或预测。

6.2 预测模型

建立预测模型就是创建一个可以用于预测未来事件的模型。在商业数据分析中，可依据逻辑或者数据来创建开发模型。

6.2.1 逻辑驱动模型

逻辑驱动模型（Logic-driven Model）是基于经验、知识，还有与想得到的商业绩效结果有联系的变量和常量之间的逻辑关系来建立的模型。这里的问题是，如何利用变量和常量来创建可以预测未来的模型。这样做就一定需要商业经验。人们要创建模型，首先需要认识商业系统，并且对能产生想得到的商业业绩结果的变量和常量之间的关系有所理解。为了对商业系统内在关系进行概念化，画图方法是非常有用的。例如，因果图是一种可视的辅助图，它允许读者假设在潜在的原因与结果之间有某种关系（参见图 6.1）。这个图列出了一些潜在的原因，如人力资源、技术等，来建立影响商业绩效的基本关系。利用这个图，从想得到的商业绩效目标，可追溯到可能的原因及其关系，因而能让用户更好地构想可能影响商业绩效的潜在原因。这种图因其特有的外观，有时被称为鱼骨图（Fishbone Diagram）。

另一个对商业绩效变量潜在关系进行概念化的十分有用的图被称为影响图（Influence Diagram）。根据 Evans（2013，第 228~229 页）的观点，影响图在创建模型过程中，对变量之间的关系加以概念化时非常有用。影响图的例子由图 6.2 给出。该图画出了想要得到的商业绩效结果（利润）

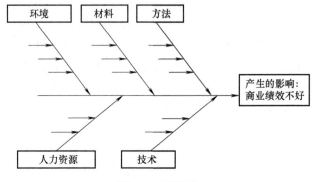

图 6.1　因果图

（来源：Schniederjans 等人（2014），第 201 页图 5，有改动。）

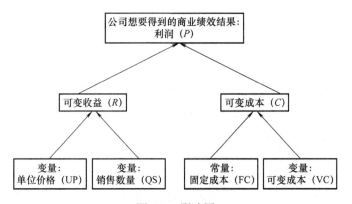

图 6.2　影响图

与变量及常量之间的关系。从这个图可以发现，很容易将信息转化成关于利润的含有变量及常量的定量模型：

利润 = 收入 – 成本

或者

利润 =（单个价格 × 所销售的数量）–[（固定成本）+（可变成本 × 所销售的数量）]

即

$$P = (UP \times QS) - (FC + VC \times QS)$$

可以看出，利用基本的商业知识可以得出这个简单事例的关系。然而，如果我们不知道如何将它们组织在一起，想象一下，成本函数会有多么复杂啊！我们有必要知道如何对商业系统进行建模，从而获取相关的商业行为。因果图与影响图为我们认识各种关系、变量与常变量提供了概念化的工具，不过在探索和建立预测模型时，人们还经常运用一些其他方法。

6.2.2 数据驱动模型

通常，逻辑驱动模型是借助于数据驱动模型来创建关系的第一步（利用许多数据来源所收集到的数据定量地建立模型关系）。为了避免内容的重复并聚焦于概念内容，我们将绝大多数计算方法和某些运用计算机的内容放在了附录中。另外，有些方法则会利用本书的案例加以说明。通过表6.1中的其他说明，以获得对数据驱动模型的进一步了解。

表6.1 数据驱动模型

数据驱动模型	可能的应用	其他说明
抽样与估计	建立统计置信区间，以此定义其他模型得出的未来预测的范围与界限	第5章，附录A、E
回归分析	1. 建立用于时间序列预测的预测方程 2. 剔除预测模型中那些对预测值几乎没有任何影响的预测变量 3. 得出预测的趋势线	第6章，附录A、E
相关分析	1. 建立变量关系 2. 剔除预测模型中那些对预测值几乎没有任何影响的预测变量	第6章，附录E
概率分布	1. 估计服从某种概率分布的趋势行为 2. 建立统计检验来确认变量的显著性	第5章，附录A
预测模型与分析	利用线性与非线性模型来拟合数据，目的是用模型进行预测	附录A、E
预测模型	运用此表所列的方法与其他方法，如平滑模型来预测未来值	附录E
模拟	通过模拟过去行为，发现概率分布，预测变量的未来行为	附录F

6.3 数据挖掘

正如第3章所提到的，数据挖掘是一种致力于发现规律的应用技术，它通过寻找大数据或小数据中的隐藏模式和关系，推断规则，预测未来的行为，进而更清楚地了解商业数据，并可以利用这些观察到的模式和规则来指导决策。数据挖掘所使用的数据并不只是数字，还有文本和来自网络社交媒体的多媒体信息。例如，Abrahams等人（2013）开发了一套文本挖掘的规则，汽车制造商可以利用它来提炼寻找网络上出现的特定车辆部件问题，然而这些问题在几个月后才会以投诉的形式或在媒体上曝光。企业利用这些规则将对网络上的大量数据进行分拣，并提交市场营销和竞争情报给制造商、经销商、服务中心和供应商。这有助于在客户体验失败之前识别产品的缺陷，快速召回产品或纠正这个问题，减少问题发生时客户的不满。

6.3.1 对数据挖掘的简明解释

一家杂货店收集了关于顾客购买商品放入购物篮的大数据文件（顾客一次性购买的所有商品）。杂货店想知道在顾客一次性购买的商品间是否有什么关系。（例如，如果某顾客购买了商品 A，那么她很可能联系起商品 B 或者连同商品 B 一起购买）。如果顾客通常一起购买商品 A 与商品 B，则商店就可以通过只对商品 A 做宣传来达到促进商品 A 与商品 B 的销量。认识商品之间这种关系的价值就在于能够减少两种商品的宣传成本而达到提高商店效益的目的。倘若这种关系真实存在，这种好处便会出现。

对于某些分析来说，需要找到这种关系并证明这种关系的有效性。描述性数据分析也许会揭露出某些可能的关联，如商品 A 与商品 B 之间的关联。对于不同规模的数据文件，数据挖掘程序通常都是将文件分为两个部分。一部分作为训练数据集，另一部分作为验证数据集。训练数据集建立关联规则，验证数据集测试并证明这些规则是有效的。从训练数据集出发，通行的数据挖掘方法是使用基于逻辑的软件进行假设分析。Excel 和 SPSS 都有基于逻辑的假设分析应用，其他许多软件也有这种应用（参见第 3 章）。应用这些软件就能够利用逻辑表达式。（例如，如果商品 A 出现，则商品 B 会出现吗?）软件系统也可以提供频数与概率信息来显示关联的强度。这些软件系统具有各种不同的功能，允许使用者以确定性方式模拟不同场景，来识别在购物篮中所购商品之间复杂的关联组合。

一旦识别了可能存在的关联，就可以计算出它们的概率，利用同样的逻辑关联（现在被认为是关联规则）就可以重新对数据集加以验证。于是，计算出一组新的概率，运用假设检验方法从统计形式上确定相似性并加以比较。为了判断关联的强度和方向，可用其他软件系统计算其检验目标的相关性。换句话说，如果顾客首先购买商品 A，那么可将它称为关联的开头，而将商品 B 称为关联的主体（Nisbet 等人，2009，第 128 页）。如果同样的基本概率从统计上看是显著的，那么这意味着此关联规则是有效的，于是就可以利用这样的关联规则来预测顾客购物行为。

6.3.2 数据挖掘方法

在商业数据分析过程中，数据挖掘是一种非常理想的预测性分析工具。本书第3章提到了数据挖掘能收集到的三种不同类型的信息。表6.2列举了为了获取不同类型的信息所使用的代表性方法。一些被用在描述性分析步骤中的工具也会被用在预测性步骤中，利用这些工具来建模以预测未来。

表6.2 信息类型与数据挖掘方法

信息类型	描 述	数据挖掘方法
关联	与单个事件有关	关联规则（如假设分析）、相关分析、神经网络
分类	描述项目所属组的模式。通过检查先前已有分类项目，推断出能指导分类过程的一组规则	判别分析、回归、神经网络
聚类	当对"组"没有定义时，聚类类似于分类，有助于发现数据内的各种不同分组	层次聚类、K均值聚类
预测	用于预测可识别客户行为模式的值	回归分析、相关分析
序列	与时间有关的一些事件	延迟相关分析、因果图

表6.2列出了一些基于计算机的方法，并对其进行了简要介绍。神经网络可用于确定文字或数字之间的关联。具体地说，神经网络可以从大量的数据和潜在变量开始，并探索变量间的关联，来表达一个起始变量（称为输入层），通过中间层变量的相互作用，最终得到结束变量（称为输出）。神经网络不但能识别一一对应的简单关联，而且可以识别通过像网络中节点类的大数据连接的多重关联。这些节点关系构成了将彼此相关的变量加以分组的分类形式，甚至能将具有多重关联的复杂路径中的相关变量进行分组（Nisbet等，2009，第128～138页）。SPSS软件有两个神经网络工具：多层感知器（MLP）和径向基函数（RBF）。这两种工具都会产生一个预测模型，根据预测变量的值确定一个或多个因变量。两者都允许决策者开发、培训和使用软件来识别特定的特征（比如银行不良贷款的风险），这需要用到过去所收集的有客户特点的数据。

判别分析类似于多元回归模型，只是它可以使用连续自变量和分类因变量。这种分析会产生回归函数，通过自变量就能产生因变量的预测值。类似地，逻辑回归也像多元回归那样。和判别分析一样，它的因变量可以被分类。然而，在逻辑回归中，自变量既可以是连续的，也可以是分类的。例如，在预测潜在外包供应商时，公司会使用逻辑回归，因变量既可以分类为外包供应商拒绝（用因变量为零的值表示），也可以分类为外包供应商接受（用因变量为1的值表示）。

层次聚类①是通过层次分组来建立聚类层次的一种方法。这种方法有两种策略：聚类方法和分割方法。聚类方法是一个自下而上的策略，从数据中的每个项目开始，并对其进行分类。分割方法是一个自上而下的策略，从一组中的所有项目开始，并将组划分为聚类。聚类如何产生，这可能涉及许多各种不同类型的算法，还有各种不同软件的运用。一种通用的方法是采用欧氏距离公式，计算两个变量之间距离平方和的平方根。从本质上，该公式是寻求使得变量间具有最小平方误差的变量（换言之，即寻找更紧密联系在一起的变量）。

K均值聚类（K-means）算法是一种聚类方法，它允许将一组数据重新分类为K组，其中K被设定为想要得到的分组的数量。这个算法首先确定K组数据的初始候选聚类（质心），然后对数据集中的其他候选者进行搜索，这里用到了代表特定K组数据的平均值（中心对象）。选择的过程是计算所有数据与质心的距离，并据此对每个数据重新分类。在数据集中，每次运行或迭代允许软件为每个组选择下一步的候选者。

K均值聚类过程提供了将数据分类为不同组的一种快速方法。为了说明这个过程，图6.3使用了销售数据并假设这些数据来自于个人客户。假设公司想要将顾客分为高消费顾客和低消费顾客。

在SPSS的K均值聚类软件中，可以找到：Analyze→Classify→K-Means Cluster Analysis（K均值聚类分析）。K可以被设定为想要得到的聚类数的任意整数值。在这个问题中，$K=2$。这个分类问题的SPSS输出结果如表6.3所示。人们将这种解决方案称为快速聚类法，原因在于它最初只选择两个值，一个最高值与一个最低值。初始的聚类中心表列出了数据集中最初的最大值（20167）与最小值（12369），以此作为聚类过程的开始。正如所证明的那样，这个软件将顾客分为9个高消费顾客，其组平均销售额为18309；还有11个低消费顾客，其组平均销售额为14530。

Time	Sale
1	13444
2	12369
3	15322
4	13965
5	14999
6	15234
7	12999
8	15991
9	16121
10	18654
11	16876
12	17522
13	17933
14	15233
15	18723
16	13855
17	19399
18	16854
19	20167
20	18654

图6.3 销售数据的聚类分类问题

思考一下，大数据集合会有多么大！可想而知，对于利用均值识别和预测销量来说，这样的分类能力是十分有用的。

---

① 又称分级聚类。——译者注

由于存在众多的商业数据分析方法，以至于不能用单独一节或一章，甚至是一本书就可以阐释或包含全部方法。本章的分析处理和计算机应用的内容主要聚焦于概念的使用。对于这些方法的更多应用，可以参见接下来的案例研究以及附录内容。

表6.3 SPSS 的 K 均值聚类求解结果

Quick Cluster

Initial Cluster Centers

	Cluster	
	1	2
Sale	20167	12369

Final Cluster Centers

	Cluster	
	1	2
Sale	18309	14503

Number of Cases in each Cluster

Cluster	1	9.000
	2	11.000
Valid		20.000
Missing		.000

6.4 市场营销/策划案例（续）：BA 过程中的预测性数据分析[一]

在第5、6、7章的最后几节，我们讨论了市场营销/策划案例，研究相关的商业数据分析步骤，并说明一些在商业数据分析中所用到的某些工具和策略。这是商业数据分析中预测性数据分析所研究的案例。在第7章涉及规范性数据分析的步骤中，我们将继续讨论这个案例。

6.4.1 案例研究背景回顾

案例中的公司收集了月销售额的随机样本信息，如图6.4所示，数据单位为千美元。公司想知道，鉴于用于推广此服务产品的固定预算为35万美

[一] 原书有误，应该为预测性数据分析。——译者注

元，当再次提供时，公司如何最好地分配这个预算，才会使未来月份的产品销售额最大化？在进行任何预算分配之前，需要了解如何估算未来产品销售额。这就需要了解使用广播、报纸、电视以及销售点广告的促销活动所得到的不同的销售情况。

	A	B	C	D
1	Sales 1	Sales 2	Sales 3	Sales 4
2	23	1234	1	1
3	31	943	2	5
4	48	896	3	9
5	16	12	4	12
6	28	15	5	18
7	29	15	6	19
8	31	23	6	19
9	35	21	6	21
10	51	25	6	21
11	42	27	7	21
12	34	27	8	21
13	56	29	9	21
14	24	20	10	21
15	34	18	11	19
16	43	13	12	19
17	56	8	13	18
18	34	7	14	12
19	38	6	15	9
20	23	4	16	5
21	27	1	17	1

图 6.4　市场营销/策划案例的数据

前面第 5 章的描述性数据分析已经揭示出，广播和电视广告与未来产品销售有强关系。这个分析同样揭示了，报纸和销售点广告与销量关联性并不强。尽管广播和电视广告是最有希望的，但是需要更深入的预测分析来准确地测量和记录变量中可能存在的关系强弱程度，其目的是确定产品销售额的最佳预测公式。

6.4.2　预测性数据分析

在这种情况下，要探讨在这个案例中变量的重要性，并最终得出产品销售额预测模型，理想的多变量建模方法是相关性和多元回归。我们将使用 Excel 与 IBM 的 SPSS 统计软件包来计算商业数据分析流程中此步骤的统计信息。

首先,在建立模型之前,我们必须考虑四个自变量——广播、电视、报纸、销售点。一种查看关系的统计方法(这比只比较图表更好一些)是计算每个自变量与因变量(产品销售额)之间的皮尔逊(Pearson)相关系数 r。SPSS 中相关系数及其显著性水平已经由表 6.4 给出。与之对比的 Excel 相关系数则由图 6.5 给出。注意:图 6.5 不包括显著性水平,但却提供了所有被考虑变量之间的相关性。皮尔逊相关系数越大(无论符号如何),显著性检验值越小(这些是测量皮尔逊 r 值的显著性的 t 检验;具体参见附录 A),则关系就越显著。在 0.05 显著性水平下,广播和电视都在统计上表现出显著的相关性,而报纸和销售点则不具有统计意义上的显著性。

表 6.4　市场营销/策划案例的皮尔逊相关系数(SPSS)

统计量	广播	报纸	电视	销售点
皮尔逊(Pearson)相关系数 r	0.977	-0.283	0.958	0.013
显著性检验(单侧)	0.000	0.113	0.000	0.479

注:对于与产品销售额的显著关系,人们可以设定为 0.05 或更小的值。

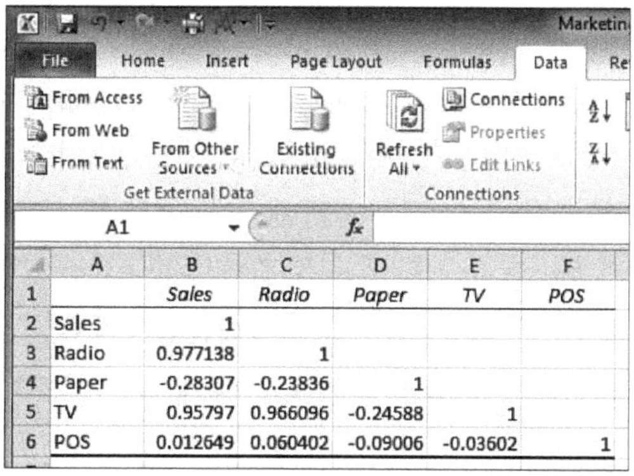

图 6.5　市场营销/策划案例的皮尔逊相关系数(Excel)

尽管正的相关系数或负的相关系数会不会自动折损预测模型的变量还有待商榷,但是报纸的负相关系数表明,当公司增加报纸广告的投资时,销售额会减少。在本案例研究中,这是没有道理的。考虑到这种关系的非逻辑性,将它作为模型的自变量就有问题了。数据收集方法正确吗?数据准确吗?其包含的样本是否足够大,足以使变量呈现正的相关关系?对于未来的分析是否应该包括它?尽管负向的关系可能在统计中出现,但这个现象在本案例中并没有意义。根据这个推理,再加上它的相关系数在统计上的不显著性,这种变量(报纸广告)将会在进一步的预测模型分析中被去掉。

某些研究人员也可能会将销售点去掉,因为它与销售额的关系不显著

（$p = 0.479$）。但为了解释的目的，我们继续将其作为模型中的一个变量。其他两个自变量（广播与电视）均与销售额显著相关，这反映在表中的相关系数上。

在建立预测模型时，有一个因变量（产品销售额）和三个候选自变量（销售点、电视和广播），预测模型可以显示销售额与自变量之间的关系。正如在描述性数据分析步骤中，我们使用折线图来揭示产品销售额和其他变量的行为一样，统计方法可以建立线性模型，将三个预测变量组合起来。我们使用多元回归来建立本案例中销售额的关系模型，此多元回归可包含多个自变量中的任何一个。多元回归也可以用来继续探索三个自变量的合理性。多元回归用来评估哪些自变量最好包括在线性模型中、哪些自变量被排除的步骤，被称为逐步多元回归。它基于回归模型的评估及其验证统计量（具体地说，多元相关系数和来自方差分析（ANOVA）的 F 比率）。SPSS 软件和许多其他统计系统都内嵌了逐步过程。有些被称为后向逐步回归，而有些被称为前向逐步回归。后向逐步回归始于模型中所有的自变量，逐步回归过程根据最差的预测，每次移除一个自变量，一直到模型在统计上显著为止。前向逐步回归始于最好相关性的变量（由修正分析得到），然后逐步增加其他变量，一直到再增加变量不会提升模型的精确性为止。前向逐步回归过程将在这里手动呈现。第一步是为每个自变量和因变量生成单独的回归模型和统计量。这三个模型对应于销售点、广播和电视的变量，分别由表 6.5、表 6.6、表 6.7 给出。与之对比的 Excel 分析则由表 6.8、表 6.9、表 6.10 给出，分别对应销售点、广播和电视变量。

表 6.5 市场营销/策划案例的销售点回归模型

Model Summary

Model	R	R Square	Adjusted R Square	Std. Error of the Estimate	Change Statistics				
					R Square Change	F Change	df1	df2	Sig. F Change
1	.013[a]	.000	.055	2688.55013	.000	.003	1	18	.958

Coefficients[a]

Model		Unstandardized Coefficients		Standardized Coefficients	t	Sig.
		B	Std. Error	Beta		
1	(Constant)	16649.445	1398.322		11.907	.000
	POS	44.140	822.471	.013	.054	.958

a. Dependent Variable: Sales

(续)

ANOVA[a]

Model		Sum of Squares	df	Mean Square	F	Sig.
1	Regression	20819.162	1	20819.162	.003	.958[b]
	Residual	130109432.038	18	7228301.780		
	Total	130130251.200	19			

a. Dependent Variable: Sales/b. Predictors: (Constant), POS

译者注：R Square——R^2；Adjusted R Square——调整后 R^2；Std. Error of the Estimate——估计值的标准误差；Change Statistics——变化的统计量；R Square Change——R^2 的变动；F Change——F 统计量；Sig. F Change——显著性的变动，Sig.——显著性水平，Dependent Variable——因变量；Predictors (Constant)——自变量（常值）。全书同。

表6.6 市场营销/策划案例的广播回归模型（SPSS）

Model Summary

Model	R	R Square	Adjusted R Square	Std. Error of the Estimate	Change Statistics				
					R Square Change	F Change	df1	df2	Sig. F Change
1	.977[a]	.955	.952	571.64681	.955	380.220	1	18	.000

a. Predictors: (Constant), Radio

Coefficients[a]

Model		Unstandardized Coefficients		Standardized Coefficients	t	Sig.
		B	Std. Error	Beta		
1	(Constant)	-9741.921	1362.939		-7.148	
	Radio	347.689	17.831	.977	19.499	

a. Dependent Variable: Sales

ANOVA[a]

Model		Sum of Squares	df	Mean Square	F	Sig.
1	Regression	124248209.906	1	124248209.906	380.220	.000[b]
	Residual	5882041.294	18	326780.072		
	Total	130130251.200	19			

a. Dependent Variable: Sales/b. Predictors: (Constant), Radio

表6.7 市场营销/策划案例的电视回归模型（SPSS）

Model Summary

Model	R	R Square	Adjusted R Square	Std. Error of the Estimate	Change Statistics				
					R Square Change	F Change	df1	df2	Sig. F Change
1	.958[a]	.918	.913	$771.31951	.918	200.731	1	18	.000

a. Predictors: (Constant), TV

Coefficients^a

Model		Unstandardized Coefficients		Standardized Coefficients	t	Sig.
		B	Std. Error	Beta		
1	(Constant)	-42229.208	4164.121		-10.141	.000
	TV	221.104	15.606	.958	14.168	.000

a. Dependent Variable: Sales

ANOVA^a

Model		Sum of Squares	df	Mean Square	F	Sig.
1	Regression	119421442.977	1	119421442.977	200.731	.000^b
	Residual	10708808.223	18	594933.790		
	Total	130130251.200	19			

a. Dependent Variable: Sales/b. Predictors: (Constant), TV

表6.8 市场营销/策划案例的销售点回归模型（Excel）

SUMMARY OUTPUT

Regression Statistics	
Multiple R	0.0126486
R Square	0.00015999
Adjusted R Square	-0.0553867
Standard Error	2688.55013
Observations	20

ANOVA

	df	SS	MS	F	Significance F
Regression	1	20819.162	20819.16	0.00288	0.957791029
Residual	18	130109432	7228302		
Total	19	130130251.2			

	Cofficients	Standard Error	t Stat	P-value	Lower 95%	Upper 95%	Lower 95.0%	Upper 95.0%
Intercept	16649.4448	1398.322032	11.90673	5.72E-10	13711.67923	19587.2	13711.6792	19587.21039
POS	44.14019	822.4712269	0.053668	0.957791	-1683.807738	1772.0881	-1683.80774	1772.088118

表6.9 Excel市场营销/策划案例的广播回归模型（Excel）

SUMMARY OUTPUT

Regression Statistics	
Multiple R	0.977138075
R Square	0.954798817
Adjusted R Square	0.95228764
Standard Error	571.646807
Observations	20

(续)

ANOVA

	df	SS	MS	F	Ignificance F
Regression	1	124248209.9	124248210	380.2197	1.492E-13
Residual	18	5882041.294	326780.072		
Total	19	130130251.2			

	Cofficients	Standard Error	t Stat	P-value	Lower 95%	Upper 95%	Lower 95.0%	Upper 95.0%
Intercept	-9741.92148	1362.939419	-7.1477289	1.17E-06	-12605.35	-6878.492	-12605.351	-6878.49202
Radio	347.68885	17.83090866	19.4992222	1.49E-13	310.2275	385.150199	310.227501	385.150199

表6.10 Excel市场营销/策划案例的电视回归模型（Excel）

SUMMARY OUTPUT

Regression Statistics	
Multiple R	0.9579703
R Square	0.917707
Adjusted R Square	0.9131352
Standard Error	771.31951
Observations	20

ANOVA

	df	SS	MS	F	Significance F
Regression	1	119421443	1.19E+08	200.7306	3.336E-11
Residual	18	10708808.22	594933.8		
Total	19	130130251.2			

	Cofficients	Standard Error	t Stat	P-value	Lower 95%	Upper 95%	Lower 95.0%	Upper 95.0%
Intercept	-42229.21	4164.121037	-10.1412	7.19E-09	-50977.7	-33480.714	-50977.702	-33480.7145
TV	221.10431	15.60595543	14.16794	3.34E-11	188.31741	253.8912	188.317411	253.8912023

为了比较，表格中计算机输出的结果提供了许多统计值。我们在这里仅讨论其中几个。统计量R^2是用于由自变量解释因变量的变异方面的精确比值。当R^2统计量越接近1.00，被解释的变异就越多，进而预测变量就越好。这三个变量的R^2值分别为0.000（销售点）、0.955（广播）、0.918（电视）。很明显，广播是三个当中最好的预测变量，其次是电视，而销售点几乎没有关联，这也是根据前面的皮尔逊相关系数能预测出来的。这表明，产品销售额变异的0.082（1.000-0.918）可由电视广告促销给予解释。

从方差分析来看，在比较回归模型预测因变量的能力方面，F 统计量是非常有用的。当 R^2 变大时，F 统计量也会增大，其原因在于它们的计算和测量方式。F 比率统计量越大（就像 R^2），则解释变量关系的统计量显著性就越大。从方差分析表可以看出，三个变量的 F 统计量分别为 0.003（销售点）、380.220（广播）、200.731（电视）。广播与电视在统计上是显著的，销售点与销售额的关系不显著。为了呈现关联的显著性，假设显著性水平 $\alpha=0.01$，我们只需将 F 比率降到 8.10 就可以达到显著。不超过这个 F 比率也就是说销售点回归模型的相关系数为 0（对于销售额没有贡献）。很明显，自变量广播与电视和因变量之间有很强的关系。问题是，是否两个自变量甚至三个自变量的组合得到的预测模型能比一个自变量（如广播）的预测模型更加精确？

继续逐步多元回归过程，我们接下来要确定变量的可能组合，查看某一特定组合是否要比单一变量模型更加精确。为了测量这一点，我们要确定变量的不同组合，并计算它们的回归模型。其组合分别是：①销售点与广播；②销售点与电视；③销售点、广播与电视；④广播与电视。

所得到的回归模型的统计量总结在表 6.11 中。如果人们仅仅基于 R^2 统计量进行决策，第三个（销售点、广播与电视）和第四个组合（广播与电视）最好（R^2 值均为 0.979）。如果人们基于方差分析中的 F 比率进行决策，则第四个组合（广播与电视）会被选上，人们或许认为，这是两个最显著的相关变量。

表 6.11　市场营销/策划案例的变量组合与回归模型统计（SPSS）

变量组合	R^2	调整后 R^2	F 比率
销售点与广播	0.957	0.952	188.977
销售点与电视	0.920	0.911	97.662
销售点、广播与电视	0.979	0.951	123.315
广播与电视	0.979	0.953	192.555

为了支持最后的决策，并确保这些分析是最好的可能估计，我们需要考虑另一个统计量。那就是调整后 R^2 统计量，调整后 R^2 经常用于多元回归模型中。

调整后 R^2 与 R^2 并不具有相同的解释性（是对关系中变异的更准确的比例测量）。调整后 R^2 是对可选择的自变量适用性的相对测量，它适用于多元回归模型中自变量之间的选择。调整后 R^2 统计量考虑了当新的自变量加入模型时 R^2 自动增加的现象。这个现象就好像画家将颜料涂在布画上，当颜料用得越多，画的价值就越大。当连续不断地涂上各种颜料时，某处颜料就会覆盖其他颜料，这样就会使得原来画的价值减少。类似地，在统计形式上增加更多的变量，确实能提高模型所捕获研究内容的准确性。但倘若使用的变量太多，其中很可能包括一些很差的预测变量，这会降低整个模型的预测能力。调整后 R^2 统计量可以提供揭示这类特性的某种信息。

调整后 R^2 统计量的值可能是负的，但总是小于或等于对应的 R^2 的值。不同于 R^2 的是，只有在新自变量导致 R^2 的增加值大于去掉某个模型已有自变量导致 R^2 的减小值时，新的自变量才会被引入到模型中。在前向逐步回归中，如果回归模型利用最高相关性一次引入一组新变量，那么调整后 R^2 会小于或等于原始模型的 R^2 统计量。通过逐步加入自变量或自变量的组合进行系统实验，重新计算调整后 R^2 会发现，调整后 R^2 会先增加到最大值然后减少。拥有最大调整后 R^2 的多元回归模型是最精确的，这时的回归模型中不含有多余的和不必要的自变量。同样，将所有变量放入一个模型中会增加不必要的自变量，这会降低模型的准确性。

最后，在逐步多元回归分析过程中，有必要对包括在模型中的变量做出最后的决定。根据调整后 R^2，最好的组合是广播与电视。表 6.12 列出了 SPSS 多元回归模型与统计，表 6.13 列出了 Excel 的模型与统计。

表 6.12　市场营销/策划案例的最佳变量组合回归模型与统计（SPSS）

Model Summary

Model	R	R Square	Adjusted R Square	Std. Error of the Estimate	Change Statistics				
					R Square Change	F Change	df1	df2	Sig. F Change
1	.979[a]	.958	.953	568.87547	.958	192.555	2	17	.000

a. Predictors: (Constant), TV, Radio

Coefficients[a]

Model		Unstandardized Coefficients		Standardized Coefficients	t	Sig.
		B	Std. Error	Beta		
1	(Constant)	−17150.455	6,965.591		−2.462	.025
	Radio	275.691	68.728	.775	4.011	.001
	TV	48.341	44.580	.209	1.084	.293

a. Dependent Variable: Sales

ANOVA[a]

Model		Sum of Squares	df	Mean Square	F	Sig.
1	Regression	124628723.140	2	62314361.570	192.555	.000[b]
	Residual	5501528.060	17	323619.298		
	Total	130130251.200	19			

a. Dependent Variable: Sales/b. Predictors: (Constant), TV, Radio

表6.13 市场营销/策划案例的最佳变量组合回归模型与统计（Excel）

SUMMARY OUTPUT

Regression Statistics	
Multiple R	0.97863319
R Square	0.95772291
Adjusted R Square	0.95274914
Standard Error	568.875468
Observations	20

ANOVA

	df	SS	MS	F	Significance F
Regression	2	124628723.1	62314362	192.5545	2.09842E-12
Residual	17	5501528.06	323619.3		
Total	19	130130251.2			

	Cofficients	Standard Error	t Stat	P-value	Lower 95%	Upper 95%	Lower 95.0%	Upper 95.0%
Intercept	-17150.4554	6965.590997	-2.46217	0.024791	-31846.56777	-2454.343	-31846.5678	-2454.342976
Radio	275.69065	68.72801022	4.011329	0.000905	130.6872233	420.694077	130.687223	420.6940765
TV	48.3405736	44.5804165	1.084345	0.293351	-45.71588363	142.397031	-45.7158836	142.3970308

尽管很多其他的分析可以证明这个模型的有效性，但是这个案例研究我们使用表6.12列出的SPSS多元回归模型。预测模型表达式如下：

$$Y_p = -17150.455 + 275.691X_1 + 48.341X_2$$

式中 Y_p——销售产品的预估金额（美元）；

X_1——投资于广播营销的费用（美元）；

X_2——投资于电视营销的费用（美元）。

由于模型中所有数据都是用美元表示的，因此解释这个模型就要比使用其他复杂数据要简单。多元回归模型说明：每向广播营销（X_1）投资1美元，公司将会多获得销售额（Y_p）275.69美元；同样地，每向电视营销（X_2）投资1美元，公司将会多获得销售额48.34美元。

在这个案例研究中，有一件事情需要我们注意。有许多因素可能会挑战所得到的结果，尤其是使用像多元回归这样强大复杂的方法而得到的那些因素。在这种情况下，得到的结果可能不会像预估的那样，因为模型不反映过去的表现。我们建议，对有质疑的情况要进行更多的分析。同样地，为了证实结果，我们需要采用其他分析，来使其他人相信这个结果，以取得预期更好的公司绩效。

总之，在这个案例中，预测性数据分析得到了销售额的增加与营销方式之间更加详细、可量化的关系。为了最大化销售额，350000 美元预算分配的最好方案是，将所有预算放入广播营销中，因为在广播营销中美元的预算会收到最多回报。然而，在不同类型的营销方案中，预算分配是受约束和限制的。最优化分配资源，并使公司绩效最大化，这需要使用特别为完成此项任务而设计的商业分析方法。这需要商业数据分析流程中规范性数据分析的另外一些步骤，我们将在第 7 章的最后一部分加以介绍。

总结

这一章介绍了商业数据分析中的预测性数据分析步骤。具体地说，介绍了基于经验的逻辑驱动模型，其方法有因果图和影响图。本章还介绍了商业数据分析中预测性数据分析过程中的数据驱动模型，并对数据挖掘进一步讨论。数据挖掘方法包括神经网络、判别分析、逻辑回归以及层次聚类。这一章给出利用 Excel 进行 K 均值聚类的解释。最后，本章讨论案例研究问题的第二部分，即商业数据分析的预测性数据分析步骤。案例研究问题的其他部分，将在第 7 章继续介绍。

这里再一次提醒，本书的几个附录包括技术、数学和统计工具，不仅是为了更深入理解本章所讨论的方法，而且有对统计和其他数量化方法的基本回顾，我们推荐读者阅读附录。

正如前面所提到的，使用预测性数据分析的目的是对未来提升公司绩效做出预测或者找到途径。现在的问题是怎样将预测做得更加准确。商业数据分析中的描述性数据分析的目标是，利用预测性数据分析所提供的信息，使产出结果最大化。第 7 章的主题是商业数据分析中的规范性数据分析步骤。

问题讨论

1. 为什么在任何商业数据分析中，对预测性数据的分析都是第二个逻辑步骤？
2. 为什么人们要使用逻辑驱动模型来帮助创建数据驱动模型？
3. 在某些商业数据分析中，神经网络在确定关联与分类任务中是怎样发挥作用的？
4. 在商业数据分析中，为什么说建立聚类是非常重要的？
5. 在商业数据分析中，为什么建立关联是非常重要的？
6. 在商业数据分析中，来自方差分析的 F 检验是如何发挥作用的？

习题

1. 本章建立了预测产品销售额的方程（如下），如果公司对广播营销投资 70000 美元，对电视营销投资250000，那么预测产品的销售额是多少呢？

$$Y_p = -17150.455 + 275.691X_1 + 48.341X_2$$

式中　Y_p——销售产品的预估金额（美元）；
　　　X_1——投资于广播营销的费用（美元）；
　　　X_2——投资于电视营销的费用（美元）。

2. 利用与习题1相同的公式，如果公司对广播营销投资100000美元，对电视营销投资300000美元，那么预测产品的销售额是多少呢？

3. 假设市场营销/策划案例所得到的统计结果如下表所示，那么什么样的变量组合会成为最佳预测自变量集合呢？并解释原因。

变量组合	R^2	调整后 R^2	F 比率
销售点与广播	0.057	-0.009	2.977
销售点与电视	0.120	0.100	3.662
销售点、广播与电视	0.179	0.101	4.315
广播与电视	0.879	0.853	122.555

4. 假设市场营销/策划案例所得到的统计结果如下表所示，那么什么样的变量会成为最佳预测自变量呢？并解释原因。

统计量	广播	报纸	电视	销售点
与产品销售额的皮尔逊相关系数	0.127	0.803	0.208	0.013
显著性检验（单侧）	0.212	0.313	0.192	0.479

5. 已知模型系数如下表所示，请写出电视与产品销售额之间的回归模型。根据SPSS的输出结果，电视是产品销售额好的预测自变量吗？给出解释。

Model Summary

Model	R	R Square	Adjusted R Square	Std. Error of the Estimate	Change Statistics				
					R Square Change	F Change	df1	df2	Sig. F Change
1	.912[a]	.900	.913	$ 771.31951	.918	200.731	1	18	.000

a. Predictors: (Constant), TV

Coefficients[a]

Model		Unstandardized Coefficients		Standardized Coefficients	t	Sig.
		B	Std. Error	Beta		
1	(Constant)	-45000.000	4164.121		-10.141	.000
	TV	200.000	15.606	.958	14.168	.000

a. Dependent Variable: Sales

（续）

ANOVA^a

Model		Sum of Squares	df	Mean Square	F	Sig.
1	Regression	119421442.977	1	119421442.977	200.731	.000^b
	Residual	10708808.223	18	594933.790		
	Total	130130251.200	19			

a. Dependent Variable: Sales/b. Predictors: (Constant), TV

参考文献

Abrahams, A. S., Jiao, J., Fan, W., Wang, G., Zhang, Z. (2013). "What's Buzzing in the Blizzard of Buzz? Automotive Component Isolation in Social Media Postings." *Decision Support Systems.* Vol. 55, No. 4, pp. 871-882.

Evans, J. R. (2013). *Business Analytics.* Pearson Education, Upper Saddle River, NJ. Nisbet, R., Elder, J., Miner, G. (2009). *Handbook of Statistical Analysis & Data Mining Applications*, Academic Press, Burlington, MA.

Schniederjans, M. J., Cao, Q., Triche, J. H. (2014). *E-Commerce Operations Management.* 2nd ed. World Scientific, Singapore.

第7章 什么是规范性数据分析

> **本章目标**
>
> - 列举并阐述商业数据分析中常用的规范性数据分析
> - 解释规范性数据分析的案例研究的作用
> - 解释规范性数据分析如何运用曲线拟合
> - 解释如何建立线性规划模型
> - 解释在商业数据分析中线性规划对规范性数据分析的价值

7.1 简介

在商业数据分析流程中，当完成描述性数据分析与预测性数据分析之后，人们应该进行最后一步：规范性数据分析。前面的描述性数据分析和预测性数据分析已经为商业活动中未来可能出现的趋势提供了预测。例如，增长的（或者减少的）销售额、新市场机会下以美元测量的盈利能力趋势、来自合资企业的成本节约等重要的统计指标。

一家企业如果能够通过预测趋势了解未来趋势，那么就能更好地计划如何利用未来趋势中可能存在的机会。商业数据分析流程的第三步，也就是规范性数据分析，它涉及运用决策科学、管理科学或运筹学方法，来指导人们最优化资源分配。上述方法都是基于数学的方法和算法，它们将变量和其他参数纳入一个定量的框架中，对复杂问题产生最优或接近最优的解决方案。这些方法可用于最优配置企业有限的资源，其目的是最好地利用未来趋势预测中所发现的商业机会。实际上，企业在人力资源、科学技术和财务资源方面都有限制，这阻碍着企业去抓住所有机会。运用规范性数据分析会使企业能够最优或接近最优程度地利用有限的资源，尽可能地完全实现商业目标。

在第3章中，我们将商业数据分析方法之间的关系表述成认证测试函数。规范性数据分析方法在某些情况下运用于商业数据分析流程中，这类方法已经由图7.1给出，它们构成了本章内容的基础。

第7章 什么是规范性数据分析

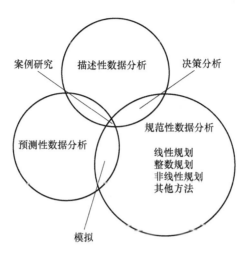

图7.1 规范性数据分析方法论

7.2 规范性数据分析模型

图7.1中列出的规范性数据分析方法和模型，只是对应用于商业数据分析中的运筹学方法、决策科学方法、管理科学方法的较小工具组合。表7.1中涉及的大多数方法的解释与应用将贯穿于整本书。（参见表7.1的附加信息列。）

表7.1 部分规范性数据分析模型

数据驱动模型	可能的应用	附加信息
线性规划	在寻求最优解决方案时，一般用途的建模方法用来解决多约束条件、多变量的问题。在针对将有限资源用于多种用途的复杂和大规模的问题中，这种方法是理想的。例如，分配广告预算给不同的媒体；配置人才和技术资源到产品生产过程；以及对混合物的混合成分进行优化，以使食品产品成本最小化	第7章、第8章、附录B、附录C
整数规划	这种方法类似于线性规划，但该方法只允许决策变量取整数值。例如，分配股票给不同投资组合、将全体人员分配到不同岗位，还有将不同类型的农作物分配到不同耕地	附录D
非线性最优化	当数据行为出现非线性关系时，这一大类方法和算法用于分析和寻求问题最优或接近最优的解决方案。例如，解决人才、科技、制度的最优分配问题，它们与成本或者利润成二次、三次或非线性函数关系	第7章、第8章、附录E

93

(续)

数据驱动模型	可能的应用	附加信息
决策分析	决策者在各种不同决策条件下（例如确定性、风险和不确定性）面临着多种选择时，运用一系列方法、模型及原则来分析和指导决策过程。例如，寻求一套计算机系统，一组货车或者服务设施的站点位置	附录 G
案例研究	该部分通过现实或假设的案例研究为商业数据分析提供了现实生活中的实践经验。例如，案例分析可以模拟现实问题场景中的难点和挑战。这种模拟分析可以使决策者通过商业数据分析流程中的预测性数据分析步骤，事先预知并为将要发生的事情做好准备。例如，关于如何应对组织成长的案例分析讨论能为已经通过分析预测了近期成长情况的企业提供有意义的决策环境	这部分内容已超出本书范围。请参见 Sekaran 和 Bougie（2013）、Adkins（2006）的文献
模拟分析	这类方法可以运用于某些情况下的规范性数据分析，这些情况包括参数是概率性的、非线性的，或者问题太过于复杂以至于不适合采用确定的、线性的其他最优化模型。例如，一家银行想要通过模拟当前处理贷款申请的交易过程，来确定该过程中的改进是否能够节省时间、提高效率。这类模拟分析可用于测试备选方案	附录 F
其他方法	运筹学、决策科学和管理科学将数学、工程学和计算机科学整合运用，以此提出一系列的规范性数据分析方法。其他分析方法包括网络分析模型、项目计划、动态规划法、排队模型、决策支援系统、启发性方法、人工智能、专家系统、马氏过程、决策树、博弈论、目标规划法、非线性规划法、可靠性分析、遗传规划法以及数据包络分析等。事实上，对这些方法的整合运用是没有限制的	这些内容均超出本书范围。请参见 Hillier, F. S.（2014）；Cooper 等（2013）；Rothlauf（2013）；Liebowitz（2014）；Albright 和 Winston（2014）的文献

7.3　非线性最优化

对表 7.1 中列出的规范性数据分析方法的详细解释，可参看相关章节和附录，这一章将详述非线性最优化。当公司绩效成本或利润函数太过于复杂，便会导致简单的线性模型无法运用，对非线性函数进行探索则是商业数据分析中的惯例。采用数学表达方式来表明一种趋势或形成预测的本质体现在商业数据分析流程中的预测分析，而运用非线性函数来使决策最优化，也可用于预测分析当中。

正如前文所提到的，现在有许多非线性规划的数学求解方法，这些方法被设计用来求解最优化公司绩效的解决方案。很多方法要仔细地估计参数值，当然可能准确也可能不准确，尤其是在解决方案的精确度如此不牢靠地依赖于参数准确性的情况下。解决方案的精确度在商业数据分析中更加复杂，因为需要将大规模的数据文件作为因素纳入建模过程中。

为了克服这些局限性，尽可能地使用大数据，就需要采用回归分析软件。正如附录 E 所述，曲线拟合软件可用于生成预测性数据分析模型，这些模型可以运用于制定规范性数据分析决策。

为了阐述方便，本章将利用 SPSS 的曲线拟合功能来讲述。假设企业面临着资源分配问题，必须决定一台服务设施需要购买多少台计算机服务器，才能使企业设备运营成本最低。企业的预测分析结果已经展示出企业的成长趋势。如果可以使成本最小化，那么就需要新服务设备。这家企业有过建立大型和小型服务设施的经历，并已经收集了 20 个数据点集，如图 7.2 所示。无论数据文件是包含 20 个条目还是 20000 个条目，SPSS 函数都能利用回归数学模型拟合出一条非线性曲线，使得每个数据点到曲线的距离之和最小。最后，SPSS 软件将曲线拟合转换成数学表达，以便用于预测分析。

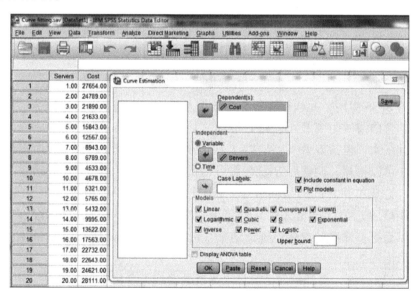

图 7.2　数据与 SPSS 曲线拟合函数的选择窗口

在上述服务器分配问题中，基础数据呈现出 U 形曲线，如图 7.3 所示。这个曲线是大多数商业成本函数中最典型的曲线。在此问题中，该曲线代表了购买过少的服务器或过多的服务器之间的平衡：过少的服务器会造成客户对服务的不满意和抱怨，导致严重的客户业务损失；过多的服务器造成设备使用不足，导致投资成本的过度浪费。当然这个例子中的数据量很小，有序的数据呈现明显趋势，这是一个极度简化的举例。在大数据情况下，成本函数往往不会如此显著。

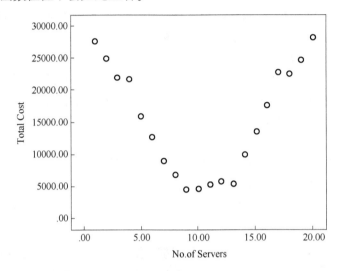

图7.3　服务器问题的基本数据成本函数

曲线拟合方法的第一步是生成数据最优的拟合曲线。通过选取图7.2中所有的SPSS模型，此软件将每一个数据点纳入回归过程中，使每一个数据点到拟合曲线的距离最小。进行回归之后，得到的结果是一系列回归模型和统计结果，包括方差（ANOVA）和其他检验统计量。从前面的回归分析陈述中可以得知，调整后R^2统计量可以揭示自变量（服务器的数量）与因变量（总成本）之间的最佳估计关系。这些统计结果已由表7.2给出。最佳的调整后R^2值（即最大的）来自于二次模型，其次是三次模型。关于这两个模型更多详细的支持性统计结果，由表7.3给出。所有的SPSS曲线拟合图形由图7.4给出。

根据表7.3，得到的两个统计上显著的曲线拟合模型如下：

$Y_p = 35417.772 - 5589.432X + 268.449X^2$（二次模型）

$Y_p = 36133.696 - 5954.738X + 310.895X^2 - 1.347X^3$（三次模型）

式中　Y_p——总成本预测值；

X——计算机服务器的数量。

第 7 章 什么是规范性数据分析

表 7.2 所有 SPSS 模型的调整后 R^2

Linear Model Summary

R	R Square	Adjusted R Square	Std. Error of the Estimate
.034	.001	.054	8687.290

The independent variable is Servers.

Logarithmic Model Summary

R	R Square	Adjusted R Square	Std. Error of the Estimate
.267	.071	.020	8376.020

Inverse Model Summary

R	R Square	Adjusted R Square	Std. Error of the Estimate
.435	.189	.144	7825.696

Quadratic Model Summary

R	R Square	Adjusted R Square	Std. Error of the Estimate
.965	.931	.923	2342.315

Cubic Model Summary

R	R Square	Adjusted R Square	Std. Error of the Estimate
.965	.932	.919	2404.009

Compound Model Summary

R	R Square	Adjusted R Square	Std. Error of the Estimate
.025	.001	-.055	.677

Power Model Summary

R	R Square	Adjusted R Square	Std. Error of the Estimate
.247	.061	.009	.657

S Model Summary

R	R Square	Adjusted R Square	Std. Error of the Estimate
.381	.145	.098	.627

Growth Model Summary

R	R Square	Adjusted R Square	Std. Error of the Estimate
.025	.001	-.055	.677

Exponential Model Summary

R	R Square	Adjusted R Square	Std. Error of the Estimate
.025	.001	-.055	.677

Logistic Model Summary

R	R Square	Adjusted R Square	Std. Error of the Estimate
.025	.001	-.055	.677

表 7.3 SPSS 二次模型与三次模型的统计结果

Quadratic Model Summary

R	R Square	Adjusted R Square	Std. Error of the Estimate
.965	.931	.923	2342.315

The independent variable is Servers.

ANOVA

	Sum of Squares	df	Mean Square	F	Sig.
Regression	1266704838.323	2	633352419.161	115.440	.000
Residual	93269442.877	17	5486437.816		
Total	1359974281.200	19			

(续)

Coefficients

	Unstandardized Coefficients		Standardized Coefficients	t	Sig.
	B	Std. Error	Beta		
Servers	-5589.432	382.188	-3.909	-14.625	.000
Serves**2	268.449	17.678	4.058	15.186	.000
(Constant)	35417.772	1742.639		20.324	.000

Cubic Model Summary

R	R Square	Adjusted R Square	Std. Error of the Estimate
.965	.932	.919	2404.009

The independent variable is Servers.

ANOVA

	Sum of Squares	df	Mean Square	F	Sig.
Regression	1267506094.832	3	422502031.611	73.107	.000
Residual	92468186.368	16	5779261.648		
Total	1359974281.200	19			

Coefficients

	Unstandardized Coefficients		Standardized Coefficients	t	Sig.
	B	Std. Error	Beta		
Servers	-5954.738	1056.5996	-4.164	-5.636	.000
Serves**2	310.895	115.431	4.700	2.693	.016
Serves**3	-1.347	3.619	-.399	-.372	.715
(Constant)	36133.696	2625.976		13.760	.000

为了阐述方便，本书将使用二次模型。在运用拟合曲线模型接下来的步骤中，我们既可以利用微积分获得 X（服务器数量）的成本最小值，也可以利用确定性模拟方法将 X 值代入模型，计算预测总成本 Y。以微积分为基础的方法，参见本章的"补充内容"。

模拟方法可以作为寻求最优服务器数量的一种简单解决方法。利用确定型模拟方法（参见附录 F 的 F.2.1 节），服务器成本可通过二次模型计算获得，计算结果参见图 7.5。这些值通过依次将服务器的数量（1~20）代入到二次函数模型 Y_p 中，计算出每一个服务器数量的总成本预测值。注意，当服务器数量是 10 台时，最低总成本预测值为 6367.952 美元；当服务器数量是 11 台时，次低的总成本预测值为 6415.865 美元。在图 7.2 的实际数据

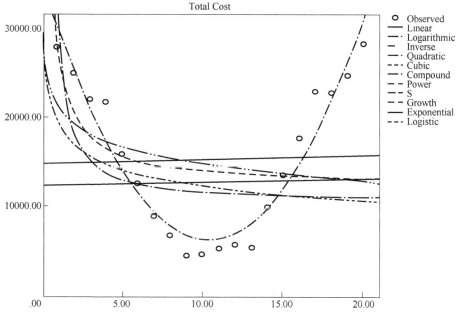

图 7.4　所有的 SPSS 曲线拟合图形

中，最低总成本值发生在服务器数量为 9 台的时候，总成本为 4533 美元，而次低总成本发生在服务器数量为 10 台的时候，总成本为 4678 美元。实际数据与理论数据的差异来源于曲线拟合的估计过程。从图 7.4 注意到，曲线拟合没有达到实际数据中总成本最低的几个值。正如一般情况下的回归分析，即便二次模型的 ANOVA 统计结果反映了拟合结果与实际数据很强的关系，整个过程都只是一个估计的过程，当然会存在一些偏差。回归分析的过程提供了一种接近最优但不能保证是最优的解决方案。

正如所有的回归模型一样，拟合曲线过程是一个估计的过程，存在一定的风险，但是 ANOVA 等统计结果为所得到的解决方案提供了一定程度的可信性支持。

最后，必须提及的是，存在许多其他非线性最优化方法，其中一些是约束最优化模型，如二次规划等线性规划（LP）。这个专题已经超出本书的范围。关于非线性规划的其他信息，请参见 King 和 Wallace（2013）、Betts（2009）、Williams（2013）的文献。其他的方法，例如运用本章所提及的微积分，在寻求无约束问题最优解决方案的情况下十分有效。关于微积分方法的其他信息，请参见 Spillers 和 MacBain（2009）、Luptacik（2010）、Kwak 和 Schniederjans（1987）的文献。

	A	G
1	1	30096.79
2	2	25312.69
3	3	21065.48
4	4	17355.16
5	5	14181.74
6	6	11545.2
7	7	9445.553
8	8	7882.796
9	9	6856.929
10	10	6367.952
11	11	6415.865
12	12	7000.668
13	13	8122.361
14	14	9780.944
15	15	11976.42
16	16	14708.78
17	17	17978.03
18	18	21784.18
19	19	26127.21
20	20	31007.13

图 7.5 服务器问题中每一种备选方案的预测总成本

7.4 市场营销/策划案例（续）：BA 过程中的规范性数据分析

第 5 章与第 6 章均提到市场营销/策划案例研究，以此说明某些 BA 问题分析中的工具和策略。这是第三次，也是最后一次提到这个案例研究，用以阐释商业数据分析中的规范性数据分析步骤。

7.4.1 案例背景回顾

第 6 章的预测性数据分析从统计学上揭示了广播和电视广告与销售额的强相关关系，这一点也许对预测未来产品销量具有一定的意义。这些结果产生的分歧暗示着促销资金投放在报纸、销售点广告、广播、电视广告上，怎样才是更好的分配方式。若要决定 350000 美元的促销资金如何在两种广告形式之间进行分配，我们就需要运用优化决策方法。

7.4.2 规范性数据分析

广播和电视广告的预算分配问题是一个多变量的（需要考虑两种媒介）、约束的（存在一些针对预算资金分配的限制条款）的最优化问题（商业数据分析永远在寻求最优的业务绩效）。人们可采用许多最优化方法来解决这种问题。考虑单一目标，使预计产品销售额最大化，线性规划（LP）模型是应用于这种情况的理想方法。为了利用线性规划对这个问题建立模型，可运用五步骤的线性规划程序，相关的解释参见附录B。

7.4.2.1 构建市场营销/策划案例的线性规划模型

在探索分配方案的过程中，可以发现，存在许多关于投放广播和电视广告的次数限制或约束条件。下个月所有广告活动的总预算存在一个最大值，即350000美元。为了获得广播广告的价格折扣，要求投资于广播广告的最小预算为15000美元，同时为了争取电视广告的折扣，需要投资于电视广告的最小预算为75000美元。广播和电视广告由于隶属于同一家公司，因此相关协议规定，客户每购买1美元的广播广告必须购买2美元的电视广告。已知这些限制条件，还有前面预测性数据分析中所建立的关系，我们可利用五步骤的线性规划建模程序，将预算分配问题系统表述成线性规划模型（参见附录B的B4.1节）。

(1) 确定问题类型。这个问题旨在通过决策如何在广播广告和电视广告之间分配预算，来使产品销售额最大化。根据回归分析估计，每1美元广播广告可以获得275.691美元的销售额；每1美元电视广告可以获得48.341美元的销售额。这两个参数可使产品销售额最大化，因此，这是一个最大值模型。

(2) 定义决策变量。线性规划模型的决策变量均来自于多元回归模型中的自变量。唯一调整的是每月分配预算的时效性：

X_1表示下个月投入到广播广告的预算数；

X_2表示下个月投入到电视广告的预算数。

(3) 建立目标函数。由于多元回归模型将销售额定义成含两个自变量的线性函数，因此可将回归模型中的回归系数作为目标函数的贡献系数。这就得到了如下线性模型目标函数：

最大化：$Z = 275.691X_1 + 48.341X_2$

(4) 建立约束条件。已知这个问题中的限制信息，存在四个约束条件：

约束条件1——总预算不超过350000美元，既用于广播广告（X_1），也用于电视广告（X_2）。因此第一条约束条件$X_1 + X_2$小于或等于350000，表述如下：

$$X_1 + X_2 \leqslant 350000$$

约束条件2——为了能够获得广播广告（X_1）的折扣，至少投入15000美元到广播广告中。约束条件2表示如下：

$$X_1 \geqslant 15000$$

约束条件3——与约束条件2类似，为了获取电视广告（X_2）的折扣，至少投入75000美元到电视广告中。约束条件3表示如下：

$$X_2 \geq 75000$$

约束条件4——这是一个混合建模问题的约束条件（参见附录B的B.6.3节）。所需做的是将两个自变量的关系表示成如下形式：

$$\frac{X_1}{1} = \frac{X_2}{2}$$

也就是，对于每单位 X_1，需要2单位的 X_2。换言之，每单位的广播广告投入 X_1 对应2单位的 X_2。已知此表达式，利用代数学的交叉相乘可得

$$2X_1 = X_2$$

将它转变成可接受的约束条件，即常量在等式右边，变量在等式左边，如下：

$$2X_1 - X_2 = 0$$

（5）非负性和已知要求。模型仅有两个变量，对LP模型要求表述如下：

$$X_1, X_2 \geq 0$$

由于这些变量是用美元表示的，变量也不需要为整数（变量可以是任何实数和基数）。于是，完整的线性规划模型如下：

最大化：$Z = 275.691X_1 + 48.341X_2$

s.t. $\begin{cases} X_1 + X_2 \leq 350000 \\ X_1 \geq 15000 \\ X_2 \geq 75000 \\ 2X_1 - X_2 = 0 \\ X_1, X_2 \geq 0 \end{cases}$

7.4.2.2 市场营销/策划案例的 LP 模型解决方案

从附录B我们得知，Excel与LINGO软件都可以用于建立线性规划模型，解决市场营销/策划案例研究的预算分配问题。为了简洁起见，本节仅限于讨论LINGO软件。正如附录B所述，LINGO是一种数学编程语言和软件系统。LINGO接受相当简单的线性规划模型的描述，线性规划模型可以在一个单独的窗口输入并运行，从而得到线性规划求解方案。

LINGO可以打开一个黑色窗口，以便输入任何类型的模型。其线性规划模型输入信息如图7.6所示。

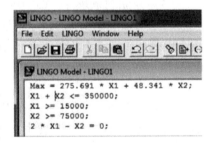

图7.6 市场营销/策划案例 LINGO 的 LP 模型输入

普通线性规划模型的输入与数学表达存在一些细微的差异。这些差异在 LINGO 运行模型时都是必需的。这些差异包括：①使用术语"Max"代替"Maximize"；②模型公式不允许出现"Subject to"与"and"；③在目标函数和约束条件函数中的乘法部分、在未知数与约束值之间，输入星号和空格；④在每一个表达式末尾加上分号；⑤省略不必要的非负性要求。

将模型输入到 LINGO 之后，单击窗口顶部的 SOLVE 选项，就会产生求解结果。市场营销预算分配的线性规划模型求解结果由图 7.7 给出。

```
Solution Report - LINGO1
Global optimal solution found.
Objective value:                    0.4344352E+08
Total solver iterations:                0

                Variable          Value         Reduced Cost
                      X1       116666.7            0.000000
                      X2       233333.3            0.000000

                     Row    Slack or Surplus       Dual Price
                       1       0.4344352E+08         1.000000
                       2            0.000000         124.1243
                       3          101666.7           0.000000
                       4          158333.3           0.000000
                       5            0.000000         75.78333
```

图 7.7 市场营销/策划案例 LINGO 的 LP 模型解决方案

可以证明，对 350000 美元的营销预算的最优分配方式是：将 116666.70 美元分配给广播广告，将 233333.30 美元分配给电视广告。所得到的 Z 值表示，该模型预测总产品销售额为 0.4344352E+08 或者 43443520 美元。将预测的未来月销售额和当前月平均销售额相比，公司在本案例中只要相应地分配预算，就将使未来预测月销售额最大化（前提是如果多元回归模型的估计值以及线性规划模型中其他参数真实准确）。

概括地说，规范性数据分析将前面的统计分析运用到决策制定过程，以便提升公司潜在绩效，这有益于更有效地运用资源。监测绩效表现和检查公司绩效改进的管理工作实际上是商业数据分析中必不可少的最后一步。倘若没有提升公司绩效，那么商业数据分析工具是不可能长久使用的。

7.4.2.3 对市场营销/策划案例模型的评论

尽管求解预算分配方案的线性规划提供了最优解决方案，但是没有保证运用模型解决方案的公司能实现分析结果所建议的绩效。像所有的估计过程一样，数据只是预测而已，并不能保证预期效果。在建立模型的过程中，统计分析的高显著性水平与额外运用的其他统计量（如 R^2、调整后 R^2、ANOVA 等），为预测有效性提供了一定程度的保证。还有许多其他的方法可应用于本案例分析。我们应该学会运用更多的统计学方法和决策科学工具，这有助于在最终分析中获得更好的解决方案。

总结

本章讨论了商业数据分析中的规范性数据分析。本章还特别回顾并简要讨论了商业数据分析专业认证考试涉及的方法论。本章列举了一个非线性最优化问题的例子，以此阐述如何将软件和数学方法结合起来产生有用的决策信息。最后，本章阐述了市场营销/策划案例研究的第三部分，借此解释规范性数据分析如何在商业数据分析流程中发挥作用。

我们以商业数据分析流程的最终应用来结束本书的讨论。本书附录内容包含技术、数学以及统计工具，这大大地丰富了本章内容，不仅是为了能更好地理解本章所讨论的方法论，而且对统计方法和其他定量方法有一个基本回顾，建议读者温习前面一些章节及附录。

补充内容

为了求解下面二次函数的最小成本点，我们运用微积分方法，具体包括两个步骤。利用微积分方法求出成本函数的斜率为0的点（该点为U形曲线的最低点，通过该点可以画一条斜率为0的线）。运用这个方法存在一些局限性，并且要求证明曲线的最大值点或最小值点。对于服务器问题来说，其二次函数模型如下：

$$Y_p = 35417.772 - 5589.432X + 268.449X^2 \text{（二次模型）}$$

步骤1：已知上述二次函数，其一阶导函数为

$$d(Y_p) = -5589.432 + 536.898X$$

步骤2：令一阶导函数等于0，求解可得 X：

$$0 = -5589.432 + 536.898X$$

$$X = 10.41$$

为使成本达到最优化结果中的最小值，应该购买略微多于10台的服务器。这个方法提供了接近最优的解决方案，但是并不保证是最优结果。运用微积分方法求解的其他信息，请参看 Field（2012）以及 Dobrushkin（2014）的文献。

问题讨论

1. 规范性数据分析和描述性数据分析之间有怎样的关系？
2. 如何在预测性数据分析和规范性数据分析中运用模拟方法？
3. 为什么在服务器问题中几乎没有统计显著的模型？
4. 在图7.4中所得到的二次模型没有达到最低成本数据点，这个结果还有意义吗？

请说明理由。

5. 什么条件下可应用线性回归模型呢？

习题

1. 一家计算机服务公司向工业用户出售计算机服务。为了应对竞争压力，公司分析人员分析预测了计算机服务需求的增长情况。为了实施公司策略，高层管理者决定扩张销售和服务部门。在扩张过程中，公司将确定新的销售区域，雇用并委任新的管理者负责建立和运营新区。新区域管理者的第一件工作是寻找销售人员和后勤人员。为了帮助新区域的管理者确定应雇用的销售人员数，公司调查现有营业部的运营情况，得到许多用于分析的观察结果，并将调查结果发给了新区域管理者。一个销售区域至少需要14名销售人员与4名后勤人员，来满足该区的客户服务。研究表明，一名区域管理者最多可以管理的工作人员不超过32名。管理销售人员消耗的精力是管理后勤人员的两倍。公司将办公楼的一层楼安置给区域管理者，并用于运营，这一部分办公间可以容纳不超过20名销售人员和后勤人员。区域管理者在预算范围内有一定的自由裁量权，销售人员和后勤人员的总工资预算为600000美元。制造公司开发新区域的政策是向销售人员支付固定薪水，而不是佣金和工资。一名起步销售人员每年的工资通常为36000美元，而后勤人员的工资为18000美元。对公司来说，所有受雇于新区域的销售人员与后勤人员都经验不足，因此一开始都只拿到上文提到的基础工资。最后，预期销售人员和后勤人员的来源在区内几乎没有限制，而且对问题情况没有任何限定约束。这个模型的线性规划表示形式是怎样的？

2. 习题1所述问题的最优解决方案是怎样的（这个问题需要运用计算机）？

3. 一家货运公司正好运输900单位、800单位、700单位、1000单位的产品到四个城市A、B、C、D。这些产品分别由X和Y两个城市生产并供给，生产总量恰好满足总需求。从X、Y城市生产的产品产量分别为1900单位和1500单位。每单位产品从X、Y到A、B、C、D所花费的运输成本如下：

供应工厂	需求市场			
	A	B	C	D
X	0.65	0.70	0.80	0.90
Y	0.60	0.6	0.80	0.70

比如，表中0.65是将1单位产品从X运输到A所花费的运输成本。该运输公司想要知道，需要从每一生产基地运输到每一需求市场多少单位的产品，才能使总运输成本达到最小。提示：这是一个多维决策变量问题（请参看附录B的B.6.4节）。这个问题的线性规划模型是什么？

4. 习题3所述问题的最优解决方案是怎样的（这个问题需要运用计算机）？

参考文献

Adkins, T. C. (2006). Case Studies in Performance Management: A Guide from the Experts. Wiley, New York, NY.

Albright, S. C., Winston, W. L. (2014). Business Analytics: Data Analysis & Decision Making. Cengage Learning, Stamford, CT.

Betts, J. T. (2009). Practical Methods for Optimal Control and Estimation Using Nonlinear Programming, 2nded., Society for Industrial & Applied Mathematics. London.

Cooper, W. W., Seiford, L. M., Zhu, J. (2013). Handbook on Data Envelopment Analysis. Springer, New York, NY.

Dobrushkin, V. A. (2014). Applied Differential Equations: An Introduction. Chapman and Hall/CRC, New York, NY.

Field, M. J. (2012). Differential Calculus and Its Applications. Dover Publishing, Mineola, NY.

Hillier, F. S. (2014). Introduction to Operations Research, 10thed., McGraw-Hill Higher Education, Boston, MA.

King, A. J., Wallace, S. W. (2013). Modeling with Stochastic Programming, Springer, New York, NY.

Kwak, N. K, Schniederjans, M. J. (1987). Introduction to Mathematical Programming. Kreiger Publishing, Malabar, FL.

Liebowitz, J. (2014). Business Analytics: An Introduction. Auerbach Publications, New York, NY.

Luptacik, M. (2010). Mathematical Optimization and Economic Analysis. Springer, New York, NY.

Rothlauf, F. (2013). Design and Modern Heuristics: Principles and Application. Springer, New York, NY.

Sekaran, U., Bougie, R. (2013). Research Methods for Business: A Skill-Building Approach. Wiley, New York, NY.

Spillers, W. R., MacBain, K. M. (2009). Structural Optimization. Springer, New York, NY.

Williams, H. P. (2013). Modeling Building in Mathematical Programming. Wiley, New York, NY.

第8章 商业数据分析案例研究

本章目标

- 利用案例研究提供顶级的商业数据分析概览
- 阐述商业数据分析过程中描述性数据分析、预测性数据分析和规范性数据分析步骤之间的联系

8.1 简介

在本书第1部分和第2部分（第1~3章）中，已经解释了商业数据分析是什么，还有对公司组织决策来说，商业数据分析为什么是至关重要的。在第3部分的第4~7章中，我们解释和说明如何通过各种不同的概念和方法来应用商业数据分析。在即将完成第3部分时，这一章试图通过阐述最终案例研究的应用，来考察如何应用商业数据分析的过程。本案例研究旨在作为整本书所讨论的商业数据分析过程的学习经验。在前面几章和附录中，我们曾阐述的几个概念和方法在这里将再一次得到应用。

正如在这个案例研究中所看到的，人们在商业数据分析设置中，有时需要设置特殊的度量与测量方法，这会影响问题的解决和回答。因此，这一章所运用的方法论和方法应被视为获得所需信息的一种方法。

执行商业数据分析过程中的分析步骤（参见第1章）需要率先投入数据收集工作。商业数据分析的先决条件是，要理解作为所要研究问题的一部分的商业系统。当将商业数据分析工作外包时（参见第4章），或者当商业数据分析由团队内部完成时（参见第3章），经验丰富的管理者必须参与到流程中，以便提供必要的系统行为和经营所需的一般知识，为的是最终建模和解释商业是如何运营的。在这个案例研究中，假设工作人员或信息都是可以利用的，运用这些信息，人们可以执行商业数据分析项目。

8.2 案例研究：问题背景和数据

美国中西部一家商业制造公司正面临着供应链问题。制造商生产和销售一种单一产品，也就是通用小型发动机，作为不同产品的组成部分，不同客户将发动机组装到其各自的最终产品中。制造商拥有一个供应链网络，连接位于密苏里州圣路易斯和得克萨斯州达拉斯的生产中心以及位于以下六个城市的为客户服务的仓库：密苏里州的堪萨斯城，伊利诺伊州的芝加哥，得克萨斯州的休斯敦，俄克拉荷马州的俄克拉荷马城，内布拉斯加州的奥马哈，阿肯色州的小石城。

关于供应链的问题是，需要保持向客户发运发动机的成本尽可能低。制造商采用精益管理理念，力求将生产与每个仓库的需求相匹配。实现这一理念因无法预测客户需求月份而变得复杂。如果客户需求的预测太低，并且没有足够的库存（库存量不足），制造商就必须紧急订购发动机，这对制造商来说成本很高。如果需求预测太高，并且制造商生产和运送不需要的库存（库存过剩），则仓库便产生过多的存储成本。制造企业的管理层决定，需要开发基于分析的流程，以便提高公司的整体绩效。分析人员可以每月制订从两个生产中心到六个仓库的最佳供应链计划，以使成本最小化。这个流程的关键部分将包括准确预测客户需求的方法，还有对生产中心到仓库的运输产品的优化过程。

制造公司创建了一个小规模的商业数据分析团队来开发流程（参见第4章的4.1.1节）。商业数据分析团队由一名分析师（负责使用程序、领导商业数据分析团队）、一名供应链总经理、一名运输经理（负责起草运输计划）和一名仓库经理（其工作是制定每月预测）组成。

8.3 描述性数据分析

由分析团队所决定的流程确定了供应源与需求目的地之间的最优运输线路，这会需要各种不同类型的数据。有供应数据、需求数据以及为制定运输所需要的成本数据。一旦预测需求确定，就可以决定在圣路易斯和达拉斯工厂所生产的发动机的总供应量。商业数据分析团队建立了两个工厂的充足供应能力，其目的是满足六个仓库的预测需求。

商业数据分析团队需要确定将发动机从生产中心运输到客户的成本数据，这在很大程度上取决于城市之间的距离。运输成本数据由表8.1给出。

例如，从圣路易斯到堪萨斯城，每运送一台发动机，制造商花费4美元。这些成本数是由制造商的成本会计部门计算出来的，同时商业数据分析团队假设这是准确的。

表8.1 每台发动机的估计运输成本 （单位：美元）

生产中心 \ 仓库	密苏里州堪萨斯城	伊利诺伊州芝加哥	得克萨斯州休斯敦	俄克拉荷马州俄克拉荷马城	内布拉斯加州的奥马哈	阿肯色州的小石城
密苏里州圣路易斯	4	6	9	8	5	6
得克萨斯州达拉斯	5	8	2	5	8	5

当前预测客户需求的系统通常会将过多或过少的产品运送到仓库。过去，制造商将运用三期数值移动平均来估计每月的需求（参见附录E的E.6.1节），即考虑最近三个月的实际客户发动机需求，并对它们取平均值得到下个月的预测。对六个仓库中的每一个，每月重复该过程。当客户需求没有得到满足导致销售损失时，制造商会因为赶工和急于向客户发送产品而损失一定的利润。另外，生产太多则会产生库存，这意味着生产过剩，从而有库存和运输成本。

为了处理客户需求预测的变异性，需要对每个仓库客户需求开发出所需要的模型。用于构建模型的客户需求数据是从先前每月的需求中收集的。为了确定在最终样本中包括哪些数据以及排除哪些数据，需要采用一些简单的规则来消除潜在无用和过时的数据。由于27个月之前的销售情况受经济变化引发的周期性变化影响，而这样的经济变化现在不存在，因此不采用这些数据。不幸的是，一些数据文件不完整，需要清洗（参见第4章）。所得到的仓库每月需求的时间序列数据由表8.2给出。决定将最近三个月（第25、26、27行的月份数据）的数据去掉，不用于模型开发中，而用于验证目的，以便确认最终模型的预测精度。这类似于所谓的训练数据集和验证数据集（参见第6章6.3.1节）。

表8.2 实际每月客户需求的发动机数量 （单位：台）

月份	堪萨斯城	芝加哥	休斯敦	俄克拉荷马城	奥马哈	小石城
1	3120	2130	3945	14020	5045	4610
2	3090	2290	4000	13890	5030	4630
3	3140	2405	4105	13785	5075	4650
4	3010	2580	4300	113575	5015	4680
5	2900	2635	4255	13345	5015	4700

(续)

月份	堪萨斯城	芝加哥	休斯敦	俄克拉荷马城	奥马哈	小石城
6	2990	2690	4420	12990	5020	4750
7	3000	2740	4540	12340	5025	4800
8	3030	2780	4670	11850	5050	4865
9	3050	2890	4820	11010	5010	4910
10	2970	2940	4780	10015	5010	4980
11	2980	3000	4900	9875	5015	5000
12	2990	3020	5020	9005	5015	5010
13	3020	3120	5045	8880	5010	4950
14	3100	3180	4945	7990	5015	4900
15	2900	3210	4855	7345	5020	4845
16	3000	3270	4780	6920	5020	4800
17	3040	3455	4650	6745	5010	4785
18	3060	3575	4535	6010	5015	4740
19	2950	3765	4475	5670	5040	4700
20	2970	3810	4330	5345	5010	4695
21	2990	3910	4325	5110	5020	4690
22	3060	3990	4155	4760	5010	4680
23	3000	4010	4090	4320	5015	4670
24	3010	4030	4010	4030	5010	4660
25	2980	4285	3720	3005	5010	4590
26	2965	4420	3520	2515	5010	4570
27	2945	4560	3330	2030	5005	4555

作为描述性数据分析的一部分，可利用 Excel（表8.3）和 SPSS（表8.4）生成的概括统计量。均值为人们考察每月的需求提供了某些基础，但是在这一点上，当考虑数据分布的整体行为特性时，就需要更准确地捕获相关的变化。为此，其他统计量可以提供数据分布的某些情况。例如，奥马哈需求的峰度系数（参见第5章）是最大的，进而揭示出均值的变动很小，这意味着预测值缺乏变异性（这是好的预测）。注意，奥马哈的标准误统计量（参见第5章5.3节）是最小的。其他统计量如偏度系数表明：大多数分布是正的偏态。中位数在比均值更大值处达到峰值，这意味着在测量整个分布行为特性时，均值与平均相关的统计量可能不像其他测量（如中位数）那样准确。

表8.3 实际月份客户需求发动机的概括统计量（Excel）

统计量	堪萨斯城	芝加哥	休斯敦	俄克拉荷马城	奥马哈	小石城
均值	3010.8696	3186.73913	4521.95652	8904.565	5020.652	4786.522
标准误	11.993296	112.691475	69.635371	708.1243	3.241046	25.51144
中位数	3000	3120	4535	8880	5015	4750
众数	2990	#N/A	4780	#N/A	5015	4680

(续)

统计量	堪萨斯城	芝加哥	休斯敦	俄克拉荷马城	奥马哈	小石城
标准差	57.517827	540.449326	333.959507	3396.045	15.54351	122.3486
样本方差	3308.3004	292085.474	111528.953	11533120	241.6008	14969.17
峰度	0.4632145	-1.1215079	-1.2708889	-1.45505	6.482162	-1.04279
偏度	0.1407847	0.20384211	-0.0337087	0.142149	2.442156	0.571352
极差	240	1740	1045	9860	65	380
最小值	2900	2290	4000	4030	5010	4630
最大值	3140	4030	5045	13890	5075	5010
和	69250	73295	104005	204805	115475	110090
数量	23	23	23	23	23	23
最大(1)	3140	4030	5045	13890	5075	5010
最小(1)	2900	2290	4000	4030	5010	4630
置信水平(95.0%)	24.872573	233.707814	144.41492	1468.56	6.721519	52.90748

为了更好地描述数据的一般形状，同时理解其行为特性，利用 SPSS 绘制了六个客户需求数据的折线图（参见第 5 章的 5.2 节），如图 8.1～图 8.6 所示（利用 Excel 画出的图形看起来一样，只是这里没有给出）。正如概括统计量所揭示的那样，现在从图形可以看出，有些客户需求函数看起来相当线性，而另一些则很明显是非线性的，并且有些图形变化如此之大，以至于很难识别其趋势。从芝加哥（图 8.2）和俄克拉荷马城（图 8.4）仓库的图形可以看出，两者有几乎完美的线性客户需求行为特性，这表明，可以使用简单的线性回归模型来进行预测。而休斯敦（图 8.3）和小石城（图 8.6）的图形，呈现出非常清晰的钟形的非线性函数，这表明，为了找到最佳拟合预测模型，商业数据分析团队可采用非线性回归模型。最后，堪萨斯城（图 8.1）和奥马哈（图 8.5）的客户需求行为图形表明了过度随机的特性，这就需要付出相当大的努力来寻找那样的模型，即就数据变化而言，可能找不到足够好的模型给出解释，以便获得可靠的预测。对于这两个城市来说，客户对仓库需求似乎存在很多时间序列变化（参见附录 E 的 E.2 节）。

表 8.4 实际月份客户需求发动机的概括统计量（SPSS）

统计量	堪萨斯城	芝加哥	休斯敦	俄克拉荷马城	奥马哈	小石城
有效数	24	24	24	24	24	24
缺失值	0	0	0	0	0	0
众数/台	2990①	2130①	4780	4030①	5010①	4680①
极差/台	240	1900	1100	9990	65	400
最小值/台	2900	2130	3945	4030	5010	4610
最大值/台	3140	4030	5045	14020	5075	5010

① 存在多个众数，这里给出的是最小值。

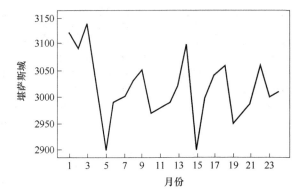

图 8.1 堪萨斯城的客户需求图(单位:台)

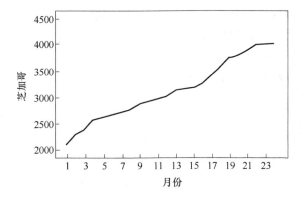

图 8.2 芝加哥的客户需求图(单位:台)

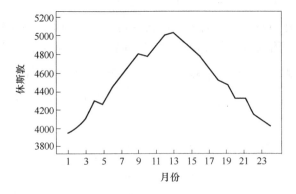

图 8.3 休斯敦的客户需求图(单位:台)

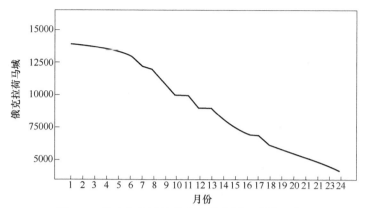

图 8.4 俄克拉荷马城的客户需求图(单位:台)

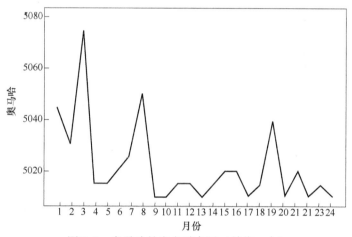

图 8.5 奥马哈的客户需求图(单位:台)

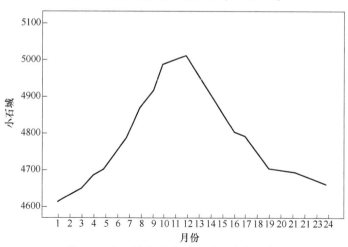

图 8.6 小石城的客户需求图(单位:台)

有两个仓库的需求数据和其他四个仓库相比具有更大的时间序列变异，这种情况不会阻碍精确预测。其他情况也是如此。由于六个仓库中的四个看起来似乎具有相当可观测的行为模式，即使其他两个仓库增加了一些预测误差，这四个也将有助于提高整体精度。

8.4 预测性数据分析

在这一节中，我们继续举例说明。这里使用预测性数据分析步骤，需要建立模型，然后举例说明模型的有效性。为了完成预测性数据分析，要对仓库需求给出预测。

8.4.1 建立预测模型

描述性数据分析的结果建议，在接下来的商业数据分析过程中要识别出适当的预测模型。为了确保最佳预测模型，并确认描述性数据分析结果，我们将利用 SPSS 的曲线拟合（曲线估计函数）。我们通过 SPSS 程序逐一分析六个客户需求数据文件，以便得到潜在的回归模型，其输出结果如表 8.5～表 8.10 所示。

表 8.5 堪萨斯城发动机需求预测模型的 SPSS 曲线拟合分析：模型概要和参数估计

Equation	Model Summary					Parameter Estimates			
	R-Square	F	df1	df2	Sig.	Constant	b1	b2	b3
Linear	.073	1.727	1	22	.202	3044.275	−2.309		
Logarithmic	.174	4.637	1	22	.043	3084.805	−30.398		
Inverse	.244	7.117	1	22	.014	2992.958	142.744		
Quadratic	.190	2.463	2	21	.109	3095.667	−14.168	.474	
Cubic	.260	2.346	3	20	.103	3149.071	−37.459	2.757	−.061
Compound	.070	1.658	1	22	.211	3043.255	.999		
Power	.169	4.480	1	22	.046	3083.946	−.010		
S	.239	6.905	1	22	.015	8.004	.047		
Growth	.070	1.658	1	22	.211	8.021	−.001		
Exponential	.070	1.658	1	22	.211	3043.255	−.001		
Logistic	.070	1.658	1	22	.211	.000	1.001		

注：自变量是月份。

表8.6 芝加哥发动机需求预测模型的 SPSS 曲线拟合分析：模型概要和参数估计

Equation	Dependent Variable：Chicago								
	Model Summary					Parameter Estimates			
	R-Square	F	df1	df2	Sig.	Constant	b1	b2	b3
Linear	.982	1230.679	1	22	.000	2142.409	80.024		
Logarithmic	.844	119.094	1	22	.000	1701.041	631.563		
Inverse	.480	20.270	1	22	.000	3439.516	−1886.509		
Quadratic	.984	647.977	2	21	.000	2199.355	66.883	.526	
Cubic	.986	467.241	3	20	.000	2116.996	102.802	−2.994	.094
Compound	.979	1046.077	1	22	.000	2239.093	1.026		
Power	.903	205.978	1	22	.000	1909.324	.211		
S	.561	28.098	1	22	.000	8.140	−.660		
Growth	.979	1046.077	1	22	.000	7.714	.026		
Exponential	.979	1046.077	1	22	.000	2239.093	.026		
Logistic	.979	1046.077	1	22	.000	.000	.974		

注：自变量是月份。

表8.7 休斯敦发动机需求预测模型的 SPSS 曲线拟合分析：模型概要和参数估计

Equation	Dependent Variable：Houston								
	Model Summary					Parameter Estimates			
	R-Square	F	df1	df2	Sig.	Constant	b1	b2	b3
Linear	.003	.076	1	22	.786	4461.938	2.878		
Logarithmic	.127	3.191	1	22	.088	4158.249	148.801		
Inverse	.239	6.892	1	22	.015	4625.232	−809.218		
Quadratic	.929	138.408	2	21	.000	3632.994	194.173	−7.652	
Cubic	.930	88.001	3	20	.000	3621.937	198.995	−8.124	.013
Compound	.004	.088	1	22	.769	4446.289	1.001		
Power	.133	3.379	1	22	.080	4149.443	.034		
S	.252	7.415	1	22	.012	8.438	−.186		
Growth	.004	.088	1	22	.769	8.400	.001		
Exponential	.004	.088	1	22	.769	4446.289	.001		
Logistic	.004	.088	1	22	.769	.000	.999		

注：自变量是月份。

表 8.8　俄克拉荷马城发动机需求预测模型的 SPSS 曲线拟合分析：模型摘要和参数估计

Equation	Model Summary					Parameter Estimates			
	R-Square	F	df1	df2	Sig.	Constant	b1	b2	b3
Linear	.986	1567.704	1	22	.000	15229.746	-488.963		
Logarithmic	.826	104.691	1	22	.000	17817.142	-3811.033		
Inverse	.411	15.382	1	22	.001	7440.961	10657.408		
Quadratic	.987	775.938	2	21	.000	15420.511	-532.986	1.761	
Cubic	.996	1697.830	3	20	.000	14294.516	-41.911	-46.359	1.283
Compound	.978	990.240	1	22	.000	17380.621	.944		
Power	.747	64.854	1	22	.000	22518.882	-.430		
S	.338	11.256	1	22	.003	8.860	1.147		
Growth	.978	990.240	1	22	.000	9.763	-0.58		
Exponential	.978	990.240	1	22	.000	17380.621	-.058		
Logistic	.978	990.240	1	22	.000	5.754E-005	1.060		

Dependent Variable: Okcity

注：自变量是月份。

表 8.9　奥马哈发动机需求预测模型的 SPSS 曲线拟合分析：模型概要和参数估计

Equation	Model Summary					Parameter Estimates			
	R-Square	F	df1	df2	Sig.	Constant	b1	b2	b3
Linear	.220	6.205	1	22	.021	5034.928	-1.061		
Logarithmic	.300	9.424	1	22	.006	5045.741	-10.546		
Inverse	.253	7.435	1	22	.012	5015.632	38.358		
Quadratic	.299	4.477	2	21	.024	5046.077	-3.634	.103	
Cubic	3.40	3.432	3	20	.037	5056.845	-8.330	.563	-.012
Compound	.220	6.212	1	22	.021	5034.886	1.000		
Power	.300	9.439	1	22	.006	5045.714	-.002		
S	.253	7.454	1	22	.012	8.520	.008		
Growth	.220	6.212	1	22	.021	8.524	.000		
Exponential	.220	6.212	1	22	.021	5034.886	.000		
Logistic	220	6.212	1	22	.021	.000	1.000		

Dependent Variable: Omaha

注：自变量是月份。

表 8.10　小石城发动机需求预测模型的 SPSS 曲线拟合分析：模型摘要和参数估计

Dependent Variable: LittleRock

Equation	Model Summary					Parameter Estimates			
	R-Square	F	df1	df2	Sig.	Constant	b1	b2	b3
Linear	.001	.019	1	22	.893	4785.580	-.513		
Logarithmic	.068	1.602	1	22	.219	4689.689	39.198		
Inverse	.167	4.399	1	22	.048	4817.464	-243.419		
Quadratic	.754	32.130	2	21	.000	4516.566	61.567	-2.483	
Cubic	.801	26.824	3	20	.000	4426.153	100.999	6.347	.103
Compound	.001	.015	1	22	.903	4783.397	1.000		
Power	.070	1.659	1	22	.211	4688.108	.008		
S	.171	4.539	1	22	.045	8.480	-.051		
Growth	.001	.015	1	22	.903	8.473	-9.677E-005		
Exponential	.001	.015	1	22	.903	4783.397	-9.677E-005		
Logistic	.001	.015	1	22	.903	.000	1.000		

注：自变量是月份。

查看每一个潜在的曲线拟合模型的 R^2 值，可以证明，三次模型是所有六个数据文件的最佳拟合。实际上，对于休斯敦和小石城的仓库，前文的描述性数据分析图形已清楚地显示了典型的三次（或二次）的函数行为特性，唯一显著的（F 比率，$p < 0.000$）模型是三次或二次的（参见第 6 章的 6.4.2 节）。在其他情况下（芝加哥和俄克拉荷马城），令人惊讶的是，非线性三次模型比描述性数据分析步骤的线性模型做得更好。另外，注意对于这两个地方，根据 R^2 统计量，线性模型是次佳选择，或次次佳选择。事实上，在这两种情况下，F 比率清楚地表明，所得到的线性模型可以提供统计上显著的预测能力。而其他模型也有显著（$p < 0.000$）的 F 比率，这表明准确预测的可能性。因为本案例研究的目标是制定一个流程方法，分析人员可以使用此方法每月制订最优的供应链运输计划，并准确地预测客户的需求，所以可以使用最高的 R^2 统计量作为一种手段来从那些备选拟合曲线中挑出最精确的预测模型。

在这种情况下，利用 SPSS 程序进行估计所得到的三次回归模型，是建立在考虑曲线拟合效果的参数基础上的，如表 8.11 所示。

表 8.11　来自 SPSS 曲线拟合分析所得到的三次预测模型

城市	常量	b_1	b_2	b_3	R^2
堪萨斯城	3149.071	-37.459	2.757	-.061	.260
芝加哥	2116.996	102.802	-2.994	.094	.986
休斯敦	3621.937	198.995	-8.124	.013	.930
俄克拉荷马城	14294.516	-41.911	-46.359	1.283	.996
奥马哈	5056.845	-8.330	.563	-.012	.340
小石城	4426.153	100.999	-6.347	.103	.801

三次回归模型的广义公式如下：

$$Y_p = a + b_1 X + b_2 X^2 + b_3 X^3$$

通过代入小石城的曲线拟合参数，得到了用于预测仓库客户需求的三次回归模型

$$Y_p = 4426.153 + 100.999X - 6.347X^2 + 0.103X^3$$

式中　X——时间序列数据文件的月份数。

8.4.2　验证预测模型

商业数据分析的基本要求之一是，说明或证明提高公司绩效的可能性（参见第 1 章的 1.1 节）。改进预测的一个准则就是提高预测的精度。为了对当前的预测方法和新设计的方法进行比较，每个三次模型都拿来用于预测客户各自的需求。将编号的时间值（第 25、26 以及 27 月份）代入每个三次模型中的 X，分析人员能计算三个预测值。然后将这些预测与表 8.2 中的实际值进行比较。所得到的结果用 MAD 统计量（参见附录 E 的 E.8 节）表示，如表 8.12 所示。

表 8.12　所得到的三次模型预测与 MAD 统计量（向上取整）

月份	堪萨斯城	芝加哥	休斯敦	俄克拉荷马城	奥马哈	小石城
25	2983	4285	3723	4320	5013	4594
26	2967	4419	3533	4417	5010	4572
27	2947	4561	3329	4621	5007	4554
MAD	2.33	0.66	2.33	1936	1.66	2.33

除俄克拉荷马城以外的所有仓库的 MAD 统计量非常小，这表明，这些地方的三次模型非常准确。另外，俄克拉荷马城的 MAD 统计量相对于其他的 MAD 是如此之大，这就需要进一步分析，为俄克拉荷马城寻找更好的预测模型。

撇开俄克拉荷马城的探讨来考察其他的预测。查看表8.8中SPSS曲线拟合效果下的两个次佳模型（基于R^2）。这两个分别是：

一个线性回归模型（R^2为0.986）：
$$Y_p = 15229.746 - 488.963X$$

另一个是二次回归模型（R^2为0.987）：
$$Y_p = 15420.511 - 532.986X + 1.761X^2$$

表8.13中给出的三年中每年的客户需求的仓库预测分别提供了线性模型和二次模型的MAD统计量。很明显，线性回归模型很小的MAD表明，它是比二次或三次模型更好的预测模型。这个结果并不奇怪，先前的描述性数据分析步骤似乎已经表明线性模型将会成为预测模型中最好的形式。

表8.13 俄克拉荷马城带有MAD统计量的线性和二次预测（向上取整）

模型	月份（X）		
	25	26	27
线性预测	3006	2517	2028
	MAD = 2.33		
二次预测	3197	2754	2314
	MAD = 238.33		

一旦求出了低的误差率模型，就需要证明它们可以提高预测准确性，即通过使运输工作成本最小化来提高公司绩效。

为了验证预测精度并证明三次模型和线性模型的预测改进，分析人员可与当前使用的平滑平均法进行比较。利用与附录E中E.6节所述相似的平滑平均公式，使用下述简单公式来计算仓库客户需求的预测值：

$$Y_t = (Y_{t-1} + Y_{t-2} + Y_{t-3}) / 3$$

式中 Y_t——时间t中的预测值；

Y_{t-1}——$t-1$期的实际值。

Y_{t-2}——$t-2$期的实际值。

Y_{t-3}——$t-3$期的实际值。

利用该公式可以得到平滑平均预测值连同它们各自的MAD统计量，见表8.14。

表8.14 平滑平均预测和MAD统计量（向上取整）

月份	堪萨斯城	芝加哥	休斯敦	俄克拉荷马城	奥马哈	小石城
25	3024	4010	4085	4370	5012	4670
26	2997	4109	3940	3785	5012	4640
27	2985	4245	3754	3184	5010	4607
MAD	21.33	111.33	158.66	590.33	1.66	31

这些平滑平均预测值及其 MAD 统计量，可以与三次模型及线性模型的预测和 MAD 加以比较。将表 8.14 中的 MAD 统计量与表 8.12 和 8.13 中的 MAD 统计量进行比较，确有几个点的预测得到改进。在堪萨斯城、芝加哥、休斯敦和小石城，三次回归模型的 MAD 是最低的；因此，它们有更准确的预测结果。对于这四个地点来说，建议使用三次模型。就俄克拉荷马城而言，线性回归模型产生最低的 MAD 值，这反映出与其他模型相比改进了预测精度。最后，奥马哈的三次回归（表 8.12）和平滑平均法（表 8.14）的 MAD 是一样的（1.66），表明两种方法在预测该地点的客户需求方面是准确的。由于可使用两种方法中的任一种，制造商的商业数据分析人员选择采用三次回归模型来预测奥马哈的仓库客户需求。

8.4.3 仓库客户需求预测

所选定的预测模型及其未来第 28 个月的预测值（模型中 $X=28$）见表 8.15。从第 27 个月到第 28 个月预测的移动方向来看，大多数仓库的需求似乎主要是向下的。六个仓库地点所得到的预测值，通常与来自描述性数据分析的图形相一致，尽管很难预测某些城市的时间序列变化行为（如堪萨斯城）是向上还是向下运动。

表 8.15　对第 28 个月的预测

城市	预测模型	预测值（$X=28$）	方向
堪萨斯城	$Y_p = 3149.071 - 37.459X + 2.757X^2 - 0.061X^3$	2923	向下
芝加哥	$Y_p = 2116.996 + 102.802X - 2.994X^2 + 0.094X^3$	4712	向上
休斯敦	$Y_p = 3621.937 + 198.995X - 8.124X^2 + 0.013X^3$	3110	向下
俄克拉荷马城	$Y_p = 15229.746 - 488.963X$	1539	向下
奥马哈	$Y_p = 5056.845 - 8.330X + 0.563X^2 - 0.012X^3$	5002	向下
小石城	$Y_p = 4426.153 + 100.999X - 6.347X^2 + 0.103X^3$	4540	向下
合计		21826	

8.5　规范性数据分析

依据预测性数据分析，所有六个仓库地点的总预测需求 21826 台发动机（参见表 8.15）必须通过两个生产中心的产能平衡。商业数据分析团队决定，圣路易斯生产中心在第 28 个月将生产 10000 台发动机，而达拉斯生产中心则将生产剩余的 11826 台。

8.5.1 选择和建立优化运输模型

在数据方面,分析人员现在拥有供应、预测需求以及成本信息,利用这些信息开始选择建模方法,以便实现最优运输计划。就分析而言,要审查问题设置的要求,商业数据分析团队要寻找多变量(从两个供应源运输到六个需求目的地的发动机数量)、多维度(安排发动机从两个供应源到六个需求市场,即配置供应和需求)、约束(所需的发动机的数量是确定的)、整数(运输整个发动机,而不是发动机部件)和最优解决方案(寻求运输成本最小化)。满足这些要求的理想商业数据分析方法是整数规划(IP,参见附录 D)。

为了对二维问题概念化,可提出一种将单位运输的地点成本与供应和需求信息相结合的运输方法(运筹学方法)表。本案例研究问题的有关内容已由表 8.16 给出,并将决策变量添加到模型中。例如,X_{11} 表示从圣路易斯生产中心运送堪萨斯城的发动机的数量。在这个表中,在圣路易斯生产,并运送到六个客户需求地点中的所有发动机数量之和加起来必须为 10000 台。同样地,对于达拉斯,运输数量必须等于 11826 台。此外,对于每一列,运输的发动机数量之和必须等于该城市的预测需求。例如,堪萨斯城仓库的 X_{11} 与 X_{21} 的之和必须等于 2923 台发动机的预测需求。

表 8.16 对供应链运输问题概念化的运输方法表

	堪萨斯城	芝加哥	休斯敦	俄克拉荷马城	奥马哈	小石城	生产中心供应量
圣路易斯	$4X_{11}$	$6X_{12}$	$9X_{13}$	$8X_{14}$	$5X_{15}$	$6X_{16}$	10000
达拉斯	$5X_{21}$	$8X_{22}$	$2X_{23}$	$5X_{24}$	$8X_{25}$	$5X_{26}$	11826
客户需求预测	2923	4712	3110	1539	5002	4540	21826

以运输方法表作为框架,可以建立整数规划模型。在这类运输问题中,存在两个供应侧约束与六个需求侧约束,以确保分配供应能满足需求。这里应用与附录 B 和附录 D 中线性规划模型相同的公式,可以得到以下整数模型:

$$\text{Min } Z = 4X_{11} + 6X_{12} + 9X_{13} + 8X_{14} + 5X_{15} + 6X_{16} \\ + 5X_{21} + 8X_{22} + 2X_{23} + 5X_{24} + 8X_{25} + 5X_{26}$$

s.t. $\begin{cases} X_{11}+X_{12}+X_{13}+X_{14}+X_{15}+X_{16}=10000（圣路易斯供给要求）\\ X_{21}+X_{22}+X_{23}+X_{24}+X_{25}+X_{26}=11826（达拉斯供给要求）\\ X_{11}+X_{21}=2923（堪萨斯城需求要求）\\ X_{12}+X_{22}=4712（芝加哥需求要求）\\ X_{13}+X_{23}=3110（休斯敦需求要求）\\ X_{14}+X_{24}=1539（俄克拉荷马城需求要求）\\ X_{15}+X_{25}=5002（奥马哈需求要求）\\ X_{16}+X_{26}=4540（小石城需求要求）\\ X_{11},X_{12},X_{13},X_{14},X_{15},X_{16},X_{21},X_{22},X_{23},X_{24},X_{25},X_{26} \geq 0 且全部为整数 \end{cases}$

8.5.2 确定最优运输计划

为了求解这个模型，运用 LINGO（参见附录 B 的 B.5.3 节）软件。可以证明，在这种情况下，运输方法模型的独特公式从数学形式上要求全整数的解决方案，而不需要使用整数规划软件算法。这允许使用常用的线性规划软件来解决这个问题，虽然 LINGO 既有整数规划又有线性规划求解软件。LINGO 线性规划模型输入如图 8.7 所示，其结果由图 8.8 给出。

```
LINGO Model - LINGO1
Min = 4 * x11 + 6 * x12 + 9 * x13 + 8 * x14 + 5 * x15 + 6 * x16 + 5 * x21 + 8 * x22 + 2 * x23 + 5 * x24 + 8 * x25 + 5 * x26;
x11 + x12 + x13 + x14 + x15 + x16 = 10000;
x21 + x22 + x23 + x24 + x25 + x26 = 11826;
x11 + x21 = 2923;
x12 + x22 = 4712;
x13 + x23 = 3110;
x14 + x24 = 1539;
x15 + x25 = 5002;
x16 + x26 = 4540;
```

图 8.7 供应链运输模型问题的 LINGO 输入

为了得到供应链问题的运输计划时间表，要从两个供应源运输到六个需求地点的发动机数量由表 8.17（表中的行和列中的粗体数字）给出。例如，为了使运输计划的成本最小化，制造商必须在第 28 个月内将 286 个发动机从圣路易斯运送到堪萨斯城。同样地，表 8.17 中的所有其他几个定期装运必须完全按计划运输，以便确保总成本达到最优化。注意，在表 8.17 中，发动机的分配行、列分别相加恰好为最后一行、列的数值。

```
Solution Report - LINGO1
  Global optimal solution found.
  Objective value:                    104226.0
  Total solver iterations:                   1

                  Variable           Value        Reduced Cost
                       X11        286.0000            0.000000
                       X12        4712.000            0.000000
                       X13        0.000000            8.000000
                       X14        0.000000            4.000000
                       X15        5002.000            0.000000
                       X16        0.000000            2.000000
                       X21        2637.000            0.000000
                       X22        0.000000            1.000000
                       X23        3110.000            0.000000
                       X24        1539.000            0.000000
                       X25        0.000000            2.000000
                       X26        4540.000            0.000000

                       Row    Slack or Surplus      Dual Price
                         1         104226.0           -1.000000
                         2         0.000000            0.000000
                         3         0.000000           -1.000000
                         4         0.000000           -4.000000
                         5         0.000000           -6.000000
                         6         0.000000           -1.000000
                         7         0.000000           -4.000000
                         8         0.000000           -5.000000
                         9         0.000000           -4.000000
```

图 8.8　供应链运输模型问题的 LINGO 输出

表 8.17　第 28 个月的供应链运输问题的运输计划

	堪萨斯城	芝加哥	休斯敦	俄克拉荷马城	奥马哈	小石城	生产中心供应量
圣路易斯	286	4712			5002		10000
达拉斯	2637		3110	1539		4540	11826
客户需求预测	2923	4712	3110	1539	5002	4540	21826

此外，表 8.18 中的 104266 的值是这个运输计划的总优化成本（采用表 8.17 确定的运输单位，乘以对应的单位成本）。所得到的第 28 个月的运输计划由表 8.18 给出。

表 8.18　第 28 个月的发货计划

生产中心	目的地	单位数 × 单位成本 = 总成本
圣路易斯	堪萨斯城	286 台 ×4 美元/台 =1144 美元
圣路易斯	芝加哥	4712 台 ×6 美元/台 =28272 美元
圣路易斯	奥马哈	5002 台 ×5 美元/台 =25010 美元
达拉斯	堪萨斯城	2637 台 ×5 美元/台 =13185 美元
达拉斯	休斯敦	3110 台 ×2 美元/台 =6220 美元
达拉斯	俄克拉荷马城	1539 台 ×5 美元/台 =7695 美元
达拉斯	小石城	4540 台 ×5 美元/台 =22700 美元
	总供应链运输成本 =104226 美元	

8.5.3 制造商的商业数据分析流程概要

商业数据分析应用的目的是为制造商制定商业数据分析流程，在供应链网络中建立最优的运输计划，以便制订每月供应链问题的运输计划。这里给出基于商业数据分析团队分析的商业数据分析流程包括两种数据收集工作；统计分析；最优化软件的应用。具体有下述几项内容：

（1）从公司的成本会计部门收集运费成本信息。

（2）从仓库客户收集和更新每月实际需求值。

（3）收集生产中心供应能力，以确保有足够的供应能力处理每月需求。

（4）根据新旧实际需求数据，重新运行曲线拟合软件，依据 R^2 和其他统计量来确定最佳预测模型。

（5）预测仓库客户需求，并通过分析证实最终的估计是真正建立在最好的预测模型基础上的。根据需要修改和完善模型。

（6）将成本、供应和预测需求信息代入到类似由8.5.1节所建立的线性规划模型中。

（7）求解整数规划或线性规划模型，并从模型输出中得到运输计划。

8.5.4 证明公司绩效得到改进

如果没有证明公司绩效可以或将会得到改善，商业数据分析就不完整。这个案例研究有一个比较的基础。在比较来自当前预测程序和商业数据分析所提出的方法MAD统计量时，可以观察到运输改进的潜力。表8.19给出了基于用于模型验证的三个月（第25、26、27月份）的MAD。MAD统计量（参见附录E的E.8节）表示，如果商业数据分析所提出的流程方法已经到位，那么就可以避免发动机生产每月超额或不足。这种不必要的运输浪费了工作量，并增加了制造商的成本，造成低效率。采用MAD统计量小的方法将可能提高公司绩效。

从表8.19可以看出，与所提出的商业数据分析流程方法相比，使用平滑平均值所产生的预测，导致了相当大的MAD统计量。表8.19中的MAD全部数据清楚地表明，在利用提出的商业数据分析流程方法预测发动机客户需求时，每月过量或未达到的情况显著减少。减少预测中的不准确性，也就是最小化在低客户需求期间在仓库中不需要的发动机运输成本的浪费，或者最小化当发生短缺时的急速订购所带来的成本增加。这些结果表明，执行商业数据分析所提出的供应链运输计划时间表，可以提高制造商的绩效，这种方法比以前用于预测最近三个月公司绩效的方法好。

表 8.19 对现有和建议的预测流程方法的 MAD 统计量进行比较

MAD	堪萨斯城	芝加哥	休斯敦	俄克拉荷马城	奥马哈	小石城	合计
现有平滑模型的 MAD（表 8.14）	21.33	111.33	158.66	590.33	1.66	31	914.31
预测的三次模型或线性模型的 MAD（表 8.12 和表 8.13）	2.33	0.66	2.33	2.33	1.66	2.33	11.64

作为商业数据分析团队对规范性分析步骤的最终建议，负责使用商业数据分析新流程方法的分析人员或商业数据分析团队应连续运行和更新模型，以检查和确认每月运用商业数据分析流程方法所带来的好处。当能持续地证明商业数据分析价值之所在时，就是将商业数据分析推荐给企业取得了成功（参见第 2 章中的表 2.2）。

总结

本章介绍了案例研究，并说明如何运用商业数据分析解决供应链运输问题。这个案例研究利用了三步骤的商业数据分析过程，研究开发商业数据分析过程，然后利用此方法每月重复使用，其目的是提升制造商的绩效。

对这个案例进行研究时，我们采用了特定的方法，当然也可以用其他方法，同时强调如下事实：商业数据分析是一个逐步将统计、信息系统和管理科学方法应用于实践的方法。像在森林里散步一样，可能有许多路径，但目标是（从商业数据分析视角出发）使用知识和信息以到达成功的彼岸。

本章是全书正文内容的结尾，但附录为读者提供了商业数据分析中十分有用的非常丰富的方法论基础。有些方法已经在正文中加以阐明，而另一些则没有阐述，但是所有这些均可用于各种不同的分析。

商业数据分析人员所了解的方法越多，他们就越有可能在正确的场合下运用正确的方法。附录是使用工具方法的起点，这些内容不仅可以强化商业数据分析知识，而且会持续扩展商业数据分析知识。

问题讨论

1. 在描述性数据分析中，某些图形（如芝加哥仓库需求的上升趋势）表现出相当强的线性倾向，然而在大多数情况下使用三次模型而不是线性模型。使用三次模型而不是线性模型有意义吗？为什么？

2. SPSS 曲线拟合过程包括 11 种不同的回归模型。是否应该对所有的回归模型用第

25、26、27 个月份的验证数据进行测试呢？

3. 本书中有哪些其他方法，可应用于分析这个案例研究问题？

4. 在明确预测结果得到改善的情况下，为什么必须在分析中证明并持续说明商业数据分析的价值之所在？

习题

1. 第 25 个月的堪萨斯城的三次回归预测为 2983 台，这是如何计算出来的？运用输入值，给出公式。

2. 第 27 个月的芝加哥的三次回归预测为 4561 台，这是如何计算出来的？运用输入值，给出公式。

3. 第 26 个月的俄克拉荷马城的二次回归预测为 2754 台，这是如何计算出来的？运用输入值，给出公式。

4. 对于俄克拉荷马城的线性回归模型来说，如何计算三个月验证数据的 MAD 统计量？运用输入值，给出公式。

第4部分
附　　　录

附录 A　统计工具
附录 B　线性规划
附录 C　线性规划的对偶性与灵敏度分析
附录 D　整数规划
附录 E　预测
附录 F　模拟
附录 G　决策理论

附录 A 统计工具

A.1 引言

这个附录的目的是简明扼要地回顾一些基础统计工具，内容包括计数、概率基础知识、概率分布以及统计检验。其他统计工具或检验方法，由前面某些章或其他附录给出。

A.2 计数

计数是计算概率的重要先决条件。概率通常由一部分观察到的行为与总体可能行为的比值组成。

$$计算概率值 = \frac{一些观察到的行为数量}{所有可能的行为总数量}$$

为了运用这个概率公式，我们必须确定概率估计比值的分子和分母。我们可以使用三种计数方法来计算概率值，这三种方法是排列、组合及重复计数。

A.2.1 排列

排列是从元素集合中抽取某些元素的特定排序，通常人们想要确定并计算从给定的元素集合中抽取可能的排列总数。例如，元素集合可能是由一些商品所组成的数据集。将排列定义为一次性从含有 n 个元素的集合中抽取 r 个元素的方法，要求：①元素排序是非常重要的；②r 个元素不许出现相同的重复元素；③$r \leqslant n$。为确定从含有 n 个元素的集合中一次抽取 r 个元素的所有排列的可能数量，可以运用下面的排列公式：

$$P_n^r = \frac{n!}{(n-r)!}$$

式中　！——阶乘（阶乘是一个数学公式缩写符号，是指该值与它前面的所有正整数的乘积。例如，$4! = 4 \times 3 \times 2 \times 1 = 24$）；

P——从集合中抽取某些元素的可能排列的数；

n——集合中元素的总数;

r——从集合中一次性抽取元素的数量。

在运用这个公式时,要记住它有三个特性(即元素排序是非常重要的,r个元素不许重复,$r \leqslant n$)。对于后面所要讨论的其他计数公式来说,排列公式的这三个特性会有所改变。

> **问题**:从 A、B、C、D、E 五个字母中一次性抽取两个字母的排列有多少?
>
> **解答**:可运用排列公式计算这个问题:
> $$P_n^r = \frac{n!}{(n-r)!} = \frac{5!}{(5-2)!} = \frac{5 \times 4 \times 3 \times 2 \times 1}{3 \times 2 \times 1} = \frac{120}{6} = 20$$

计算排列可以通过枚举法完成,将第一个字母放在第一个位置开始排列。这些排列如下:AB、AC、AD、AE、BC、BD、BE、CD、CE 及 DE,然后交换字母进行剩下的排列:BA、CA、DA、EA、CB、DB、EB、DC、EC 及 ED。

A.2.2 组合

和排列相似,组合是从给定的元素集合中抽取某些元素的特定排序。将组合定义为从含有 n 个元素的集合中抽取 r 个元素的方式数量,要求:①元素排序并不重要;②r 个元素不许出现相同的重复元素;③$r \leqslant n$。为确定从含有 n 个元素集合中一次性抽取 r 个元素的所有组合总数量,可以运用下面的排列公式:

$$C_n^r = \frac{n!}{r!(n-r)!}$$

式中　C——从集合中取出元素的可能组合数量;

n——集合中元素的总数;

r——从集合中一次性抽取元素的数量。

在运用这个公式时,要记住组合与排列的差别是:组合中元素的排序并不重要。元素排序不重要的性质意味着,组合的可能数量永远小于排列的可能数量。

> **问题**:从 A、B、C、D、E 五个字母中一次拿出两个字母的组合方式是什么?
>
> **解答**:可运用组合公式计算这个问题:

$$C_5^2 = \frac{5!}{3!\ 2!} = \frac{5 \times 4 \times 3 \times 2 \times 1}{3 \times 2 \times 1 \times 2 \times 1} = \frac{120}{12} = 10$$

计算组合也同样可以通过枚举法完成，将第一个字母放在第一个位置开始排列，这个问题的十个组合如下：AB、AC、AD、AE、BC、BD、BE、CD、CE 以及 DE。

A.2.3 重复计数

当抽取的集合元素存在相同元素时，我们需要运用另一个计算公式。和排列、组合相似，重复计数是从给定的元素集合中抽取某些元素进行特定排序。将重复计数定义为从含有 n 个元素的集合中抽取 r 个元素的方式的数量，要求：①元素的排序是非常重要的；②在 r 个元素集合中，最多可以有 r 个相同元素重复；③$r \leq n$。为确定从含有 n 个元素的集合中一次性抽取允许重复的 r 个元素的所有可能的集合的数量，我们运用下述公式：

$$R_n^r = n^r$$

式中　R——满足要求的抽取方式的数量；

　　　n——集合中元素的总数；

　　　r——从集合中一次性抽取元素的数量。

在运用这个公式时，要记住重复计数与其他两种计数方法的差异之处是：允许有相同元素重复。

问题：从 5 种食物（汉堡、薯条、热狗、小杯饮品以及大杯饮品）中选取 3 个产品建立"套餐包"，这样做会有多少种不同的重复式样呢？假设每一个"套餐包"可以允许有单种产品重复。例如，3 个汉堡包可以构成 1 个"套餐包"。

解答：利用公式计算可得：

$$R_5^3 = 5^3 = 125$$

所以，从 5 种食物中一次性选择 3 个，则可以建立 125 种式样的"套餐包"卖给顾客。

A.3　概率基础知识

想要认识用于商业数据分析中的概率，就需要知道某些基本的概率概念。在这一节,我们将介绍计算概率的方法,然后讨论概率的加法法则、减法法则,以帮助理解运用。

A.3.1 计算概率的方法

在介绍概率的基本法则之前,有必要知道一些计算概率的方法。计算概率的方法存在两种:主观方法和客观方法。客观概率方法(Objective Approach to Probability)是指收集试验数据,并对试验结果进行分析,将分析结果绘制频率分布,根据频率分布计算概率。最常用的两种客观概率方法是频率理论与等可能性准则㊀。

频率理论,从根本上说是通过大量试验,得到事件 A 的相对频率,这可以用来确定事件 A 的概率,记作 $P(A)$。这个概率是依据试验观察归纳,同时假定试验结果准确地代表了可能被观察到的行为。利用这种方式确定的概率是通过利用过去的观察得到的,并用于预测未来事件。由于是利用了过去的事件计算概率,我们有时称这些概率为后验概率(Posteriori Probability)。

> **问题**:利用频率理论,根据下面从某饭店服务员经验中收集的数据,计算服务员获得付费数额落入在 8~9.99 美元之间的概率是多少?
>
> | 小费金额 | 付费人数 |
> | --- | --- |
> | 6~7.99 美元 | 50 人 |
> | 8~9.99 美元 | 120 人 |
> | 10~12.99 美元 | 30 人 |
> | 总计 | 200 人 |
>
> **解答**:付费数额在 8~9.99 美元之间的相对频数为 120,总数是 200。假设 200 个付费试验足以准确地描述所有客户的特定服务行为。频率理论认为,付费数额在 8~9.99 美元的概率为 0.60,或者 60%(120 人/200 人 = 0.60)。

等可能性准则认为,试验中每一个事件出现的结果都是等可能的(假如没有证据对此假设提出挑战)。换个说法,如果没有理由认为,某个结果的出现会更强于另一个结果的出现,那么每一个结果都是等可能的或者有相同的概率。利用这一原则确定概率,我们必须从逻辑上抽象出用十进制

㊀ Principle of Sufficient Reason,又称充足理由律。——译者注

数表示的概率，即用发生的频数除以所有可能结果的总数。

> **问题**：某股票经纪人必须从四只股票样本中选出一只来进行投资，但是他对这四只股票样本不是很熟悉。股票经纪人从这四只股票中挑选到最好股票的概率是多少？
>
> **解答**：假设在四只股票样本中只有一只最好的股票，因为只有一次机会从四只股票中抽取一只，所以从四只股票中抽取一只的概率为0.25（1/4 = 0.25）。对于这个问题来说，四只股票的每一个都有等可能的机会成为最好的，这是因为没有额外的股票信息可以利用。

利用这一原则计算概率是基于抽象的等可能性结果的推理准则，而不是利用可观察的试验结果所得到的。人们将基于先验的逻辑和推理所计算的概率称为先验概率（Priori Probability）。

主观概率方法（Subjective Approach to Probability）是指基于个人的观点或判断来计算概率。在这种方法中，我们假设个人的主观判断可能和其他任何客观方法一样准确或更好。商业数据分析人员可以将自己的主观经验与由数据库所提供的客观频率信息相结合，为决策提高概率估计准确性。为了计算综合概率，我们首先必须了解如何将一些概率结合起来的原则。

A.3.2 加法规则

运用加法规则，必须有如下的前提：事件可完全穷尽且互斥。完全穷尽事件集合（Collectively Exhaustive Set of Events）被定义为在试验中所有可能发生的事件。在检验产品故障中，产品正常工作或不能工作这两个事件就是完全穷尽的，因为每一个事件的结果必须归入这样一个分类中。互斥事件（Mutually Exclusive Events）是指彼此两个事件互不相关。换句话说，一个事件的概率并不影响、改变或以任何方式影响任何其他事件的概率。如果一个事件与其他事件是互斥事件，那么它在试验期间就不能在多于一个的类别中来计数或测量。

这个概念如图A.1所示。左边的图表明，A与B是互斥的。

概率的加法规则是指针对完全穷尽且互斥的事件，可能事件的集合的概率，等于那些事件的概率之和。换言之，为计算两个事件发生的概率，我们只需要仅仅将各自的概率相加即可。可将这个规则表述为

加法规则（事件A和B是互斥的）：
$$P(A \text{ 或 } B) = P(A) + P(B)$$

互斥事件　　　　　　　　　非互斥事件

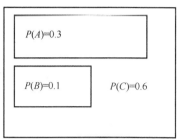
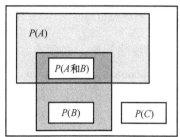

图 A.1　文氏图

在相关统计文献中，两个概率相加的表示形式有下列几种：$P(A) + P(B)$；$P(A$ 或 $B)$（称为 A 或 B 的概率）；$P(A \cup B)$（称为 A "并" B 的概率，其中符号 $\cup$ 表示 A "并" B）。

> **问题**：如果有四个互斥且完全穷尽的事件 $P(A) = 0.20$，$P(B) = 0.40$，$P(C) = 0.15$，$P(D) = 0.25$，则求下述概率：$P(A) + P(D)$，$P(B \cup C)$，$P(A$ 或 B 或 $C)$ 以及 $P(A + \sim A)$。
>
> **解答**：$P(A) + P(D) = 0.20 + 0.25 = 0.45$，$P(B \cup C) = 0.40 + 0.15 = 0.55$，$P(A$ 或 B 或 $C) = 0.20 + 0.40 + 0.15 = 0.75$，$P(A + \sim A) = P(A) + (1 - P(A)) = 0.20 + 0.80 = 1$

有时，事件并不是互斥的。如图 A.1 的右边部分，两个事件都发生的概率运用符号 $P(A$ 和 $B)$ 来表示。这样的情况称为联合概率或复合事件，事件 A 与 B 的样本点是重叠的。这种重叠事件意味着它们并不是互斥的，$P(A)$ 与 $P(B)$ 是有关联的。注意，在文氏图中，如果将 $P(A)$ 和 $P(B)$ 的概率相加，则联合概率 $P(A$ 和 $B)$ 可能会被重复计算。为了避免并不是互斥的事件出现这种重复计算，需要对加法规则加以修订。

对于非互斥事件的概率，加法规则是：任何可能事件集合的概率可通过对那些事件的概率的相加，然后减去那些事件的联合概率来得到。换言之，要计算两个事件的概率，我们需要将它们各自的概率相加，然后减去它们的联合概率。我们将这个加法规则表述成如下形式：

加法规则（事件 A 和 B 不是互斥的）：

$$P(A \text{ 或 } B) = P(A) + P(B) - P(A \text{ 和 } B)$$

对于有更多事件的情况，我们可加上这个新事件的概率，然后减去所有的联合概率，从而扩展加法规则。

A3.3 乘法规则

为了应用乘法规则，必须有如下的前提：事件是相互独立的。独立事件结果（Independent Event Outcome）是指某个事件的概率不会影响另一个事件的概率的结果。不同于加法规则，乘法规则仅适用于含有多次试验的情况。这样的多次试验有多个事件结果。概率乘法规则是指针对独立事件的结果来说，所有可能事件集合的概率由那些事件的概率之积来计算。换言之，要计算两个事件都发生的概率，需将这两个事件各自概率相乘。此乘法规则可表示成如下形式：

乘法规则（对于 A 与 B 是独立事件的情况）：

$$P(A 交 B) = P(A)P(B)$$

为了说明这一规则，假设某采购经理需从 A、B、C 三个组件中选择一个，以便为接下来两个周的每一周提供货源。选择 A 组件的概率（$P(A)$）为 0.33。A 组件在第 1 周与第 2 周都被选取的概率是多少？在这个实验中，存在两个事件，其结果是独立的，因为在第 1 周被选取的那个组件的概率不会改变第 2 周中被选取组件的概率。在这两周都被选取的概率是 $P(A)P(A)$，即 0.11（$0.33 \times 0.33 = 0.11$）。

在相关的统计文献中，表示两个概率相乘有下面几种表示方式：$P(A)P(B)$；$P(A 和 B)$；$P(A \cap B)$（其中符号 $\cap$ 表示"交"）。

> **问题**：如果有三个独立的概率 $P(A) = 0.5$，$P(B) = 0.3$，$P(C) = 0.2$，求 $P(A)P(B)$、$P(B \cap C)$、$P(A \cap C)$、$P(A \cap B \cap C)$？
>
> **解答**：$P(A)P(B) = 0.5 \times 0.3 = 0.15$，$P(B \cap C) = 0.3 \times 0.2 = 0.06$，$P(A \cap C) = 0.5 \times 0.2 = 0.1$，$P(A \cap B \cap C) = 0.5 \times 0.3 \times 0.2 = 0.03$。

在实验中存在多个事件或试验，这些事件的结果要么是独立的，要么是相关的。相关事件结果（Dependent Event Outcome）是指一个事件可能发生的结果会影响到另一个事件可能发生的结果。例如，假设某个样本由五个成员的政党 A 与五个成员的政党 B 组成。假定每个政党的成员都将为各自政党投票。就这个例子而言，实验是由两个事件构成。事件 1 是随机选择十名成员之一，询问这个人会投票给谁，然后将这个成员排除在样本外。从样本中剔除成员的过程称为不放回抽样，这是因为样本不再抽取用过的元素。事件 2 是随机地从剩下九名成员中选择一个，询问此人会投票给谁。

于是，在事件1中，从政党 A 或政党 B 中选取到一个成员事件的概率是 0.50（5/10=0.50）。在事件2中，从两个政党中选到一个成员事件都是有条件地依赖事件1中所被选的成员。例如，当政党 A 的成员在事件1中被选取了，那么事件2中选择政党 A 成员的事件概率是 0.44（4/9=0.44），而事件2中选择政党 B 成员的事件概率是 0.56（5/9=0.56）。

条件概率反映了一些概率的相依性。当事件结果不是独立的时候，就要使用条件概率。在前面的政党例子中，事件2选择一个成员的概率是以事件1所发生的结果为条件的。如果我们知道，事件1以不放回的方式选取政党 A 的成员，那么事件2中选取政党 B 的成员概率为 0.56。所以，当事件不是独立的时候，需要已知一些已发生事件的行为，才能计算随后事件的概率。我们可将两个事件的条件概率表述成如下形式：

P（选择政党 B 成员，已知事件1选择政党 A 成员）或 $P(B|A)$

$P(B|A)$ 读作"已知 A，B 的概率"或者"已知事件1选取 A，事件2选择 B 的概率"。条件概率用于调整乘法规则，允许出现事件结果不是独立的可能情况。当概率并不是独立的时候，我们应该使用下述乘法规则：

乘法规则（事件 A 和 B 不是独立的情况）：

$$P(A \text{ 和 } B) = P(A)P(B|A)$$

为了说明这个规则，考虑选民选举问题。在不放回的条件下，首先政党 A 的成员被选择的事件概率是多少，然后政党 B 的成员被选择的事件概率是多少？在这个实验中，存在两个事件，其结果是不独立的，因为事件1中政党 A 的成员被选择的概率将改变事件2中政党 B 的成员被选择的概率。事件1中政党 A 的成员被选择的概率 $P(A)=0.5$，而概率 $P(B|A)=0.56$（5/9=0.56）。所以，选择政党 A 成员同时选择政党 B 成员的概率如下：

$$P(A \text{ 和 } B) = P(A)P(B|A)$$
$$= 0.5 \times 0.56 = 0.28$$

这个概率意味着，从十个样本成员中选择政党 A 成员，然后从剩余九个样本成员中选择政党 B 成员的概率是 28%。

问题：在不放回的条件下，对于前面有十个成员的样本来说，政党 A 成员有三个被选择的概率是多少？

解答：$P(A_1 \text{ 和 } A_2 \text{ 和 } A_3) = P(A_1)P(A_2|A_1)P(A_3|A_2)$
$$= (5/10) \times (4/9) \times (3/8)$$
$$= 0.083$$

A.4 概率分布

下面介绍几个基本术语，用于刻画概率的情况与分布：实验、试验、结果以及事件。"实验"被定义为一个测试或一个试验，或一系列测试或试验，其活动是为了发现未知行为。例如，消费者调查就是用来确定未知的消费者行为的实验。在一家餐馆，每次每顿饭为消费者准备好，它就代表了厨师的实验，试图满足客户的口味。"结果"被定义为实验的产出。消费者调查的结果可能是成功或不成功。事件也被定义为实验的结果。如果实验只有一个试验，实验的产出被称为结果或事件。在实验中，当实验由多个测试或试验组成时，事件通常代表各种不同类型的可能出现的结果。例如，在产品故障研究中，对产品进行测试，以确定产品正常工作或失败的概率。在这样两个结果的情况下，产品正常工作就是一个事件，而产品失败则是另一个事件。

我们将随机变量定义为来自于随机实验的任何值，此实验可随机地产生各种不同的值。概率分布可用图形、表格或公式的形式来描述实验中随机变量的事件的可能行为。存在以下两种类型的随机变量，而且用两种类型的概率分布描述它们：离散型随机变量和连续型随机变量。例如一些事件的值只能取整数，那它就是离散型随机变量。当试验可重复进行，并且试验事件被记录成为频率分布时，便可形成概率分布。离散型概率分布会对离散随机变量的每一个可能事件都指定一个有关概率。离散型概率分布具有两个特点：随机变量的概率大于或等于零，所有随机变量的概率之和等于1。连续型随机变量是另一个类型，其事件可以是任何整数或非整数（实数）值。任何可用小数加以测量的值，比如身高、体重或长度，可以被视为连续型随机变量。

> **问题：** 在 150 ~ 151 磅⊖，有多少连续变量体重值呢？
> **解答：** 可能有无限多个数值，这取决于测量数值需要怎样的精确度。

连续型随机变量的概率分布被称为连续型概率分布、概率密度函数，这是因为它描述了概率如何在随机变量的函数上分配，或者被称为频率函数，因为它源于频数。连续型概率分布对每个可能的事件或连续随机变量

⊖ 1 磅 = 0.45359 千克。

的事件发生的区间都指派了概率。像离散型概率分布一样,连续型概率分布具有两个特点:随机变量的概率大于或等于零,同时所有随机变量的概率之和等于1。此外,连续型概率分布还假定事件的范围是无限的。

接下来的内容是将概率分布作为计算概率统计量的一种工具。这里,概率统计量刻画了实验情况,以及和商业数据分析描述性分析步骤相吻合的决策情况。应该提及的是,概率分布为BA过程中其他步骤所讨论的绝大多数推理或预测统计方法提供了坚实的基础。从本质上看,SPSS 和 Excel 使用了相同的方法计算概率分布。这种方法包括了定义概率分布类型,然后将所要求出的参数置于软件中,从而计算概率估计值。为了避免重复输出,这一节的概率分布计算只使用 Excel 阐述说明。

A.4.1 离散型概率分布

这一节考察一系列的离散型概率分布,包括二项分布、泊松分布、几何分布与超几何分布。对于每一个概率分布,都阐述其计算公式及参数(为了理解模型参数的需要)和分布特征(识别在哪里应该运用概率分布),同时给出了应用实例(如何计算概率,知道概率所提供的信息内容,并观察用计算机如何获得解决方案)。

A.4.1.1 二项分布

二项分布是一种离散的概率分布,其中实验结果仅限于两个事件,比如成功或失败、是或否、真或假。为了简化描述,通常采用"成功"或"失败"两个结果。

用来计算成功概率的二项分布公式是

$$P(r) = \frac{n!}{r!(n-r)!} p^r q^{n-r}$$

式中 r——观测到或期望的成功数量(随机变量);

$P(r)$——出现成功 r 次的概率;

n——实验中的试验次数;

p——每一次试验成功事件的概率;

q——每一次试验的失败概率,或 $q = 1-p$,因为在两个结果的试验中 $q + p = 1$。

这个二项分布的特点包括下述六点:

- 在单次试验或实验的结果中,只有两种结果。
- n 次试验中的两个结果是互斥的。
- 在实验的 n 次试验中,每一次试验中成功的概率保持不变。

- n 次试验是独立的，所以某一次试验的结果不影响任何其他试验的结果。
- 用于建立分布的数据是对所有 n 次可能试验结果通过计数而得到的。
- 当成功概率 $P(r) < 0.5$，同时 n 次试验数相当小（试验数接近于零）时，则二项分布趋于正偏态。

问题：假设我们刚刚订购100000个电灯泡。想要检验电灯泡的质量，在从制造商接货之前，要查看电灯泡是否符合要求。我们与供应商签订了这样的协议，允许高达10%的电灯泡可能是次品，否则就拒绝接受。为检查一批质量，我们抽取10个电灯泡作为样本（即 $n=10$）用于检验。我们将检验这10个电灯泡，如果有0个电灯泡（$r=0$）或1个电灯泡（$r=1$）是次品，我们仍然会接受这100000个产品。如果10个样本中出现2个或更多次品，那么就将拒绝整批产品。依据过去成千上万个电灯泡检验的经验，我们知道，任何一个电灯泡是次品（即不亮）的概率仅为0.05（$p=0.05$）；任何单个电灯泡是正品并照亮的概率是0.95（$q=0.95$）。出现0个或1个电灯泡（在10个电灯泡样本中为10%或更少）是次品的概率是多少？

解答：如同运用其他概率分布一样，要想成功地运用二项分布，首先确定此分布的变量（r）与参数（n,p,q），同时看看这个问题的特征与二项分布的特征是否相吻合。对于这个电灯泡问题来说，回顾二项分布的六个特征，可以查看这个问题是否适合这种类型的分布。记住，r 是发现电灯泡的次品数；电灯泡是次品的概率为 $p=0.05$；每一次电灯泡的检验就是一场试验；实验是由10个电灯泡检验或试验组成。这些特征如下：

- 对于任何单一电灯泡检验，只有两个结果：次品与正品。
- 在任何试验中，次品与正品的结果是互斥的。
- 在10次试验中，每次试验中发现次品电灯泡的概率保持恒定，为0.05。
- 10次检验是独立的，所以每一次检验的结果不会影响任何其他检验的结果。
- 用于建立概率分布的数据是建立在分别取 $r=0$，1，2至10的十次检验计算基础上。

所得到的电灯泡检验的二项分布，已由图 A.2 给出。图形呈现正偏态，因为成功的概率为 $p=0.05$，而且试验次数（$n=10$）是相当小的，接近于零。

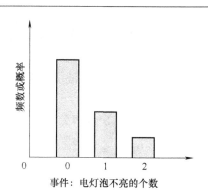

图 A.2 电灯泡亮或不亮的二项概率分布

在这个问题中，我们试图求出不止一个事件而是两个事件（$r=0$ 与 $r=1$）发生的概率。记住，当两个互斥事件发生时，将它们各自的概率相加，计算两个事件的并集可能发生的概率。利用 SPSS 与 Excel 软件中的函数，很容易计算二项分布函数。直接计算 $P(r=0)$ 的概率，其中 $p=0.05$，$n=10$，然后利用软件函数将其与 $P(r=1)$ 相加。使用 Excel 函数 BINOM.DIST，可以自动计算累计概率 $P(r=0$ 与 $r=1)$，如图 A.3 所示。正如我们从图中所看到的，0 或 1 个电灯泡是次品的概率是 $P(r=0$ 或 $r=1)=0.91386$。累计概率在商业数据分析中经常使用。通过直接对表格上的概率分布相加，这些值可以被快速导出，正如在前面问题中所看到的。注意，为求出概率为 0 或 1 或 2 的情况，要在图 A.3 的 Excel 窗口中输入 FALSE，而不是 TRUE。

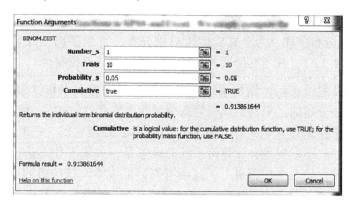

图 A.3 Excel 电灯泡不亮的二项概率

A.4.1.2 泊松分布

当试验的次数非常大，同时成功的概率非常小时，泊松分布就非常像二项分布。当人们想要确定某个特定时期（例如四人排队等待服务的概率）或在特定区域（例如一个或多个产品上的油漆出现缺陷的概率）发生的事件概率时，泊松分布是非常有用的。

用于计算随机事件发生概率的泊松分布公式如下：

$$P(X) = \frac{e^{-\mu}\mu^x}{X!}$$

式中　X——观测到或期望的成功次数；

$P(X)$——接连不断成功的概率；

e——常量，值为 2.71828；

μ——每单位时间、面积、体积等的 X 成功发生的平均数。

泊松分布的特征包括如下几点：

- 随机变量 X 必须是非负整数。
- 这个实验包括在给定时期、区域或某个体积，单一事件发生的次数。在实验的时间、区域或体积内，存在大量的可能发生事件，并且任何事件的概率都很小。
- 某个单位时间、单位区域或单位体积的事件数量独立于任何其他单位的事件数量。
- 在某区域或某体积的相同时间内，接连不断成功发生事件的平均数或预期数 μ 必须保持不变。
- 泊松分布往往是正偏态的，因为在某区域或某体积的相同时间内，μ 必须保持常数。

和二项分布一样，为了成功运用泊松分布，首先要确定此分布的变量（X）和参数（μ），并考察问题的特征与泊松分布是否相吻合。

> **问题**：假设我们计划购买一台打印机。工作的大小和打印机的流量是服从泊松分布的，平均到达率为每分钟两个作业（$\mu=2$）。模型 A 有临时存储区来存储计算机工作，直到打印机可以处理它们。临时存储区被称为缓冲区。不幸的是，计算机系统的设置是，如果工作不进入缓冲器，它就必须被存储在主计算机上，这会有高昂的成本。打印机的选择基于，在不造成昂贵的计算机存储成本的条件下，处理源自计算机的工作流。模型 A 一次性最多可以缓冲五个工作。模型 A 缓冲存储器中每分钟存储三个工作的概率是多少？

解答： 再次强调，有必要做出一些假设，以使这个问题具有泊松分布特征。在一定程度上，假设是准确的，同时建立在假设基础上的统计量也是准确的。我们审查这个问题是否符合泊松分布的五个特征。记住，随机变量 X 是在一分钟内存储在打印机中的工作数量，平均到达率 μ 为每分钟两个工作，实验是指对一分钟内发生的工作数量进行计数。其特征如下：

- 随机变量 X 是整数值，表示 0 个、1 个、2 个工作等，存储在打印机的缓冲存储器。
- 这个实验是对一分钟到达的工作数量计数，因为工作到达数量可能是无限值，工作到达的概率可被假定为无限小。
- 工作到达的概率都是一样的。
- 在一分钟内到达的工作数量被认为独立于任何其他时刻到达工作的数量。
- 一分钟工作到达的平均数 μ 被假定为常数。

利用 Excel 函数 POISSON.DIST，可以自动计算累计概率 $P(X=3)$，如图 A.4 所示。正如我们在图中所看到的，$P(X=3) = 0.180447$。

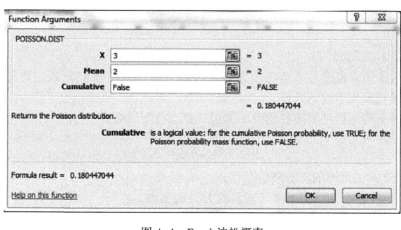

图 A.4　Excel 泊松概率

A.4.1.3　其他离散型概率分布

其他的离散型概率函数还有很多。通常用于商业数据分析中的另外两个概率分布由表 A.1 给出。这两个概率分布既可利用 SPSS 来计算，也可利用 Excel 函数来计算。

表 A.1 其他离散型概率分布

概率分布	描 述	应用事例
几何分布	类似于二项分布，存在成功或失败两个结果，成功发生的概率为 p，事件不发生的概率为 q。与二项分布不同的是，几何分布关注的是 n 次试验期间出现第一个成功事件时的试验次数。当要在特定离散时间段（如小时、天、分钟）中确定某些事件发生的概率时，这种分布是特别有用的	使用这种分布的例子包括：确定某客户在排队等待时等两分钟或更多时间的概率；在四人中，某人将要购买新产品的概率；在找到需要审核的第一人之前，必须抽取至少 20 份报税表的概率
超几何分布	类似于二项分布，存在成功或失败两个结果，但就这个分布而言试验是相关的。试验发生的相关性源于结果为不放回。迄今为止，不同于所有其他分布，使用此概率分布时，必须指定总数或元素的总体，用 N 表示，抽样是采用不放回方式。在计算时，不需要已知这种分布概率参数，而是建立在计数基础上	使用这种分布的例子包括：根据批量大小和样本量来确定批次拒收的概率；基于总体规模来考虑某人被歧视的可能性；基于登记选民的样本，来决定选举特定政党候选人的选民比例

A.4.2 连续型概率分布

两个最常用的连续型概率分布是正态分布和指数分布。对于这些分布，我们计算在两个点之间或从一个点到无穷大（分布的尾部）的曲线下的面积。

A.4.2.1 正态分布

最常用的概率分布是正态分布。它是一种连续型概率分布，其实验的结果被表示为连续函数。

对于特定的可测随机变量 X 来说，正态分布函数为

$$f(X) = \frac{1}{2\pi} e^{-\frac{(X-\mu)^2}{2\sigma^2}}$$

式中　X——可测的正态随机变量；

$f(X)$——X 发生的概率（通常称为 X 的函数）；

σ^2——正态随机变量的方差；

μ——正态随机变量的均值；

π——常数，3.1416。

e——常数，2.71828。

和离散分布不同，正态分布的特征是在描述分布时更具有指导性，而不是将分布用于实验中，然后得到结果。

正态分布的特征包括：

- 可测随机变量 X 的发生均值为 μ，标准差为 σ。
- 随机变量 X 的范围位于 $\pm\infty$。(此特征是理论上的要求，在实际应用中没有观察到)。
- 曲线的形状是钟形的，如第 5 章中的图 5.6 所示。
- 此分布被均值 μ 均匀地分开。
- 此分布是对称的，有相等数量的数值落在 μ 的两侧。
- 此分布是渐近的，所以曲线尾部无限趋近于水平轴，但永远不会与水平轴相交。

对于连续函数，我们感兴趣的是概率，通常并不是正态函数 $f(X)$ 的值。在连续函数上的 $f(X)$ 的值非常小。也就是，在 X 的无限多个值中产生 X 的任何特定值的概率都是无限小的。为计算正态概率分布的概率，我们把连续函数下的区域转变为概率空间，见图 A.5。

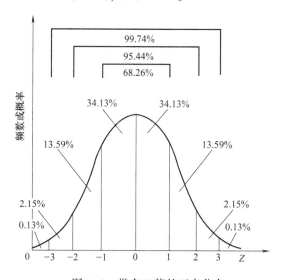

图 A.5　带有 Z 值的正态分布

即使正态分布符合前面的特征，实际计算概率时也可能是很困难的。而且，曲线的形状与分布的参数都会影响到概率计算。在现实世界中，所建立的每一个分布都可以看成是正态分布，但曲线下面可能有不同的面积（或多或少的偏度）。为了处理各种正态分布情况（有时称为族），数学家提出了一个分布，称为标准正态分布（参见第 5 章 5.5 节）。这种分布的特点与正态分布的完全相同。标准正态分布公式用于计算任何正态分布的概率，具体公式如下：

$$Z = \frac{X - \mu}{\sigma}$$

式中　Z——随机变量 X 与 μ 之间的标准差的数量；

X——特定的随机变量值；

μ——正态随机变量的均值；

σ——μ 的标准差。

标准正态分布的均值为 0、标准差为 1。也就是，μ 等于零，我们可以通过加上与减去单位 σ 来表示分布的区域或概率空间。将可测量的变量 X 转换成标准差的数量，这样做所得到的值称为 Z 值。如图 A.5 所示，在正态分布曲线下，覆盖 $\pm\sigma$ 的面积与 Z 值等于 ± 1 的面积是相同的。正态曲线下 $Z = \pm 1$ 的面积占 68.26%，换句话说，X 位于 $\pm\sigma$ 之间的概率是 0.6826。

> **问题**：在正态分布条件下，X 落入 $\pm 2\sigma$ 之间的概率是多少？
>
> **解答**：由图 A.5 中可以看到，这个概率为 0.9544，或 95.44%。

Z 值提供了一种测量偏差单位的标准化方法。由于所有正态分布都有标准差，所以 Z 值通过提供一种共同的或标准化的测量方式，将所有正态分布联系起来。一旦计算出标准化的正态分布值，就可使用它们作为所有其他正态分布的近似概率的标准。事实上，标准正态分布的目的是通过 Z 值为所有正态分布提供概率值。

> **问题**：假设我们使用一条自动化设备将饮料灌装到金属罐里。金属罐最多可以容纳多达 14.5 盎司㊀的饮料，但设计是计划为金属罐装入 12 盎司。观察由机器灌装的前 1000 罐（这个代表了机器灌装活动的总体），我们发现平均灌装盎司数是 12（μ），标准差为 0.5 盎司（σ）。基于这些信息，饮料灌装量位于 12 与 13（随机变量）盎司之间的概率是多少？
>
> **解答**：我们假设这个问题符合正态分布。这个问题的概率分布已由图 A.6 给出。对于这个问题，计算图中所画曲线下的阴影区域。为做到这一点，使用 Z 公式计算代表 12 与 13 之间区域的 Z 值。Z 值为 2（$(13-12)/0.5$）。所以，要计算的就是 Z 值为 2 时曲线下的相应区域（见图 A.6 阴影部分）的面积，这就是 X 落入 12～13 盎司的概率（$P(12 \leqslant X \leqslant 13)$）。

㊀　1 美制液体盎司 = 29.27 毫升。

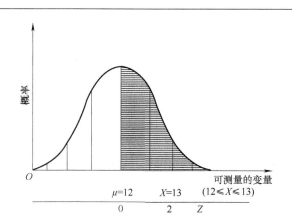

图 A.6　带有 Z 值的正态分布示例

可以利用 Excel 的 NORM.S.DIST 函数来计算这个概率。此函数提供从某 X 点到原点的累计概率（从随机变量 X 的分布左边开始的所有区域）。使用该函数时，Z 值是唯一需要的参数，需要两个步骤。首先，求出 X = 13 时，Z 值为 2 的累计概率；其次，求出 X = 12 时，Z 值为 0 的概率。所得到的 Z 值为 2 的概率由图 A.7 给出，也就是 0.97724。这个值包含 μ 左边的所有概率（0.5）或者曲线下区域的一半。因此，将落入 12 ~ 13 的概率是 0.47724(0.97724 − 0.5)。

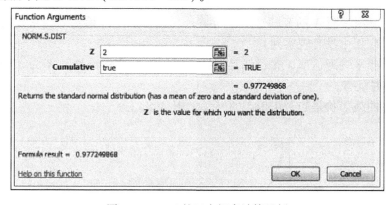

图 A.7　Excel 的正态概率计算示例

A.4.2.2　指数分布

指数分布是一种连续的概率分布，其中变量 X 的值是可测量的，并被表示成连续函数。此分布同泊松分布相类似，原因在于它也研究分布中的时间。与泊松分布不同的是，虽然时间并不是固定的，但它是真实的变量。指数分布广泛应用于排队分析，用来估计服务设施处理客户可能所需的时间。采用相似方式，用指数分布借助于计算机硬件来计算计算机软件的处理时间。

指数分布公式被表示成连续函数，并表示排队情况下测量单位时间到达服务设施的数量，指数分布的连续函数如下：

$$f(X) = \lambda e^{-\lambda a}$$

式中　X——可测量的随机变量，代表陆续到达服务设施的时间；

$f(X)$——在 X 处的函数值；

a——X 的特定值，其概率是所要求解的；

λ——代表到达服务设施的平均率（如泊松分布的 μ）；

e——常数，2.71828。

我们计算曲线下 X 在 a 到 $\pm\infty$ 之间的区域，以便确定函数的概率。计算 a 或多于 a 个单位得到服务的概率的公式为

$$P(X \geq a) = e^{-\lambda a}$$

式中　$P(X \geq a)$——$X \geq a$ 发生的概率。

下面是指数分布的特征：

- 测量随机变量 X 的平均到达率是 λ。
- X 与 λ 都必须是正的，a 必须在 X 的范围内。
- 随机变量 X 的范围是从 0 到 $+\infty$（此特征是理论上的要求，在实际应用中没有观察到）。
- 当平均到达率 λ 是已知且连续的时候，此实验是计算 X 为 a 个或多于 a 个的概率。
- 曲线形状是趋于正偏态的（参见图 A.8）。

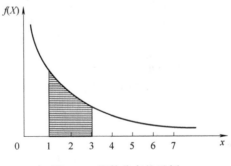

图 A.8　指数分布的示例

对于这种连续的指数函数,重点是概率,而不是通常的指数函数值 $f(X)$。为了计算指数分布的概率,就要将连续函数下面的区域转换成正态分布的概率。要想成功地利用指数分布,首先要确定分布的变量(X)和参数(λ),同时查看此问题的特征是否与指数分布的特征相吻合。

> **问题**:假设我们试图求出一台计算机可能的工作处理时间。大多数工作需要很少或几乎不需要处理时间,但有一些工作需要更多的时间。从内部处理的记录来看,平均处理率是每微秒 1 个工作量(λ = 每微秒 1 个工作量)。计算机工作会花费 1~3 微秒的概率是多少?
>
> **解答**:假设这个问题符合指数概率分布的特征。图 A.8 中的阴影区域是需要计算的概率。利用 Excel 的 EXPON.DIST 函数,只需要确定分布的变量(X)与参数(λ)。随机变量是一个区间值($1 \leq X \leq 3$),而且 $\lambda = 1$。EXPON.DIST 函数提供了累计概率(参见图 A.8 中从 0 到 X),如同 NORM.S.DIST 函数一样。这意味着,该计算首先要算出 $P(X=3)$,并且从中减去 $P(X=1)$。对于 $P(X=1)$,Excel 的计算结果已经由图 A.9 得出(0.63212)。而 $P(X=3) = 0.95021$,从而可得出 $P(1 \leq X \leq 3) = 0.31809$。因此,计算机工作占用 1~3 微秒的概率是 31.809%。

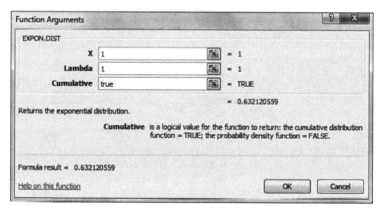

图 A.9 Excel 指数概率分布的示例

A.5 统计检验

在第 5 章中讨论置信区间时,重点是在给定的置信水平下,创建总体参数所期望落入的区间的上下限(加上或减去几个 Z 值及有关的百分比)。正如从图 A.10 上的两侧正态分布所看到的，95% 的置信水平是由 $Z=1.96$ 计算得出的。

我们假设了一个置信系数，使得真实总体参数落在置信区间内。如果它实际上落在区间外面呢？这正是假设检验想要解决的问题。从科学和正规方法来看，所有的假设检验都有零假设（指定为 H_0）。H_0 意味着样本均值（或其他测量中心趋势的数量）与总体均值之间没有显著差异。图 A.10 给出的区间也意味着，95% 的置信水平允许有 5% 的机会使总体不在区间之

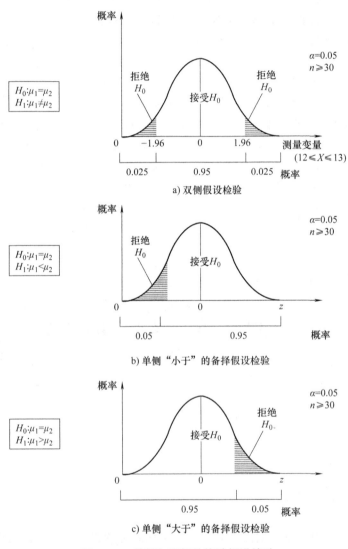

图 A.10　单侧与双侧的统计假设检验

内。5%被称为显著性水平,因为它标记了人们对样本均值与总体均值所设定的显著差异。显著性水平经常记为很小的 α。所以,从图 A.10 上可以发现,95%的置信水平有 5%的显著性水平。如果样本均值显著不同于预期总体均值,那么这时我们拒绝 H_0,而接受备择假设 H_1。H_1 可以是不等于,大于或等于,小于或等于,这要取决于所要检验的内容。注意,图 A.10 上给出了具有不等式表达式的双侧检验,还给出具有大于和小于表达式的单侧检验。

如何确定随机变量之间是否有显著差异?这些随机变量可以包括均值、比例、方差或任何一种来自样本集中趋势的统计量,以及置信区间的上下限值。这可以通过各种统计检验得出(参见表 A.2)。当所要比较的统计量是基于概率分布的总体参数时,则称这样的假设检验为参数假设检验。与之相对,不运用总体参数加以测量而进行的假设检验(利用计数或频率),称为非参数假设检验。文献中确实多运用这两种假设检验方法。不论 SPSS 还是 Excel 都提供了一系列令人印象深刻的这类假设检验的应用,有许多还提供显著性水平,这类统计为商业数据分析揭示出十分有用的信息。

表 A.2　常用参数统计检验和软件使用信息

检验统计量	应用领域	使用 SPSS 功能	使用 Excel 功能
F 检验:两样本方差	比较两个样本的方差,查看它们是否来自于相同的概率分布	Analyze→Compare Means→One-Way ANOVA	Data Analysis→F-Test Two Sample for Variances
t 检验:配对两样本均值	比较来自两个样本的均值,查看它们是否来自相同的概率分布	Analyze→Compare Means→Paired Samples t-test	Data Analysis→t-test: Paired Two Sample Means
Z 检验:两样本均值	比较来自总体的均值,查看它们是否有相同的概率分布	当样本量大于 30 时:Analyze→Compare Means→Paired Samples t-test	Data Analysis→Z-test: Two Sample Means
方差分析:单因素	比较两个或更多样本方差,查看样本是否抽取于相同概率的分布	Analyze→Compare Means→One-Way ANOVA	Data Analysis→ANOVA: Single Factor

为了说明参数统计检验的应用,这里依然利用第 5 章所给出的销售数据(图 5.1),此处用图 A.11 再演示一遍。比较销售 1 与销售 2 的平均销售数据,以便确定它们是否有相似的分布,用两者中的任意一个来做商业数据预测。换言之,重要的是要确定它们是否来自同一概率分布。假设例子中

这些值是成对的。由于所用数据是样本，所以用 t 检验而不是 Z 检验，因为 Z 检验是用于比较总体数据的。

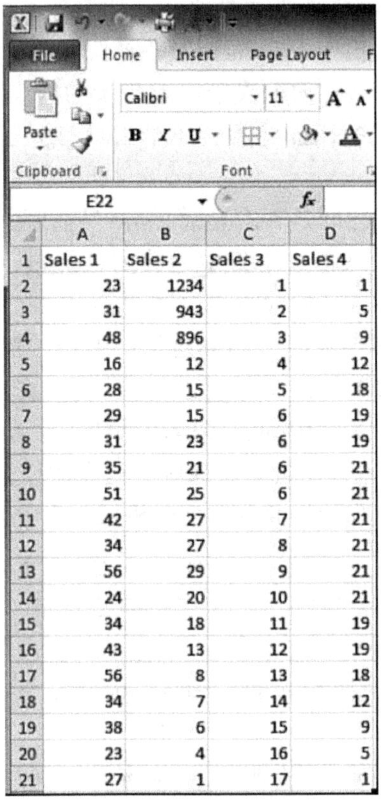

	A	B	C	D
1	Sales 1	Sales 2	Sales 3	Sales 4
2	23	1234	1	1
3	31	943	2	5
4	48	896	3	9
5	16	12	4	12
6	28	15	5	18
7	29	15	6	19
8	31	23	6	19
9	35	21	6	21
10	51	25	6	21
11	42	27	7	21
12	34	27	8	21
13	56	29	9	21
14	24	20	10	21
15	34	18	11	19
16	43	13	12	19
17	56	8	13	18
18	34	7	14	12
19	38	6	15	9
20	23	4	16	5
21	27	1	17	1

图 A.11　销售数据集合

利用合适的软件功能（见表 A.2），并输入来自图 A.11 的销售 1 与销售 2 的数据，可用软件计算出所需要的检验统计量。因为我们不是要具体地观察一个均值大于另一个均值的情况，而且谁大谁小没关系，所以我们就可使用双侧检验。所得到的 SPSS 结果（见表 A.3）与 Excel 结果（见图 A.12）接下来将进行介绍。这两个软件计算的 t 检验统计量均为 -1.573（注意：双侧检验，负值或正值都可能出现）。于是，依据偏差的大小，可以比较概率分布曲线下的相关区域。其结果是，软件计算得到的显著性水平 $p=0.132$。当精确概率被计算出来时，通常使用计算的显著性水平 p，以区别于显著性水平 α。如果设定的预期显著性水平为 5%（$\alpha=0.05$），则可以得出结论，来自于同一个销售分布的相对应的均值没有显著差异。因此，

我们正式地接受 H_0。所以，如果这个例子被正式地构建假设检验，就会接受 H_1。为了得出结论，均值之间存在显著差异，p 应小于 0.05。因而，对于任何检验统计量，计算的显著性水平都是一个重要的检验统计量，并以此来判断统计检验的结果。计算的显著性水平 p 越大，则所假定的参数的显著性不同就会越弱。

表 A.3 销售例子的 SPSS 的 t 检验统计量

		\multicolumn{4}{c	}{Paired Samples Statistics}
		Mean	N	Std. Deviation	Std. Error Mean
Pair 1	Sales 1	35.15	20	11.198	2.504
	Sales 2	167.20	20	374.254	83.686

Paired Samples Test

		\multicolumn{5}{c	}{Paired Differences}			
					\multicolumn{2}{c	}{95% Confidence Interval of the Difference}			
		Mean	Std. Deviation	Std. Error Mean	Lower	Upper	t	df	Sig. (2-Tailed)
Pair 1	Sales 1 − Sales 2	−132.050	375.374	83.936	−307.731	43.631	−1.573	19	0.132

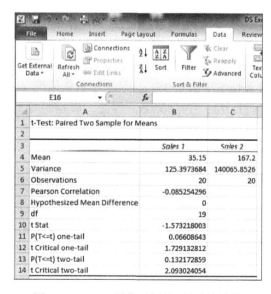

图 A.12 Excel 销售示例的 t 检验统计量

与 Z 检验不同，t 检验与 F 检验不使用检验中所算出的均值（参数）。这些类型的假设检验可分为所谓的非参数检验或自由分布法检验。表 A.4 列出了一些更为常用的统计检验。

表 A.4 常用的非参数统计检验与软件应用信息

检验统计量	应用领域
二项检验	这个检验是比较以下两种频率：①二值变量中两类变量的观测频率；②带有特定概率参数（α）的二项分布下的预期频率
卡方检验	此检验（通常用于拟合优度检验）比较分布中不同类别所观察到的和预期的频率，以检验所有类别包含相同比例的值，或检验每个类别包含一个用户指定的值的比例
Kolmogorov-Smirnov（单因素）检验	此检验的多个版本都可以应用于不同的比较分析。单因素分析比较所观察到的一个变量的累计分布函数，看该分布是否与一个具体的理论分布相同
Wilcoxon 符号秩检验	这个检验有多个版本可以适用于不同的比较分析。这个检验适用于两个样本（两个总体）相关（不独立）的情况。检验的目的是从两个总体中比较某 n 对的秩次或顺序数据
游程检验	一个游程是一个类似的序列，用来检验一个变量的两个值的发生顺序是否随机。具有太多或太少的游程，都表明样本不是随机的

每一种软件系统都提供一系列不同的非参数检验。Excel 的附加功能 CHISQ.TEST 提供卡方检验统计值，但不包括显著性水平计算。SPSS 提供了表 A.4 中所有的非参数检验，通过 Analyze→Nonparametric Tests→Related Samples 来实现。这组特定的功能通过 SPSS 软件来确定分析所应选择的最佳检验，来帮助商业数据分析人员。为了明确说明，销售 3 与销售 4 的分布比较请看图 A.13。注意，SPSS 选取的是 Wilcoxon 符号秩检验作为最佳选择。还要注意的是，显著性水平为 0.05，这是自动默认情况（可以修改），计算的显著性水平为 $p = 0.014$，小于 0.05。因此，应拒绝零假设。销售 3 与销售 4 的两个分布间存在显著差异。

Hypothesis Test Summary

	Null Hypothesis	Test	Sig.	Decision
1	The median of differences between Sales4 and Sales3 equals 0.	Related-Samples Wilcoxon Signed Rank Test	.014	Reject the null hypothesis.

显著性水平是 0.05，并列出了渐近显著性。

图 A.13 销售 3 与销售 4 的非参数检验

附录 B 线性规划

B.1 引言

线性规划（LP）是一种确定性、多变量、有约束的单目标最优化方法。这种模型具有已知的、确定性且为常值的参数，同时它有多个未知变量或决策变量。线性规划具有对决策变量值加以约束的数学表达式，它对单目标求最优解。线性规划是一种多用途的建模方法，可应用于符合模型所需假设的每一种可行问题的情况（这个附录后半部分内容中会讨论线性规划模型的假设）。具体地说，线性规划可以应用在商务活动的所有领域（会计、经济学、金融、管理以及市场营销），还有所有运营类型的活动中（如整个行业、政府、农业、医疗保健等）。

利用线性规划对问题进行建模，这个过程称为规划。因此，就其本身而言，线性规划被认为是可用于商业数据分析过程中规范性数据分析方面的几种数学规划方法之一。

B.2 线性规划模型的分类

线性规划问题模型基本上存在两种类型：一类是最大化模型[⊖]，另一类是最小化模型[⊖]。商业领域的问题一般是寻求利润或销售的最大化。在这些情况下，对单目标求解最大值。商业领域的另一些问题，则是寻求成本或资源利用最小化。在上述这些情况下，对单目标求解最小值。

除了线性规划模型的这两种基本类型之外，还存在许多特殊情况的模型。尽管这些模型也是求最大化或最小化，但它们必须满足一些额外的限制条件。一个事例是整数规划（附录 D 对此加以讨论），此模型的求解方案要求是取整数值的解，而不是实数的解。

⊖ 又称最大值模型，或极大化模型。——译者注
⊖ 又称最小值模型，或极小化模型。——译者注

B.3 线性规划问题模型要素

B.3.1 简介

所有线性规划问题与模型公式都由三个要素组成：目标函数、约束条件以及非负性或已知要求。广义模型（通常是指没有实际值、只有符号的模型，也称为通用模型）需要由三个要素构成，用下面的公式 A 表示。注意，具体应用模型则由公式 B 给出。这两个模型正是本节所要讨论的内容。这里所用的公式符号都是本附录讨论模型公式所要用到的。

A. 广义模型

Max $Z = c_1X_1 + c_2X_2 + \cdots + c_nX_n$（目标函数）

s.t $\begin{cases} a_{11}X_1 + a_{12}X_2 + \cdots + a_{1n}X_n \leq b_1 \text{ （约束条件）} \\ a_{21}X_1 + a_{22}X_2 + \cdots + a_{2n}X_n \leq b_2 \\ \quad\quad\quad\quad \vdots \\ a_{m1}X_1 + a_{m2}X_2 + \cdots + a_{mn}X_n \leq b_m \\ X_1, X_2, \cdots, X_n \geq 0 \text{ （非负性或已知要求）} \end{cases}$

B. 具体应用模型（这一章要解释的福特汽车公司问题）

Max $Z = 2000X_1 + 3500X_2$

s.t $\begin{cases} 60X_1 + 75X_2 \leq 10000 \\ 60X_1 + 75X_2 \geq 3000 \\ X_1 + X_2 = 140 \\ X_1, X_2 \geq 0 \end{cases}$

B.3.2 目标函数

通常，目标函数可以表示成如下形式之一：

$$\text{Max } Z = c_1X_1 + c_2X_2 + \cdots + c_nX_n$$

或者

$$\text{Min } Z = c_1X_1 + c_2X_2 + \cdots + c_nX_n$$

式中 Z——未知的，Z 不是变量，而是当决策变量的值确定之后所要求解的值；

X_j——决策变量，$j = 1, 2, \cdots, n$，这是针对最优值所要求解的未知值；

c_j——贡献系数,$j=1,2,\cdots,n$,它表示与 c_j 有关的决策变量出现每单位变化时对 Z 的每单位贡献值。

目标函数总是一个等式表达式,具有与前面两个形式相同的形式。本书中,系数总是正的(尽管一些现实问题的系数可以是负的)。假如问题中的单目标是利润最大化,则使用最大化 Z 函数,也就是 Max Z。假如目标是成本最小化,则使用最小化 Z 函数,也就是 Min Z。

下面通过一个简单的问题来说明这个目标函数。假设某个人想要决定福特汽车公司工厂在一周内应该生产多少辆汽车。此工厂仅能生产两种类型的汽车:野马和雷鸟。这个线性规划模型中的决策变量是如下形式:

X_1 = 每周生产的野马汽车数量;

X_2 = 每周生产的雷鸟汽车数量。

除非公司可以从生产汽车活动中获得利润,否则工厂就不会生产汽车。假设每一辆野马可得利润 1000 美元,每一辆雷鸟可得利润 3500 美元。这些价值(1000 与 3500)表示每一辆汽车对总利润(Z)的贡献,于是可作为模型中的贡献系数 c_1 与 c_2。对于这个问题来说,所得到的目标函数是这样的:

$$\text{Max } Z = c_1 X_1 + c_2 X_2 \text{(广义模型)}$$
$$\text{Max } Z = 1000 X_1 + 3500 X_2 \text{(应用模型)}$$

如果这个目标函数对于决策变量的大小没有任何约束,那么人们就会设置决策变量为正无穷大,以便于获得尽可能多的利润。不幸的是,在现实世界中,总是存在着限制。

B.3.3 约束条件

线性模型的约束条件通常用下面的形式表述:

$$\text{s.t.} \begin{cases} a_{11}X_1 + a_{12}X_2 + \cdots + a_{1n}X_n \leqslant b_1 \\ a_{21}X_1 + a_{22}X_2 + \cdots + a_{2n}X_n \leqslant b_2 \\ \quad\vdots \\ a_{m1}X_1 + a_{m2}X_2 + \cdots + a_{mn}X_n \leqslant b_m \end{cases}$$

式中 b_i——右端常数项,i 取值为 $1,2,\cdots,m$,m 表示模型中约束条件的数量,右端常数项通常代表可利用或者需要的资源总量;

a_{ij}——技术系数,i 取值为 $1,2,\cdots,m$,j 取值为 $1,2,\cdots,n$,a_{ij} 表示对于第 j 个决策变量来说,其每单位使用的右端常数项所表示的资源数量。

在约束条件中,对于技术系数 a_{ij} 来说,第一个下标表示行,第二个下标表示列。之所以用技术系数术语描述这个参数，原因在于技术应用是决定这个系数大小的基础。

线性规划模型的约束条件只有三种表达式："≥""≤""="。有些模型的全部约束条件只有一种表达式，而另一些模型的全部约束条件则使用三种表达式。如何确定什么时候应该使用哪一种特殊形式的表达式呢？这取决于与之相关的右端常数项 b 值。如果 b 为总和最大值（例如，可用于生产的总劳动小时数），那么使用"≤"表达式。如果 b 为总和最小值（例如，为生产而签订合同的最小总劳动小时数），那么使用"≥"表达式。如果 b 为精确值（例如，拥有 20 种珠宝的珠宝商，必须在 20 条项链中使用这 20 种珠宝），那么使用"="表达式。左侧约束表示决策变量所使用的资源，右侧常数项表示模型中可考虑的资源数量。当对模型求解最优决策变量值时，此值必须满足这些约束所施加的限制。约束条件以 s.t.（受制于）开始的原因也在于此——目标函数受制于（受限于）这些约束条件。

就建模问题而言，会需要多少约束条件呢？其答案取决于问题本身。在这个附录中，建立约束条件是基于问题可利用的信息。在现实问题中，建模者可利用信息或者数据作为指导。像一名画家在画布上涂抹油漆一样，一名建模者需要增加许多约束条件以限制模型，这些约束条件是由可利用的数据或者信息来组建的。线性规划模型是一个强大的模型，在绝大多数的案例中，它会消除或者制造一些本不需要的冗余的约束条件。但不可忽略的是线性规划模型的平衡作用。另外，后文中可以看到模型中约束条件所带来的复杂问题，如果建立的约束条件不正确，那么太多约束条件会破坏公式，太少约束条件则会使得所构建的模型出现错误。约束条件太多或者太少都会导致模型不正确，只有运用经验，建模者才能学会如何正确地构建线性规划模型。这个附录提供的应用这些约束条件的经验，会提高模型确定约束条件数量的能力。

继续福特汽车公司的问题。想要尽量使得公司利润最大化，而对于生产来说，每周会有一些资源限制。在野马和雷鸟的生产中，最多只有 10000 小时的熟练劳动力可以使用。假设每辆野马汽车需要花费 60 小时，每辆雷鸟汽车花费 75 小时，为了对这个约束条件建模，我们再一次回到最初通用的形式上：

$$a_{11}X_1 + a_{12}X_2 \leq b_1 \text{（广义模型）}$$

所以，在给定上面参数的情况下，所得到模型的第一个约束条件最终应用形式为

$$60X_1 + 75X_2 \leq 10000 \text{（应用模型）}$$

$60X_1$ 的含义是在总计可利用 10000 小时的熟练劳动力中,每一个 X_1 决策变量可使用的量。当 X_1 与 X_2 的最优值确定时,所需要的总时间必须少于或者等于熟练劳动力时间 10000 小时。注意,在约束条件中没有逗号来作为分隔符,因为模型的参数最终将被输入到软件中,在软件中输入模型公式时,并不接受逗号。

假设公司也有一个最小的熟练劳动力使用量,例如由于劳动合同的需要,公司每周必须使用至少 3000 小时的熟练劳动力,于是模型的第二个约束形式如下所述:

$$60X_1 + 75X_2 \geq 3000$$

现在假设这家公司正在签订合同,每周生产 140 辆汽车以满足需求,则这个约束条件会有如下关系:

$$X_1 + X_2 = 140$$

注意,这个约束条件中每一个决策变量前都有隐含技术系数 1。

B.3.4 非负性和已知要求

线性规划模型中的决策变量要求为 0 或正数,所以在构建线性规划模型时(正如在大多数数学规划方法中所介绍的情况),必须在线性规划模型公式中添加一个附加语句,如下所示:

$$X_1, X_2, \cdots, X_n \geq 0$$

这些并不表示对模型的形式约束,而是对决策变量的限制。如前所述,这告诉使用者,这个模型要求其决策变量为 0 或为任何正数值,包括整数与分数值。

如果人们想要生产整数单位的决策变量值,应该怎样办呢(例如生产整数单位的 X_1)?这就要求解决方案只生成整数值。虽然"整数规划"专题将在本书附录 D 中给予介绍,但这个额外"给定条件"必须包含在此模型中,以便使用者知道其存在。这可以通过修改非负性要求来完成,包括这些已知要求:

$$X_1, X_2, \cdots, X_n \geq 0 \text{ 且全部为整数}$$

在计算机上运行一个模型,正式形式要求并不是必要的,但形式要求在模型公式中都是必需的。形式要求是公式的一个部分,它告诉使用这个模型的使用者,必须使用对的软件来运行并获得特殊模型。对于福特汽车公司的问题来说,非负性要求允许汽车产量是分数值,如下所示:

$$X_1, X_2 \geq 0$$

现在再来看 B.3.1 节中福特汽车公司模型是如何符合广义模型公式的。广义模型系数与某些项将被多次运用。

B.4　建立线性规划问题模型

建立线性规划问题模型需要一定的技巧。在这一节，我们提出非常有用的方法来建立线性规划模型。除此之外，我们给出一些应用问题和公式，这有助于掌握建立公式的技能。

B.4.1　逐步实施方法

解决任何应用问题或者任何现实世界问题最难的总是第一步。逐步实施方法是处理任何线性规划模型的一种策略。不论是大问题还是小问题，逐步实施方法都通过将复杂的过程分解成小的、可实现的步骤来处理。

1. 确定问题类型

问题一定是最大化或者最小化。如果问题只提到利润或者销售，那么它很可能是求最大值；如果问题只提到成本，那么它很可能是求最小值；如果问题既包括销售信息，又包括成本信息，那应该怎么办呢？从销售额中减去成本，从而得出利润。要使利润最大化，既可通过使销售额最大化来实现，又可通过使成本最小化来实现。用来确定问题类型的值称为贡献系数。

2. 定义决策变量

第 1 步通过找出利润或者成本贡献系数来确定问题的类型。由于在目标函数中，利润或成本的贡献系数与决策变量相关，因此这些系数的数量决定了决策变量的数量。

在定义决策变量时，需要记住两件事：①明确决策变量正在决定什么；②说明问题需要的"时间范围"。在 B.3.2 节福特汽车公司的例子中，第一个决策变量的定义如下：

$$X_1 = 每周生产的野马汽车数量$$

这个定义明确将要生产的野马汽车数量，这个定义也包括一周的时间范围。下面举一个例子，此例子为不可接受的决策变量定义：

$$X_1 = 野马汽车数量$$

3. 建立目标函数

贡献系数、步骤 1 的问题类型和在步骤 2 中已被定义的决策变量相互结合成目标函数的形式，正如在 B.3.2 节中所提及的一样。

4. 建立约束条件

正如在 B.3.3 节所介绍的，这个步骤是最难的部分。下面是两个有所帮助的策略：①右边策略：查看该模型需要实现可用资源的相关描述。这

些是右边 b 的参数。创建代表 b 值的列向量（一列数字）。之后再读此问题，找出技术系数来完成左边约束条件的限制。②左边策略：在带有表格值的问题中，查看它们是不是技术系数，然后取技术系数，并且按行或按列对齐形成左边的约束，之后再次读这个问题找出右边的值。

5. 非负性和已知要求

只需使用 B.3.4 节所给出的非负性说明。

现在，可对一系列问题练习使用这个构建模型的方法程序。下面举例的这些问题从简单到复杂，尽管是为初学者而设计的建模方法程序，但它有助于那些想要建立线性规划模型的每一个人。

B.4.2 线性规划问题模型应用：肉店老板问题

问题背景陈述：考察肉店老板在一天内配制肉馅糕的问题。肉店老板可以配置两个等级的肉馅糕：一等与二等；肉店老板需要知道每一种等级的肉馅糕需要配制多少个托盘。托盘数可以是整数，也可以是小数。肉店老板每配制一个托盘的一等肉馅糕，利润将增加 36 美元；每配制一个托盘的二等肉馅糕，利润将增加 34 美元。如果没有约束条件，那么肉店老板将想要配制无限多两种等级的肉馅糕，以便使其利润最大化。

- 约束条件 1——肉店老板每天不能卖出超过 6 个托盘的肉馅糕。
- 约束条件 2——对于肉店老板和其雇员来说，只有 9 个小时的配制时间可以利用，每配制一个托盘的一等肉馅糕将花费 2 小时，每配制一个托盘的二等肉馅糕将花费 1 小时。
- 约束条件 3——肉店老板只有 16 英尺⊖的货架空间可用于放置肉馅糕，每个托盘的一等肉馅糕将需要 2 英尺的货架空间，每个托盘的二等肉馅糕将需要 3 英尺的货架空间。
- 建立模型——这个问题清晰地表明，约束会使事情变得更简单容易。记住，运用建立模型的五个步骤，这会使问题建模变得更加容易简单、步骤简化清晰。

1. 确定问题类型

这个问题仅涉及利润，所以它是最大值问题。此模型有两个贡献系数（36 美元与 34 美元）使销售额最大化，这就确定了问题类型。

2. 定义决策变量

这个问题是："肉店老板需要知道每种等级的肉馅糕需要配制多少托

⊖ 1 英尺 = 0.3048 米。

盘"，这是一种提示。一种更简单的定义方法是步骤1。两个贡献系数意味着两个决策变量，由于每个一等级托盘的肉馅糕利润为36美元，所以相关的决策变量为"每天配置一等级的肉馅糕托盘数量"。注意，表述中的时间范围："肉店老板在一天内配制肉馅糕的问题"。于是，所得到的两个决策变量可定义如下：

X_1 = 每天配制一等级肉馅糕的托盘数；

X_2 = 每天配制二等级肉馅糕的托盘数。

3. 建立目标函数

根据步骤1和步骤2，建立目标函数是很容易的。如下所述：

$$\text{Max} Z = 36X_1 + 34X_2$$

4. 建立约束条件

每次只看一项约束条件。在阅读第一项约束条件（肉店老板每天不能卖超过6个托盘的肉馅糕）时，"6"是一个参数，它或者是技术系数或者是右边值。如果它是技术系数，那么一定与单个决策变量有直接关系；如果它是右边值，那么它一定是总的可利用的资源值。"6"是总托盘而不是单个托盘的销售量限制，所以它是右边或 b 值。由于"6"也是总的最大销售限制，所以不等式方向是小于或者等于。左边的约束条件怎么样呢？肉馅糕的所有托盘数量是多少呢？这可以表示为两个决策变量之和，因此模型第一项约束条件如下：

$$X_1 + X_2 \leq 6 \text{（销售量）}$$

值得推荐的是，初学线性规划的建模者可以用一两个字词标注约束条件（如上面的"销售量"），其目的是使建模者能记住已被包括在约束条件中的特殊限制。如果约束条件被标记为可理解的术语，则对于想要理解模型的其他人也将是有所帮助的。

在第二项约束条件中，语句是："对于肉店老板和其雇员来说，只有9个小时的配制时间可以利用。每配制一个托盘的一等肉馅糕将花费2小时，每配制一个托盘的二等肉馅糕将花费1小时。"在此语句的第一句中，"9"是可利用的总配制时间限制。因此，它代表配制时间资源总的最大值，即右边 b 值，故表达式应该小于或者等于。在此语句的第二句中，"2"是与一等级决策变量有关的量，"1"是与二等级决策变量有关的量，所以这两个参数是技术系数。于是，所得到的第二个约束条件如下：

$$2X_1 + X_2 \leq 9 \text{（配制时间）}$$

在第三个约束条件中，语句是："肉店老板只有16英尺的货架空间可用于放置肉馅糕，每托盘一等肉馅糕将需要2英尺的货架空间，每托盘二等肉馅糕将需要3英尺的货架空间。"在此语句的第一句中,"16"是总的可利用的货架空间,所以它代表可利用货架资源的最大值,即右边 b 值,故表达式应该小于或者等于。在此语句的第二句中,"2"是与一等级决策变量有关的量,"3"是与二等级决策变量有关的量,所以这两个参数是技术系数。于是,所得到的第三个约束条件如下:

$$2X_1 + 3X_2 \leq 16 \text{(货架空间)}$$

5. 非负性和已知要求

由于模型有两个决策变量,且这个问题允许存在分数值,因此需要说明的是,这与B.3.4节所提出的基本广义模型具有相同的非负性要求:

$$X_1, X_2 \geq 0$$

肉店问题的整个建模如下:

Max $Z = 36X_1 + 34X_2$

s.t. $\begin{cases} X_1 + X_2 \leq 6 \text{(销售量)} \\ 2X_1 + X_2 \leq 9 \text{(配制时间)} \\ 2X_1 + 3X_2 \leq 16 \text{(货架空间)} \\ X_1, X_2 \geq 0 \end{cases}$

B.4.3 线性规划问题模型应用:日常饮食问题

问题背景陈述:日常饮食中至少含有10盎司①的营养物P、12盎司的营养物R以及20盎司的营养物S。这些营养物可以从食物A和食物B中获得。每磅A的成本为4美分,含有4盎司的P、3盎司的R,没有S。每磅B的成本为7美分,含有1盎司的P、2盎司的R以及4盎司的S。人们希望成本最低,如果要满足规定的饮食要求,应该每种食物买多少呢?

建立模型的步骤如下:

1. 确定问题类型

这个问题仅提到成本,所以它一定是使总成本最小化的问题。

2. 定义决策变量

这个问题中有两个成本值(4美分和7美分)。因此,需要多少决策变量?回答是2个决策变量。如果每磅食物A的成本为4美分,那么第一个决策变量可定义如下:

---

① 1盎司 = 28.35克。

$$X_1 = 购买食物 A 的磅数$$

注意,在这个问题中没有时间限制(天、周等),所以不用注明时间范围。第二个决策变量可定义如下:

$$X_2 = 购买食物 B 的磅数$$

3. 建立目标函数

注意,接下来使用"美分"。有些建模者可能将"美分"表达成 0.04、0.07,而另一些建模者则可能将"美分"表达成整数。注意,此处将"美分"作为单位加以建模:

$$\text{Max} Z = 4X_1 + 7X_2$$

4. 建立约束条件

这个问题说明了建立约束条件的"右边策略"是怎样提供帮助的。注意,在此约束语句的第一个句子中,"饮食中至少含有 10 盎司的营养物 P、12 盎司的营养物 R 以及 20 盎司的营养物 S",最小需求量应该怎样列出呢?用这些值可以建立列向量(10,12,20),如下面约束的右边值所示:

$$\text{s.t.} \begin{cases} 4X_1 + X_2 \geq 10 & (营养物 P) \\ 3X_1 + 2X_2 \geq 12 & (营养物 R) \\ 4X_2 \geq 20 & (营养物 S) \end{cases}$$

注意,食物 A(X_1 列)的技术系数是如何从一句话中提炼出来的:"每磅 A 的成本为 4 美分,含有 4 盎司的 P、3 盎司的 R,没有 S"。食物 B(X_2 列)的技术系数是如何从一句话中提炼出来的:"每磅 B 的成本为 7 美分,含有 1 盎司的 P、2 盎司的 R 以及 4 盎司的 S"。由于所有约束条件都有最小的营养需求量,则得到的表达式都是大于或者等于的形式。

5. 非负性和已知要求

由于模型存在两个决策变量,因此需要说明的是,这与 B.3.4 节所提出的基本广义模型具有相同的非负性要求:

$$X_1, X_2 \geq 0$$

整个饮食问题的模型如下:

$$\text{Max} Z = 4X_1 + 7X_2$$
$$\text{s.t.} \begin{cases} 4X_1 + X_2 \geq 10 & (营养物 P) \\ 3X_1 + 2X_2 \geq 12 & (营养物 R) \\ 4X_2 \geq 20 & (营养物 S) \\ X_1, X_2 \geq 0 \end{cases}$$

B.4.4 线性规划问题模型应用：养殖问题

问题背景陈述：史密斯家拥有 175 英亩㊀农田用于养猪和绵羊。平均来说，喂养一头猪或者一只绵羊需 0.5 英亩的土地。史密斯家可将长达 7000 小时的劳动力用于养殖。养殖一头猪需要花费 15 小时的劳动力，养殖一只绵羊需要花费 20 小时的劳动力。尽管史密斯家想要养殖绵羊，但他们不想一次养殖超过 200 只绵羊，同样，也不想养殖超过 250 头猪。预计每头猪将有 300 美元的利润，每只绵羊将有 350 美元的利润。

建立模型的步骤如下：

1. 确定问题类型

这个问题仅仅提及利润，所以它一定是最大值问题。

2. 定义决策变量

利润系数是取决于猪和绵羊，没有说明时间范围，所以：

$$X_1 = 养殖猪的数量$$
$$X_2 = 养殖绵羊的数量$$

3. 建立目标函数

$$\text{Max} Z = 300X_1 + 350X_2$$

4. 建立约束条件

$$\text{s.t.} \begin{cases} 0.5X_1 + 0.5X_2 \leq 175 & （农田英亩总数） \\ 15X_1 + 20X_2 \leq 7000 & （劳动力小时数） \\ X_1 \leq 250 & （最大养殖猪的数量） \\ X_2 \leq 200 & （最大养殖绵羊的数量） \end{cases}$$

5. 非负性和已知要求

$$X_1, X_2 \geq 0$$

B.4.5 线性规划问题模型应用：客户服务问题

问题背景陈述：当地百货公司的客户服务部门为所售的商品提供维修服务。在一个星期内，5 台电视机、12 台收音机和 18 个电咖啡壶被返回修理，这代表超负荷工作项目。两名维修工人被临时雇用作为兼职助手来处理超负荷工作项目。在正常 8 小时工作日内，第一名修理工人能修理 1 台电视机、3 台收音机及 3 个电咖啡壶；第二名修理工人能修理 1 台电视机、2

㊀ 1 英亩 = 4046.856 平方米。

台收音机和6个电咖啡壶。每天付给第一名修理工人的工资是55美元,付给第二名修理工人的工资是52美元。客户服务部门希望使总体运行成本最小化,同时保持良好的客户关系。在一个星期内,这两名修理工人应该被雇用多少天,来处理超负荷工作项目呢?

建立模型的步骤如下:

1. 确定问题类型

这个问题仅仅提及成本,所以它是使总成本最小化的问题。

2. 定义决策变量

成本系数取决于第一个人和第二个人。现在这是一个"模糊"时间范围的问题。这些工人是被雇用长达一周吗?他们被雇用一些未知的天数来处理一周的超负荷项目。所以,这个问题的决策变量没有时间范围限制,具体来说,工人可以承受超负荷工作。故而可写成如下形式:

X_1 = 承受超负荷工作第一名修理工人应该被雇用的天数

X_2 = 承受超负荷工作第二名修理工人应该被雇用的天数

3. 建立目标函数

$$\text{Max} Z = 55X_1 + 52X_2$$

4. 建立约束条件

s.t. $\begin{cases} X_1 + X_2 \geq 5 \text{（电视机）} \\ 3X_1 + 2X_2 \geq 12 \text{（收音机）} \\ 3X_1 + 6X_2 \geq 18 \text{（电咖啡壶）} \end{cases}$

5. 非负性和已知要求

$$X_1, X_2 \geq 0$$

B.4.6 线性问题模型应用:克拉克特殊配件问题

问题背景陈述:克拉克特殊配件公司生产三种产品:A、B以及C。生产过程需要三个制造中心。产品A的生产仅仅经由中心1与中心2来完成;产品B和C的生产则必须经由全部三个制造中心来完成。每一个中心生产每三种产品中所需时间如表B.1所示。

表B.1 三种产品所需时间　　　　　　　　　（单位:小时）

产品	中心1	中心2	中心3
A	3	2	0
B	1	2	2
C	2	1	3

所以，每单位 A 产品需在中心 1 花费 3 小时，在中心 2 花费 2 小时，在中心 3 花费 0 小时。每个中心每周工作 40 小时。可用于生产的时间必须减去必要的清理时间。中心 1 需要 4 小时的清理时间，中心 2 需要 7 小时的清理时间，中心 3 需要 5 小时的清理时间。预计每单位 A 产品的利润贡献为 60 美元，每单位 B 产品的利润贡献为 40 美元，每单位 C 产品的利润贡献为 30 美元。对于公司来说，生产每个特殊配件多少单位才能获得最大利润呢？

建立模型的步骤如下：

1. 确定问题类型

这个问题仅仅提及利润，所以它是使利润最大化的问题。

2. 定义决策变量

利润系数取决于 A、B、C 产品，并且具有每周时间的范围限制，所以：

X_1 = 每周生产产品 A 的数量

X_2 = 每周生产产品 B 的数量

X_3 = 每周生产产品 C 的数量

3. 建立目标函数

$$\text{Max} Z = 60X_1 + 40X_2 + 30X_3$$

4. 建立约束条件

这个问题可能会需要运用一些算术推导出模型参数，在这个例子中，由于存在清理时间，所以右边 b 值需要做出某些调整。在一周时间内，为了达到生产目的，每个部门需要工作 40 小时，然后各个生产中心不得不减去清理时间，正如问题所述："可用于生产的时间必须减去必要的清理时间。中心 1 需要 4 小时的清理时间，中心 2 需要 7 小时的清理时间，中心 3 需要 5 小时的清理时间。"所以，在建立每一个约束的右边值时，中心 1 有 36 小时，中心 2 有 33 小时，中心 3 有 35 小时，这个问题还说明了，使用左边策略来建立约束。要注意表格值是如何转化为模型中的技术系数的，具体如下：

s.t. $\begin{cases} 3X_1 + X_2 + 2X_3 \leq 36 & (\text{中心 1}) \\ 2X_1 + 2X_2 + X_3 \leq 33 & (\text{中心 2}) \\ 2X_2 + 3X_3 \leq 35 & (\text{中心 3}) \end{cases}$

5. 非负性和已知要求

$$X_1, X_2, X_3 \geq 0$$

B.4.7 线性规划问题模型应用：Federal Division 问题

问题背景陈述：Federal Division 签订至少提供 72 台发动机部件的合同。

对于发动机部件来说，存在三个不同的生产过程。这些过程需要不同数量的熟练劳动力、非熟练劳动力以及机床的计算机时间，见表 B.2。任何一个过程本身都有能力生产发动机部件。

表 B.2 三个过程所需生产资源

过程	一个发动机部件 熟练劳动力时间（小时）	一个发动机部件 非熟练劳动力时间（小时）	一个发动机所需的 计算机时间（分钟）
1	3	4	1
2	6	4	0
3	0	1	4

他们在外国经营一家工厂，熟练劳动力的成本为每小时 8 美元，不超过 288 小时。非熟练劳动力的成本为每小时 3 美元，不超过 324 小时。计算机时间成本为每分钟 10 美元，不超过 196 分钟。推荐一个可行的方案。

建立模型的步骤如下：

1. 确定问题类型

这个问题仅仅提及成本，因此它是使总成本最小化的问题。

2. 定义决策变量

这个问题意味着挑战和培养识别决策变量的技能。在这个问题中，变量是什么呢？在这个问题中，仅仅生产一种产品，一种发动机部件。因此，变量到底是什么呢？此问题中的变量是生产发动机部件的过程。所以，决策变量如下：

X_1 = 由过程 1 生产的发动机部件数量

X_2 = 由过程 2 生产的发动机部件数量

X_3 = 由过程 3 生产的发动机部件数量

像大多数公司一样，用许多老技术来生产当前产品，这个问题是寻求最好地利用老技术和新技术的组合来生产称为发动机部件的单个产品。

3. 建立目标函数

将过程定义为前面的决策变量，识别正确的贡献系数。由于它们直接与决策变量定义有关，因此对它们可定义如下：

c_1 = 由过程 1 生产一个发动机部件的成本

c_2 = 由过程 2 生产一个发动机部件的成本

c_3 = 由过程 3 生产一个发动机部件的成本

这些参数是怎样求解出来的呢？运用一些算术可计算如下：

熟练劳动力的成本　非熟练劳动力的成本　计算机时间的成本：

$c_1 =8$ 美元/小时 $\times 3$ 小时 $+3$ 美元/小时 $\times 4$ 小时 $+10$ 美元/分钟 $\times 1$ 分钟 $=46$ 美元
$c_2 =8$ 美元/小时 $\times 6$ 小时 $+3$ 美元/小时 $\times 4$ 小时 $+10$ 美元/分钟 $\times 0$ 分钟 $=60$ 美元
$c_3 =8$ 美元/小时 $\times 0$ 小时 $+3$ 美元/小时 $\times 1$ 小时 $+10$ 美元/分钟 $\times 4$ 分钟 $=43$ 美元

于是，将所得到的三个参数代入目标函数公式，可以得到如下结果：

$$\text{Max} Z = 46X_1 + 60X_2 + 43X_3$$

4. 建立约束条件

s.t. $\begin{cases} X_1 + X_2 + X_3 \geq 72 & \text{（供给）} \\ 3X_1 + 6X_2 \leq 288 & \text{（熟练劳动力）} \\ 4X_1 + 4X_2 + X_3 \leq 324 & \text{（非熟练劳动力）} \\ X_1 + 4X_3 \leq 196 & \text{（计算机时间）} \end{cases}$

5. 非负性和已知要求

$$X_1, X_2, X_3 \geq 0$$

在 B.8 节还有一部分应用问题。

B.5 利用单纯形法基于计算机求解线性规划

在这一节中，我们考察基于计算机的解决方法。在线性规划模型求解方法中，最普遍的方法是利用单纯形法。虽然对于理解线性规划解决方案来说，这种方法的一些元素是十分有用的，但我们重点是利用计算机软件来生成结果。

B.5.1 简介

单纯形法是基于有限数学的代数方法。还记得高中学过的行列式[⊖]或矩阵代数吗？单纯形法基于相同的数学过程。不需要知道数学过程是怎样工作的，计算机将利用单纯形法生成求解结果。重要的是要理解单纯性法是一个最优化过程。所以它不仅能给出最优解，而且它自身的推导过程已经证明这个解是最优的。本节旨在阐述对单纯形法提供的"信息副产品"的进一步理解。这些商业数据分析，通常被视为和线性规划模型旨在生成的求解结果是一样重要的。

B.5.2 单纯形变量

利用单纯形法可以决定 x_j 个决策变量的最优值及 Z 的值。利用单纯形法

⊖ determinates，这里原文可能有误，应该是行列式 determinant。——译者注

还需要运用三个其他的变量，具体如下：

- 松弛变量：在小于或等于约束的情况下，使用松弛变量以使约束的左侧等于解决过程开始时的右侧。松弛变量发挥作用的原理如下，已知约束条件如下：

$$X_1 + X_2 \leqslant 100$$

如果人们想要将其表达成等式，当产品之和小于右边值的 100 时，那么必须添加附加变量。将松弛变量添加在约束的左边，并重新写出等式表达式如下：

$$X_1 + X_2 + s_1 = 100$$

对于每一个建模的约束条件来说，要增加各种不同的松弛变量。例如，在第 B.4.4 节的养殖问题中，四个约束条件可以表示成为单纯形的等式约束：

$$\begin{cases} 0.5X_1 + 0.5X_2 + s_1 = 175 & （农田英亩总数）\\ 15X_1 + 20X_2 + s_2 = 7000 & （劳动力小时数）\\ X_1 + s_3 = 250 & （养殖猪的最大数量）\\ X_2 + s_4 = 200 & （养殖绵羊的最大数量） \end{cases}$$

为什么单纯形法需要将约束条件表示成等式呢？在最优解中，人们可能不需要使用全部的最大资源（农田英亩数、劳动力时间等）。如果不需要它们，那么它们就变成松弛资源。可以证明，对于管理决策来说，松弛变量与决策变量是一样重要的，原因在于松弛的资源作为一种闲置资源可以重新分配给更有利可图的生产活动。

- 剩余变量：在大于或等于约束的情况下，使用剩余变量以使约束的左侧等于解决过程开始时的右侧。已知约束条件如下：

$$X_1 + X_2 \geqslant 100$$

如果人们想要将其表示成等式，当产品之和大于右边值的 100 时，那么必须添加附加变量来处理附加或剩余。将剩余变量添加在约束的右边，并重新写出这个表达式，如下：

$$X_1 + X_2 = 100 + s_1$$

然后，我们必须从两侧减去剩余变量，将其放在左侧，这样所有变量都属于左侧（约束必须使所有变量在左侧，常数"b"值在右侧，这才是有效约束）。注意，整理后的表达式，如下：

$$X_1 + X_2 - s_1 = 100$$

不幸的是，变量（甚至是剩余变量）前面的负号在单纯形法的数学过程中是不可接受的。因此，需要创建另一个变量，目的是暂时消除单纯形过程中剩余变量的负性。这里第三个新变量称为人工变量，用大写"A"表示，如下：

$$X_1 + X_2 - s_1 + A_1 = 100$$

- 人工变量：人工变量的唯一目的仅仅是执行临时的数学调整，以便允许单纯形过程处理剩余变量的负性。在理想情况下，人工变量永远不会在模型解决方案中突然出现。（随后我们将讨论线性规划模型的复杂问题，这类模型能突然出现人工变量，从而阻止最优解的发生）

总之，松弛变量与剩余变量不仅是单纯形法发挥作用所必需的，而且还可获得求解的有用信息。这主要通过以下方式实现：对右边值的偏差加以解释；揭示重新分配的额外资源的情况。

B.5.3 运用 LINGO 与 Excel 软件的线性规划分析

实际应用中存在许多求解线性规划问题的软件。在这一节，我们将考察运用两种软件应用程序 LINGO 与 Excel 加载项求解器的具体步骤。

B.5.3.1 LINGO 软件的试用版（截至 2014 年 1 月）

LINGO 软件是 Lindo 系统（www.lindo.com）的一种产品。在一定的时间内可免费应用此软件进行演示。对于本书来说，"一定的时间"就足够了。对于感兴趣拥有副本的人员来说，通过 Lindo 网站可获得便宜版本。LINGO 的微软版本与 Windows 2000、Windows XP、Windows Vista、Windows 7 以及 Windows 8 兼容。想要获得试用版（对本书很有用），请完成下述步骤：

（1）访问 www.lindo.com。
（2）单击 LINGO 图标。
（3）单击下载试用版。
（4）单击下载 LINGO。
（5）单击适用于你的计算机系统的最佳工作 LINGO 版本下载。
（6）系统可能会要求你对副本进行注册，当时或稍后都可。

为确认已正确下载，利用 B.5.3.2 节所提供的说明建议输入 LP 模型。

B.5.3.2 如何运用 LINGO 生成解决方案

为了使用包含单纯形法的 LINGO 软件，有必要将来自线性规划问题模型的数据输入计算机中。关于输入过程和解决方案，这里利用 B.4.4 节的养殖问题加以说明，阐述如下：

$$\text{Max} Z = 300X_1 + 350X_2$$

s.t. $\begin{cases} 0.5X_1 + 0.5X_2 \leq 175 & （农田英亩总数） \\ 15X_1 + 20X_2 \leq 7000 & （劳动力小时数） \\ X_1 \leq 250 & （养殖猪的最大数量） \\ X_2 \leq 200 & （养殖绵羊的最大数量） \\ X_1, X_2 \geq 0 \end{cases}$

上述线性规划模型的修改版本，LINGO 采用下述几个步骤来求解：

（1）双击桌面上（或者无论 LINGO 图标位于哪个位置）的 LINGO 图标。将打开一个空白窗口，这里是输入线性规划模型的地方。

（2）输入养殖问题模型，如图 B.1 所示。

注意：①使用术语 Max 或 Min；②在模型公式中不使用 Z 参数；③在参数和变量之间使用星号；④变量可以是全字或者字母或数字的组合，但它们不能包含空格或特殊字符；⑤不要说"受限于"；⑥每一个表达式以分号（;）结束；⑦不需要说明已知要求；⑧小于或等于符号表示为"< ="。

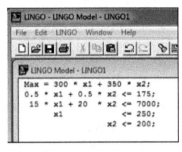

图 B.1 LINGO 的养殖问题输入

（3）单击窗口顶部的 LINGO 菜单选项，显示出 SOLVE 选项，然后单击。

（4）如果输入错误，将弹出 LINGO ERROR MESSAGE 窗口，并显示第一个错误发生的位置；重新检查并输入图 B.1 所示的数据。

（5）假设数据输入正确，并单击 SOLVE 选项，将弹出两个窗口。第一个 LINGO SOLVER STATUS 是一个概要窗口，提供单纯形方法在交互过程的详细信息。这并不是重要信息，直接单击 CLOSE，退出窗口即可。第二个窗口 "Solution Report" 代表了问题的求解。养殖问题的结果由图 B.2 给出。

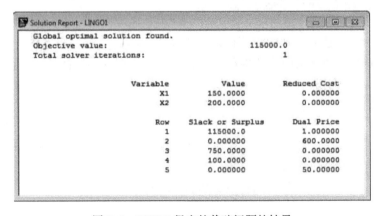

图 B.2 LINGO 得出的养殖问题的结果

Solution Report 提供了线性规划问题的求解结果。此报告有几个部分，其中一些由附录 C 给出解释。现在，专注于阅读养殖问题的求解结果。在 Objective value 行，115000 是 Z 的最优解，此问题中最优解为 115000 美元。Total solver iterations 行只是一个通知，它需要对单纯形方法一次迭代来生成求解结果（目前是不重要的信息）。最优的决策变量值出现在 Variable 与 Value 两列当中。Reduced Cost 与 Dual Price 两列将在附录 C 中讨论，现在可以忽略。每个 x_j 决策变量在这些列中按行形式列出，每个都在 Value 列中给出最优值。所以，对于这个养殖问题来说，$X_1 = 150$，$X_2 = 200$，这意味着应该养殖 150 头猪与 200 只绵羊，这样才能获得最大利润 115000 美元。

除了最优的 Z 值和决策变量值之外，单纯形法还给出最优的剩余变量与松弛变量的值。这个问题的约束条件只有小于或者等于，所以在每一个约束中，仅有松弛变量。最优的松弛变量是按行给出的。行（1～5）是五个表达式的列表，包括目标函数。现在忽略第 1 行，四个约束由行 2、3、4、5 标识。每一个约束的最优松弛变量出现在 Slack or Surplus 列当中。所以，对于这个问题来说，$s_1 = 0$，$s_2 = 750$，$s_3 = 100$，$s_4 = 0$。这些数字可以通过将最优决策变量值代入每个约束来检查，具体过程如下：

$0.5 \times 150 + 0.5 \times 200 + s_1 = 175$ （农田英亩总数）

$15 \times 150 + 20 \times 200 + s_2 = 7000$ （劳动力小时数）

$150 + s_3 = 250$ （养殖猪的最大数量）

$200 + s_4 = 200$ （养殖绵羊的最大数量）

当松弛变量等于在 Slack or Surplus 列所给出的值时，等式成立，这样做总是成立的：

$175 + 0 = 175$ （农田英亩总数）

$6250 + 750 = 7000$ （劳动力小时数）

$150 + 100 = 250$ （养殖猪的最大数量）

$200 + 0 = 200$ （养殖绵羊的最大数量）

不需要 750 小时劳动力这个事实，是一条非常有价值的信息。现在人们可将这些时间重新分配给原问题陈述中未指定的其他养殖活动。此外，在第一列数字中，可以看到右边值最优的运用值。这些值通过从线性规划模型所述公式中的 b 参数减去所得到的松弛变量值来获得。对于这个求解结果来说，实际使用的 b 如下：

$b_1 = 175$ （也就是 $175 - 0$）

$b_2 = 6250$ （也就是 $7000 - 750$）

$b_3 = 150$ （也就是 $250 - 100$）

$b_4 = 200$（也就是 200 – 0）

在最优生产或养殖问题中，知道运用多少单位的资源这件事，和对于规划目的来说，与知道计划生产多少单位的产品或养殖多少单位的动物是同样重要的。

这里有一个问题：人们怎么知道在 Slack or Surplus 列中的值是松弛值而不是剩余值呢？那就需要检查输入部分中不等式的方向，以确定是松弛值还是剩余值。如果不等式的方向是小于或者等于，则在 Slack or Surplus 列中的值一定是松弛值；如果不等式的方向是大于或者等于，则在 Slack or Surplus 列中的值一定是剩余值。对于某些问题来说，这些数据在规划资源时非常重要。

松弛值和剩余值的存在，揭示出对于给定的解决方案来说需要哪些约束，不需要哪些约束。没有松弛值或者剩余值的约束被称为绑定约束，原因在于这个约束在决定解决方案时是重要的。具体地说，这个约束的资源直接约束了决策变量值。具有正松弛或者剩余的约束被称为非绑定约束或者冗余约束，原因在于它不以任何方式影响解决方案。事实上，非绑定约束可以从模型中删除，并且删除后得到的决策变量的值不变。在养殖问题中，第一个与第四个约束是绑定的，第二个与第三个约束是非绑定的。

B.5.3.3 运用 Excel 求解

运用 Excel 中称为 Solver 的加载项可以生成线性规划求解结果。这个加载项可以通过所有 Excel 软件中的 Options 来得到。在 Excel 中的输入过程如图 B.3 所示。

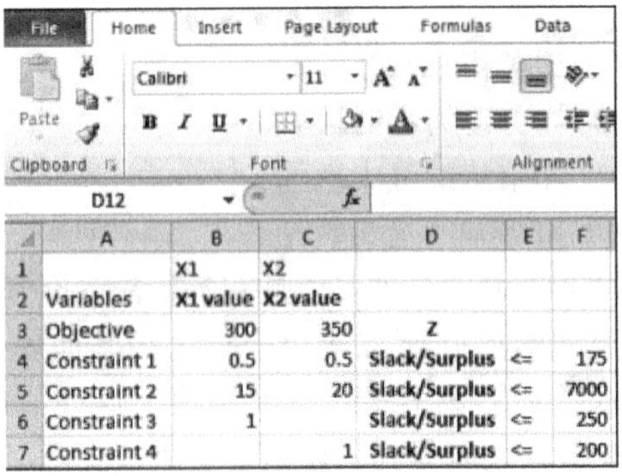

图 B.3 Excel 的养殖问题输入

此处没有解释这个输入的精确公式和设置的过程，只是显示输入和输出的相似性，如图 B.4 所示。关于数据输入和 Solver 求解过程的更详细说明,请参看 Excel "帮助"中的"使用 Solver 定义并解答问题"的说明。

在图 B.3 中,一旦 Solver 达到最优值,X1 与 X2 的最优解值出现在单元 B2 与 C2 中,Z 的最优值出现在 D 列,即 D3 单元中。所得到的松弛变量或者剩余变量的值,则出现在 D 列,即 D4～D7 单元中。所有这些解的值,可以在图 B.4 中找到。

	A	B	C	D	E	F
1		X1	X2			
2	Variables	150	200			
3	Objective	300	350	115000		
4	Constraint 1	0.5	0.5	175	<=	175
5	Constraint 2	15	20	6250	<=	7000
6	Constraint 3	1		150	<=	250
7	Constraint 4		1	200	<=	200

图 B.4　Excel 的养殖问题求解结果

Excel 还以表格形式提供了更多描述性的求解结果语句,如图 B.5 所示。将这些值及信息与图 B.2 所提供的 LINGO 值进行比较,存在非常明显的相似性。运用 Excel,用右边值减去 D 列中的相关量来确定实际的松弛变量或剩余变量。其差别在于这个问题的松弛变量的数量。(注意,松弛变量只在小于或者等于的约束中存在。)

9	Solver Options					
10	Max Time Unlimited, Iterations Unlimited, Precision 0.000001, Use Automatic Scaling					
11	Max Subproblems Unlimited, Max Integer Sols Unlimited, Integer Tolerance 1%, Assume NonNegative					
12						
13						
14	Objective Cell (Max)					
15	Cell	Name	Original Value	Final Value		
16	$D$3	Objective	0	115000		
17						
18						
19	Variable Cells					
20	Cell	Name	Original Value	Final Value	Integer	
21	$B$2	Variables X1	0	150	Contin	
22	$C$2	Variables X2	0	200	Contin	
23						
24						
25	Constraints					
26	Cell	Name	Cell Value	Formula	Status	Slack
27	$D$4	Constraint 1	175	$D$4<=$F$4	Binding	0
28	$D$5	Constraint 2	6250	$D$5<=$F$5	Not Binding	750
29	$D$6	Constraint 3	150	$D$6<=$F$6	Not Binding	100
30	$D$7	Constraint 4	200	$D$7<=$F$7	Binding	0

图 B.5　Excel 的养殖问题详细求解结果

现在考察另一个截然不同的问题,例如下面的最小值问题,这依然可由计算机生成求解结果：

$$\text{Min } Z = 20X_1 + 2X_2$$

$$\text{s. t.} \begin{cases} 2X_1 + X_2 \geqslant 10 \\ X_1 + X_2 \geqslant 5 \\ 5X_1 + 10X_2 \geqslant 50 \\ X_1, \ X_2 \geqslant 0 \end{cases}$$

在图 B. 6 中，已经给出 LINGO 模型的输入。图 B. 7 则展示了 LINGO 模型的求解结果，而图 B. 8 则给出了 Excel 的求解结果。

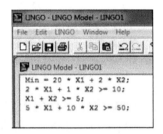

图 B. 6　LINGO 的最小值模型输入

图 B. 7　LINGO 最小值模型的求解结果

	A	B	C	D	E	F
1		X1	X2			
2	Variables	0	10			
3	Objective	20	2	20		
4	Constraint 1	2	1	10	>=	10
5	Constraint 2	1	1	10	>=	5
6	Constraint 3	5	10	100	>=	50

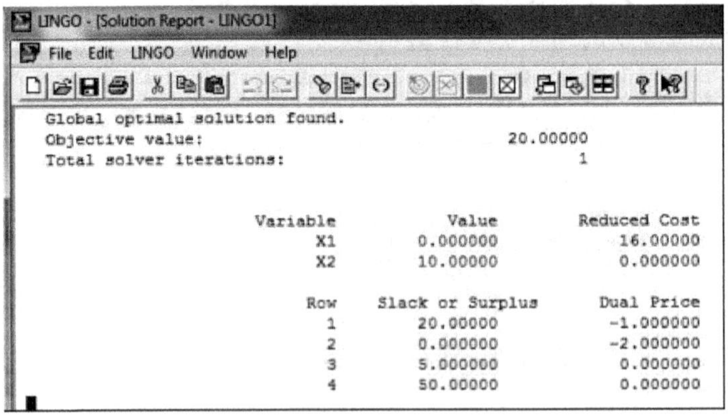

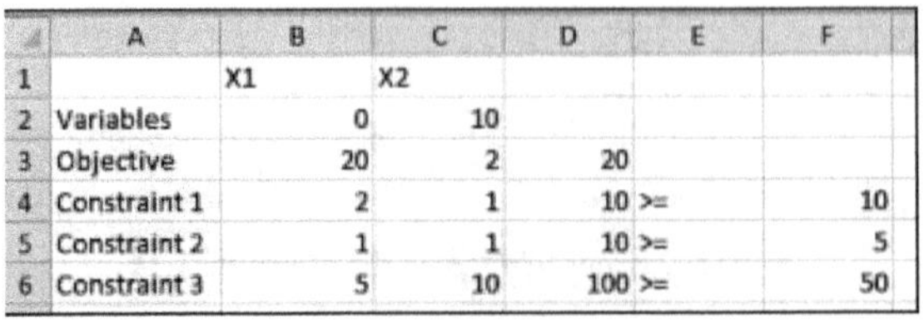

图 B. 8　Excel 最小值模型的求解结果

在图 B.7 和图 B.8 中，所得到的 Z 与决策变量的最优值是 $Z = 20$，$X_1 = 0$，$X_2 = 10$。对于这个问题来说，剩余变量的值是 $S_1 = 0$，$S_2 = 5$，$S_3 = 50$。注意，由于约束全部是大于或者等于，所以这些是剩余变量。通过将来自模型公式的所述 b 值与相关剩余变量值相加，得到了解中所用的实际 b 的参数值。这个求解结果实际上使用的 b 值是：$b_1 = 10 \times (10 + 0)$，$b_2 = 10 \times (5 + 5)$，$b_3 = 100 \times (50 + 50)$。

B.8 节还有其他的计算机生成的应用问题。

单纯形法是人们获得线性规划问题解决方案的强有力的分析方法。不幸的是，可能会出现妨碍用户获得解决方案的难题。

B.6 线性规划的复杂问题

存在一些复杂问题，使单纯形法无法产生理想的最优解，甚至无法求解。注意，认清这些复杂问题并了解产生这些复杂问题的来源，有助于使用者避免它们。这些复杂问题包括无界解、不可行解、混合建模、多维变量。

B.6.1 无界解

事实上，无界解不是一个解决方案。当所建立的问题模型不正确的时候，就会使得模型的一个或多个决策变量值变为正无穷大。这个复杂问题的解决方法是重新建立正确的问题模型。如何知道一个问题是无界的呢？大多数软件包会在运行该问题的时候告诉用户。LINGO 输入的无界问题的例子由图 B.9 中给出，其无解通知如图 B.10 所示。Excel 的例子由图 B.11 给出。

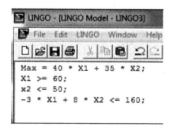

图 B.9 LINGO 的无界最大化模型输入

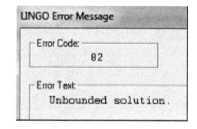

图 B.10 LINGO 的无界问题通知

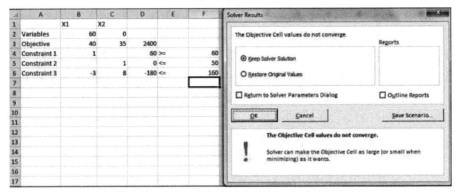

图 B.11　Excel 的无界最大化模型和无解通知

B.6.2　不可行解

不可行解并不是解决方案。当人们以某种方式不正确地建立模型后，就不能得出解来满足模型中所有的约束条件。解决方案只有是可行的，才可能是最优的。这种复杂问题的解决方法是重新正确地对问题建模。如何知道一个问题是无解的呢？绝大多数软件包在运行这个问题时会告诉用户。图 B.12 中给出 LINGO 输入的不可行问题的例子，其无解通知由图 B.13 给出。Excel 的例子如图 B.14 所示。

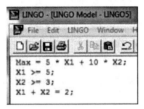

图 B.12　LINGO 中输入不可行最大化模型

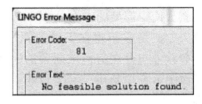

图 B.13　LINGO 的无解通知

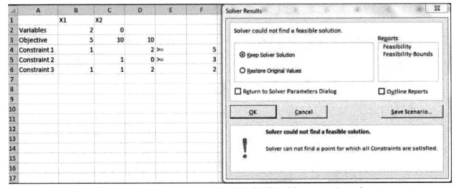

图 B.14　Excel 中不可行的最大化模型输入和无解通知

B.6.3 混合建模

混合建模是建模的复杂问题。在有些情况下,可能需要实现两个或更多个物品的混合,例如将一些盎司的谷物食品与一些盎司的水果加以混合,进而制作新的早餐产品。

在约束线性规划模型中,混合建模是可以实现的。例如,假设某模型中有几个决策变量(X_2与X_3),但是希望在最终最优解中它们是彼此相等的。如何将这种关系表述成比率的约束呢?简单地说,人们想要$X_2 = X_3$,这不是凭借拥有右侧常数约束b值就可以完成的。因此,从代数形式上将它转化成$X_2 - X_3 = 0$或者$-X_2 + X_3 = 0$。在线性规划模型的解中,这两个等式中的任何一个都使两个决策变量实现了一对一相等。

另一个更复杂的混合建模也许涉及混合不平等的部分。例如,假设某种X_1与X_2的混合比率为2:1。建立这样的约束可通过在两个部分之间的简单比例得以实现:

(1) 将两个混合比率(X_1的两个成分与X_2的一个成分)表示为等式:
$$2 = X_1$$
$$1 = X_2$$

(2) 然后对它们设定如下比率:
$$2/1 = X_1/X_2$$

(3) 然后从代数形式上,每一边相乘得到方程:
$$2X_2 = X_1$$

(4) 最后,从等式两边都减去$2X_2$,从而获得想要的约束:
$$X_1 - 2X_2 = 0$$

利用这个方法可以建立众多混合约束,从而得到人们想要的混合形式。不过,重要的是记住,这些比率约束必须是单一变量对应单一变量。这样建模混合约束的过程有一个局限性,也就是一个约束不能有多于两个变量的情况,但是单个模型中可能存在多个混合约束。

B.6.4 多维决策变量公式

多维决策变量在其定义中描述了多个特征。在典型的人力资源问题中,可以找到如何构造和使用多维决策变量的例子。假设有两个人必须确定在接下来的7天中,他们应该安排给工作的最佳小时数。这个问题的配置在如表B.3所示的二维布局中可以最好地表示出来。

表 B.3 两个人的工作安排问题

人员	星期几						
	星期一	星期二	星期三	星期四	星期五	星期六	星期日
1	X_{11}	X_{12}	X_{13}	X_{14}	X_{15}	X_{16}	X_{17}
2	X_{21}	X_{22}	X_{23}	X_{24}	X_{25}	X_{26}	X_{27}

这些变量存在两个维度：人员维度和星期维度。变量总是表示为第一个下标是行（人），第二个下标是列（星期几）。这些变量可概括为：X_{ij} = 第 i 个人应该在第 j 天工作的小时数。

这种类型的决策变量允许在二维中构造约束。例如，假设限制第一个人在一个星期中工作的小时数不多于 60 小时。约束如下所示：

$$X_{11} + X_{12} + X_{13} + X_{14} + X_{15} + X_{16} + X_{17} \leq 60$$

现在假设在星期六限制两个雇员的工作小时数不超过 10 小时。这一天此类型约束如下：

$$X_{16} + X_{26} \leq 10$$

因此，求解过程将在人员维度和星期维度中寻找这些变量的值。

决策变量的维度数量取决于建模者。记住，对于模型来说，每增加一个维度所带来的将是决策变量数量的几何增长。

B.7 线性规划模型的必要假设

在对问题建模时，必须满足 5 条基本假设，这些假设对于决定是否应该使用线性规划模型是十分有用的。下面是 5 条假设：

（1）线性。所有的约束和目标函数必须是线性的。如果有非线性的利润或成本函数或非线性约束，必须使用其他非线性规划方法。许多非线性规划方法在相关文献中可以看到，如二次规划、可分离规划和库恩-塔克（Kuhn-Tucker）条件。

（2）可加性。所有约束和目标函数由决策变量简单相加。也就是说，它们不能产生协同效应，即 2 + 2 = 5 的情况。不管决策变量值的大小如何，将其与系数的乘积相加即可。如果不是，则须使用其他方法。

（3）可分性。在这个附录所介绍的线性规划模型中，非负性和已知要求允许决策变量值是整数或者分数。这意味着如果决策变量最终为 0.5，那么该决策变量的利润或成本的一半正是所要获得的。此外，如果该决策变量使用的劳动时间是两个，则两个中的 0.5 意味着将使用恰好 1 小时的劳动。有时分数答案不现实。在这种情况下，使用除线性规划之外的其他模型（可能是整数规划，将在附录 D 中讨论）。

（4）有限性。这个要求意味着，决策变量的值必须是有限的。如果它们不是有限的，那么它们就是无限的，或者说是无界的。

（5）确定性和静态时间段。人们必须确定线性规划模型的所有参数 a、b 及 c。当定义决策变量之后，我们就可以通过陈述时间范围或静态时间段来确保这种确定性。这里的静态时间段规定了答案和参数在什么样的时间段是正确的。

B.8 线性规划的应用问题

下面是几个线性规划问题的应用及其答案，通过这些问题来实践本附录所介绍的方法和概念。

1. 某个小型家具制造商生产三种不同的家具：桌子、椅子和书柜。木材必须由机器正确地切割。机器可用于切割的时间为 100 小时。每单位的桌子、椅子和书柜需要机器的切割时间分别为 0.8 小时、0.4 小时和 0.5 小时。制造商也有 650 小时的劳动力时间可用于粉刷和抛光。每单位的桌子、椅子和书柜需要粉刷和抛光的劳动力时间分别为 5 小时、3 小时和 3 小时。这些产品存放在仓库，总容量为 1260 平方英尺。每单位的桌子、椅子和书柜需要的地板空间分别为 9 平方英尺、6 平方英尺和 9 平方英尺。在市场上，这三样产品的销售额分别为每单位 30 美元、16 美元和 25 美元。对这个问题给出建模公式，以便确定每个产品应该生产多少单位来使利润最大化？

答案：令 X_1、X_2 和 X_3 分别是生产桌子、椅子和书柜的数量。机器总的可用于切割的时间为 100 小时，用于生产 X_1、X_2 和 X_3 的机器时间应该不多于可利用的机器使用时间。因此，第一个约束可表述成如下形式：$0.8X_1 + 0.4X_2 + 0.5X_3 \leq 100$。同理，可利用的粉刷、抛光时间和储存空间不多于 650 小时和 1260 平方英尺。所以，这两个约束条件可表述成：$5X_1 + 3X_2 + 3X_3 \leq 650$，$9X_1 + 6X_2 + 9X_3 \leq 1260$。最后，决策变量必须是非负的。于是，完整的问题建模公式如下：

$$\text{Max} Z = 30X_1 + 16X_2 + 25X_3$$

$$\text{s. t.}\quad \begin{cases} 0.8X_1+0.4X_2+0.5X_3\leqslant 100 \\ 5X_1+3X_2+3X_3\leqslant 650 \\ 9X_1+6X_2+9X_3\leqslant 1260 \\ X_1,\ X_2,\ X_3\geqslant 0 \end{cases}$$

LINGO 的模型输入和求解结果由图 B. 15 与 B. 16 给出，而 Excel 的模型输入和求解结果由图 B. 17 与图 B. 18 给出。

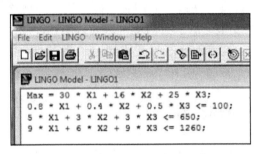

图 B. 15　问题 1 的 LINGO 模型输入

图 B. 16　问题 1 的 LINGO 求解结果

	A	B	C	D	E	F	G
1		X1	X2	X3			
2	Variables	100	0	40			
3	Objective	30	16	25	4000		
4	Constraint 1	0.8	0.4	0.5	100	<=	100
5	Constraint 2	5	3	3	620	<=	650
6	Constraint 3	9	6	9	1260	<=	1260

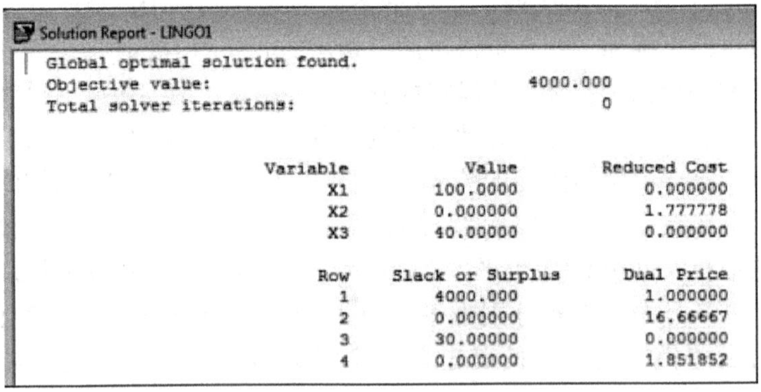

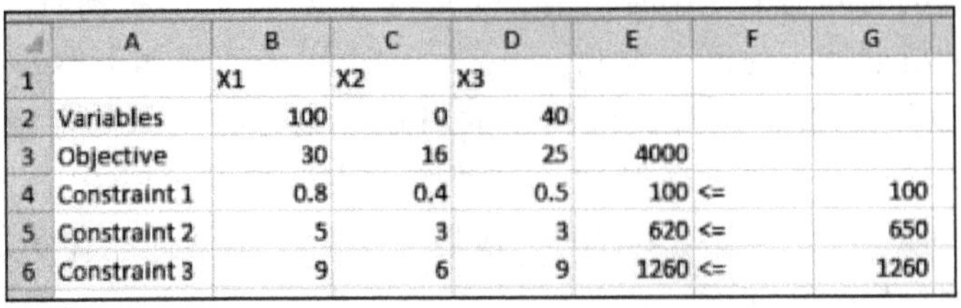

图 B. 17　问题 1 的 Excel 模型输入

13				
14	Objective Cell (Max)			
15	Cell	Name	Original Value	Final Value
16	$E$3	Objective	0	4000
17				
18				
19	Variable Cells			
20	Cell	Name	Original Value	Final Value	Integer
21	$B$2	Variables X1	0	100	Contin
22	$C$2	Variables X2	0	0	Contin
23	$D$2	Variables X3	0	40	Contin
24					
25					
26	Constraints				
27	Cell	Name	Cell Value	Formula	Status	Slack
28	$E$4	Constraint 1	100	$E$4<=$G$4	Binding	0
29	$E$5	Constraint 2	620	$E$5<=$G$5	Not Binding	30
30	$E$6	Constraint 3	1260	$E$6<=$G$6	Binding	0

图 B.18　问题 1 的 Excel 求解结果

2. 河滨公司打算要外包三种产品的生产：高级玩具、豪华玩具和普通玩具。这三种不同玩具可以在具有不同生产能力的两家不同的外部工厂生产。在正常的一天时间内，外包厂 A 能够生产 20 个高级玩具、30 个豪华玩具和 100 个普通玩具，外包厂 B 能生产 50 个高级玩具、40 个豪华玩具和 60 个普通玩具。每个月对这三种玩具的需求量分别为 4000 个、3000 个和 1000 个。公司必须支付日常运营成本，外包厂 A 为 50000 美元，外包厂 B 为 40000 美元。对这个问题建立模型，目的是寻找在两家不同工厂的每月最佳运营天数，使得总成本最小化，同时满足需求。

答案：令决策变量 X_1 与 X_2 代表每家工厂的运营天数。这个问题的目标函数是，使两家不同工厂的日常运营成本之和最小化：$\text{Min} Z = 50000X_1 + 40000X_2$，决定决策变量 X_1 与 X_2 的值，求出满足约束条件的最小总成本。对于这三种类型的玩具来说，每一种的生产必须大于或等于特定数量，以便满足需求。在任何情况下，生产量都不应少于每种产品的需求量。当将约束考虑进来之后，这个模型可如下建立：

$$\text{Min} Z = 50000X_1 + 40000X_2$$

s.t.
$$\begin{cases} 20X_1 + 50X_2 \leq 4000 \\ 30X_1 + 40X_2 \leq 3000 \\ 100X_1 + 60X_2 \leq 1000 \\ X_1, X_2 \geq 0 \end{cases}$$

LINGO 的模型输入和求解结果由图 B.19 与图 B.20 给出。

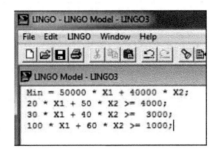

图 B.19　问题 2 的 LINGO 模型输入

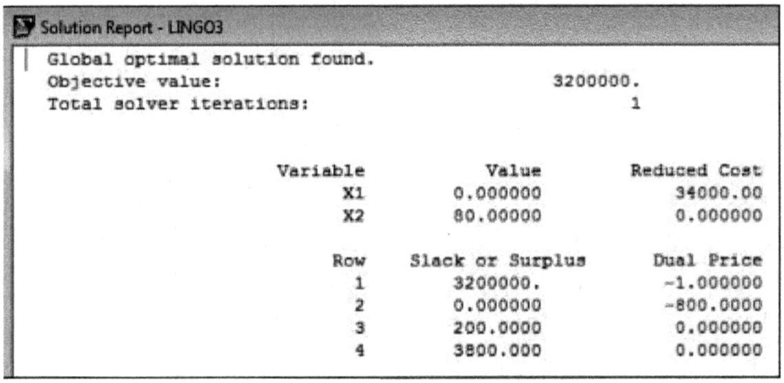

图 B.20　问题 2 的 LINGO 求解结果

Excel 的模型输入和求解结果由图 B.21 与图 B.22 给出。

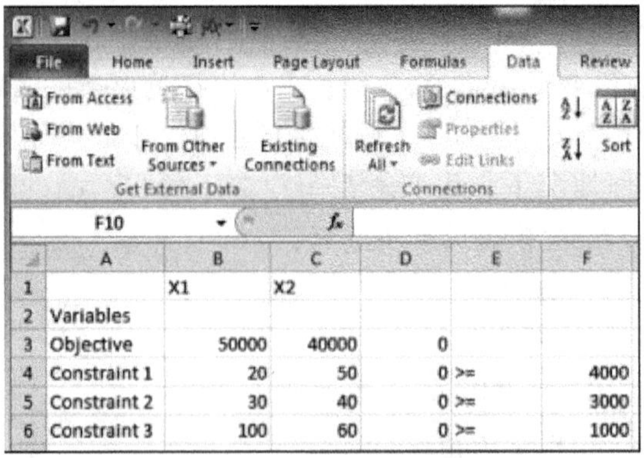

图 B.21　问题 2 的 Excel 模型输入

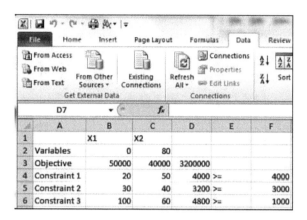

图 B.22 问题 2 的 Excel 求解结果

3. The Turned-on Radio 公司生产 A、B、C 三种型号的产品，每单位 A、B、C 的利润贡献分别为 8、15、25。A 型号每周最低生产要求为 100，B 型号每周最低生产要求为 15，C 型号每周最低生产要求为 75。每种型号的产品需要一定的时间制造部件、组装和包装。具体地说，12 个 A 型号需要 3 小时的制造、4 小时的组装和 1 小时的包装，12 个 B 型号需要 3.5 小时的制造、5 小时的组装和 1.5 小时的包装，12 个 C 型号需要 5 小时的制造、8 小时的组装和 3 小时的包装。在即将到来的一周，公司有 150 小时的制造时间、200 小时的组装时间以及 60 小时的包装时间。将生产调度问题建模为线性规划模型。

答案：令 X_1 = A 型号的生产数量，X_2 = B 型号的生产数量，X_3 = C 型号的生产数量。在线性规划模型中，这个问题的模型公式如下：

$$\text{Max} Z = 8X_1 + 15X_2 + 25X_3$$

s.t.
$$\begin{cases} X_1 \geqslant 100 \text{（最小生产量）} \\ X_2 \geqslant 15 \text{（最小生产量）} \\ X_3 \geqslant 75 \text{（最小生产量）} \\ 0.25X_1 + 0.29X_2 + 0.42X_3 \geqslant 150 \text{（制造）} \\ 0.33X_1 + 0.42X_2 + 0.67X_3 \geqslant 200 \text{（组装）} \\ 0.08X_1 + 0.13X_2 + 0.25X_3 \geqslant 60 \text{（包装）} \\ X_1, X_2, X_3 \geqslant 0 \end{cases}$$

LINGO 与 Excel 的模型输入和求解结果由图 B.23 至图 B.25 给出。注意，小数值已经转换为十进制值，因为 LINGO 软件不能输入带有特殊字符的参数，如反斜杠等。

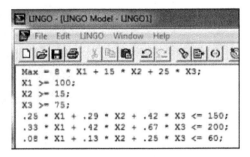

图 B.23　问题 3 的 LINGO 模型输入

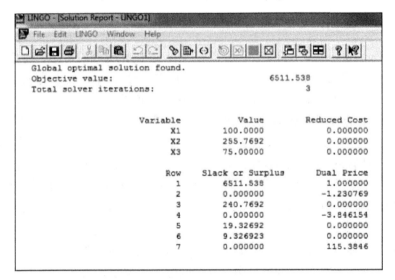

图 B.24　问题 3 的 LINGO 求解结果

	A	B	C	D	E	F	G
1		X1	X2	X3			
2	Variables	100	255.7692	75			
3	Objective	8	15	25	6511.538		
4	Constraint 1	0.25	0.29	0.42	130.6731	<=	150
5	Constraint 2	0.33	0.42	0.67	190.6731	<=	200
6	Constraint 3	0.08	0.13	0.25	60	<=	60
7	Constraint 4	1			100	>=	100
8	Constraint 5		1		255.7692	>=	15
9	Constraint 6			1	75	>=	75

图 B.25　问题 3 的 Excel 模型输入和求解结果

附录 C 线性规划的对偶性与灵敏度分析

C.1 引言

本附录是线性规划专题的续篇，介绍线性规划模型的对偶性与灵敏度分析。对于商业数据分析过程中的第二个步骤——规范性数据分析来说，这些方法是非常有实用价值的。

C.2 对偶性的概念

附录 B 所述的求解线性规划问题会涉及求解 Z、X_j 及 s_i 的最优值。这被称为原问题，原因在于这是要寻求解释 X_j 与 s_i 变量之间的主要或原始关系的最优解，它们消耗右侧的 b_i 常数。对偶解（Dual Solution）嵌于原问题的解之中。每一个原问题都存在对偶问题和对偶解（Dual Problem and a Dual Solution）。对偶解提供了右侧资源项 b_i 单位经济价值用途的权衡信息（通常用美元表示）。例如，假设人们想要解决 Z 等于 10000 美元的线性规划模型，同时使用 1000 小时的熟练劳动力。除此之外，对偶解可以揭示，在考虑其他使用资源的同时，熟练工人每小时对 Z 贡献的价值。

线性规划的对偶性是确定右侧 b_i 值的经济价值的一种工具。对偶性是单纯形法的副产品，通常可由任何给定的线性规划单纯形解的输出结果给出。本附录的重点是认识对偶解在计算机输出结果中的位置，还有它对商业数据分析和决策的意义。

C.2.1 对偶性的信息价值

对偶性所提供的信息价值是什么呢？可以基于许多目的使用对偶性。其中一个重要应用是利用对偶性确定资源的经济贡献。也就是，确定每一种资源在生成最优化 Z 值中所承担的金额贡献。在线性规划模型的相关文献中，另一个应用领域是成本会计领域，美元成本可以归因于在线性规划模型解决方案所使用的特定资源。

对偶解是一种经济估价方法,它依据现有最优解的约束中所用到的资源稀缺性来提供估价。因此,当经济资源十分丰富(冗余资源或资源过剩)时,即使在最优解中使用了一些资源,对偶解也会显示过剩资源分配贡献 0 美元。

总之,对偶解定义了两种类型的信息:①右侧参数 b_i 的单位用量对 Z 的边际贡献;②每单位相关决策变量 X_j 对 Z 的边际成本或损失。本附录的重点是运用来自对偶解的信息,而不是进行建模或计算工作。

C.2.2 灵敏度分析

对偶解存在某些局限性。具体地说,对偶变量的值只对于相关右侧值的一定数量成立。例如,如果在养殖问题中(参见附录 B 的 B.4.4 节),人们将土地面积从当前的 175 英亩增加到 500 英亩,那么就不能期望这 500 英亩中每一英亩的边际贡献都是 600 美元(见下节)。于是,问题就变成给定右侧值可以增加或减少多少单位,同时仍然保证对偶决策变量值仍可接受。在后文中,对此问题回答的数值范围分析称为灵敏度分析。灵敏度分析是计算模型参数变化的边界及其对现有解决方案的影响的过程。虽然存在许多各种不同类型的灵敏度分析,但是我们这里的讨论将限于两个最重要的参数 c_j 与 b_i 的变化。一般来说,灵敏度分析可以回答参数(c_j 与 b_i)出现变化时的有关问题,考察这种参数变化会对 Z 值有怎样的影响,并确定原始解中的变量是否将会改变。

不论是 c_j 的灵敏度分析,还是 b_i 的灵敏度分析,都会导致 c_j 与 b_i 两个参数出现某个范围的变化(定义参数允许变化的区间的计算值),同时预测在没有重新运行模型条件下的现有解决方案的变化。为了找出变化,为什么不只是改变参数并模拟模型的结果呢?在一些情况下,可以运用确定性的模拟方法,但当在现有解中发生特殊情况(一个特殊阈值)而导致非正常改变时,需要经过无数次试验去寻找这个特殊的阈值。灵敏性分析作为最初线性规划原始解的附带分析工具,可以帮助求出准确值。幸运的是,Excel 的插件程序 Solver 提供了一个独立的灵敏度报告,其中包含计算的有关范围值。

C.3 对偶性与灵敏度分析问题

下面考虑四个问题:两个是原问题求最大化,另外两个是原问题求最小化。

C.3.1 第一个求最大化的原问题

参见附录 B 的 B.4.4 节所述的养殖问题，在 B.5.3 节中用 Excel 和 LINGO 来求解（这里重新表述）：

问题背景陈述：史密斯家拥有 175 英亩农田用于养殖猪和绵羊。平均来说，喂养一头猪或者一只绵羊需 0.5 英亩的土地。史密斯家可将长达 7000 小时的劳动力用于养殖。养殖一头猪需要花费 15 小时的劳动力，养殖一只绵羊需要花费 20 小时的劳动力。尽管史密斯家想要养殖绵羊，但他们不想一次养殖超过 200 只绵羊，也不想养殖超过 250 头猪。预计每头猪将有 300 美元的利润，而每只绵羊将有 350 美元的利润。

$$\text{Max} Z = 300X_1 + 350X_2$$

s.t.
$$\begin{cases} 0.5X_1 + 0.5X_2 \leqslant 175 \text{（农田英亩总数）} \\ 15X_1 + 20X_2 \leqslant 7000 \text{（劳动力小时数）} \\ X_1 \leqslant 250 \text{（养殖猪的最大数量）} \\ X_2 \leqslant 200 \text{（养殖绵羊的最大数量）} \\ X_1, X_2 \geqslant 0 \end{cases}$$

LINGO 对养殖问题的建模如图 C.1 所示，Excel 对养殖问题的建模与求解结果如图 C.2 所示。

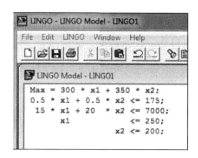

图 C.1 LINGO 对养殖问题的建模

	A	B	C	D	E	F
1		X1	X2			
2	Variables	150	200			
3	Objective	300	350	115000		
4	Constraint 1	0.5	0.5	175	<=	175
5	Constraint 2	15	20	6250	<=	7000
6	Constraint 3	1		150	<=	250
7	Constraint 4		1	200	<=	200

图 C.2 Excel 对养殖问题的建模与求解结果

试图计算以下与右侧四个 b_i 值有关的对偶值：

- 1 英亩土地的边际贡献。
- 1 小时劳动力的边际贡献。
- 1 头猪的边际贡献。
- 1 只绵羊的边际贡献。

对偶值与每个原始问题的决策变量 X_j 有关：

- 一头猪的边际成本或损失。
- 一只绵羊的边际成本或损失。

确有必要全面理解原问题的所有元素，再来定义对偶变量。下面，由图 C.3 给出了 LINGO 的求解结果，而图 C.4 给出了 Excel 的求解结果，还有灵敏度分析的范围值。

Solution Report - LINGO1

```
Global optimal solution found.
Objective value:                              115000.0
Total solver iterations:                             1

                    Variable           Value        Reduced Cost
                          X1        150.0000            0.000000
                          X2        200.0000            0.000000

                         Row    Slack or Surplus      Dual Price
                           1        115000.0            1.000000
                           2        0.000000            600.0000
                           3        750.0000            0.000000
                           4        100.0000            0.000000
                           5        0.000000            50.00000
```

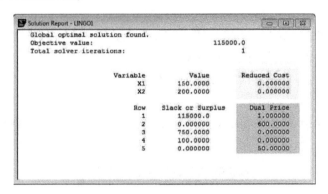

图 C.3　LINGO 对养殖问题的线性规划求解结果及对偶解

Microsoft Excel 14.0 Sensitivity Report
Worksheet: [Book1]Sheet1
Report Created: 8/24/2013 3:54:43 PM

Variable Cells

Cell	Name	Final Value	Reduced Cost	Objective Coefficient	Allowable Increase	Allowable Decrease
$B$2	Variables X1	150	0	300	50	300
$C$2	Variables X2	200	0	350	1E+30	50

Constraints

Cell	Name	Final Value	Shadow Price	Constraint R.H. Side	Allowable Increase	Allowable Decrease
$D$4	Constraint 1	175	600	175	25	75
$D$5	Constraint 2	6250	0	7000	1E+30	750
$D$6	Constraint 3	150	0	250	1E+30	100
$D$7	Constraint 4	200	50	200	150	100

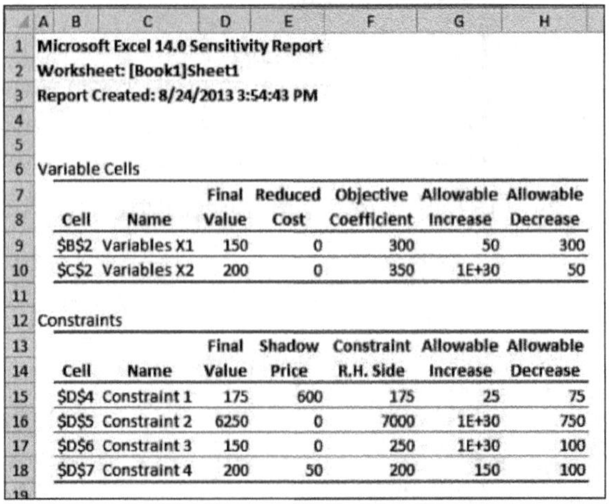

图 C.4　Excel 对养殖问题的线性规划求解结果与对偶解及灵敏度分析

图 C.3 与图 C.4 中 Reduced Cost（成本下降值）列已经列出对偶值，而 Dual Price（对偶价格）列则列出了对偶右侧值。约束条件按编号列出以供参考。为了比较原始解和相关对偶解的值，表 C.1 详细地给出了这两种求解结果。

表 C.1 求解结果对比

原问题求解		
数　　值	松弛变量值	相关对偶解的数值
$b_1 = 175$	$(s_1 = 0)$	600（1 英亩土地的边际贡献）
$b_2 = 7000$	$(s_2 = 750)$	0（1 小时劳动力的边际贡献）
$b_3 = 250$	$(s_3 = 100)$	0（1 头猪的边际贡献）
$b_4 = 200$	$(s_4 = 0)$	50（1 只绵羊的边际贡献）
$X_1 = 150$		0（1 头猪的边际成本或损失）
$X_2 = 200$		0（1 只绵羊的边际成本或损失）

注意，对于原始解来说，已经包含了松弛变量，这对理解所得到的对偶问题的值是十分重要的。针对第一个求解结果，可以做出以下几点评论：

• 每当原始解具有正的松弛变量值（$s_2 = 750$ 与 $s_3 = 100$，或剩余）时，可以认为相关的对偶价格决策变量（0 与 0）为零。这是因为在经济学上，当获取更多资源而不能产生经济效益时，这些资源被称为闲置资源。因此，得到更多的那些刚好被归入冗余资源的资源是没有任何经济价值的。

• 在大多数情况下，每当原始解具有零松弛值（$s_1 = 0$ 与 $s_4 = 0$）（或在最小化问题情况下为剩余），相关的对偶价格决策变量（600 和 50）将为正。这是因为零松弛（或剩余）意味着约束是起作用的约束，并对现有解决方案具有直接影响。每个单位决策变量值的影响大小则由对偶决策变量值给出。

• 当原始解决策变量为正（$X_1 = 150$ 与 $X_2 = 200$）时，对偶成本下降值将为零（0 与 0），这表明在生产由原问题的求解结果所建议的决策变量值时，没有成本或损失出现。

• 当原始解的决策变量为零（这个问题并没有发生）时，对偶成本下降值总是某个正值，这表明在生产原问题的有关决策变量的每一个单位时，存在成本或损失。

在养殖问题中，对偶价格值为 600 意味着 1 英亩土地的边际贡献是 600 美元。那么，购买额外 1 英亩土地的对偶价格为多少才好？答案是 600 美元，因为这将增加利润。对于这个问题来说，175 英亩土地每英亩增加 600

美元，直到总利润 Z 达到最大值 115000 美元。对偶解也可以反向发挥作用。如果不得不削减 1 英亩土地，那么这 1 英亩会如何影响 Z？简单地说，史密斯家将为了那 1 英亩土地损失 600 美元，削减更多地是一样的道理。所以，削减 10 英亩（即 b_1 从 175 减少到 165），对 Z 会有什么影响？这将导致 6000 美元的减少（600×10）。对右侧值可以增加或减少的数量有一定的限制，这才会使对偶价格保持为 600 美元。稍后这些将通过灵敏度分析来解决。

继续养殖问题，0 与 0 的对偶价格值意味着，1 小时劳动力或额外 1 头猪的边际贡献都为 0 美元。那么，如果要购买额外的 1 小时劳动力或者养殖超过最大限额 250 头的猪，那么对偶价格为多少才好？答案是 0 美元，因为两者都不会增加 Z。

在养殖问题中，对偶价格值 50 意味着，养殖额外的绵羊（超过 200 的最大限制）的边际贡献是 50 美元。当所有 175 英亩土地被使用时，如何能养殖一只额外的绵羊呢？于是，就有一个经济权衡问题。要增加一只绵羊，必须减少一头猪，因为只有 175 英亩土地可以养殖。我们都知道，养殖一头猪或一只绵羊需要 0.5 英亩的土地。所以，养殖一只额外的绵羊需要 0.5 英亩，会导致少养殖一头猪。结果是一只新的绵羊获得 350 美元，少一头猪损失 300 美元，或者说净经济收益为 50 美元（350-300）。注意，只有在这种简单问题中，人们才可以很容易地进行权衡。对偶解也可以反向发挥作用。少养殖一只绵羊会如何影响 Z？简单来说，少养殖一只绵羊将失去 50 美元，少养更多的绵羊也是一样的道理。

最后，在养殖问题中，对偶成本下降值为 0 和 0，这意味着史密斯家养殖 150 头猪和 200 只绵羊将招致 0 美元的边际成本或损失。

不论是利用 LINGO 还是使用 Excel 都可以获得灵敏度分析信息。这里重点介绍 Excel 的输出，如图 C.4 所示。Variable Cells（变量单元格）表中的最后两列（允许增加和允许减少）定义了 c_j 参数的灵敏度分析边界，而 Constraints（约束）表中定义了 b_i 参数的边界。从养殖问题的输出结果可以确定，c_j 灵敏度分析相关范围如表 C.2 所示。

表 C.2　灵敏度分析

决策变量	当前系数 c_j	允许增加数量	允许减少数量	相关范围
X_1（猪）	300	50	300	0～350
X_2（绵羊）	350	1E+30	50	300 至无限

在 Excel 中，1E+30 被看成一个非常大的或无限制的数值。因此，在这个问题中，可以回答下述类型的决策问题：

(1) 猪的最低利润水平是多少，他们还会养殖吗？（答案：0美元）

(2) 绵羊的最低利润水平是多少，他们还会养殖吗？（答案：300美元）

(3) 如果猪的利润增加到400美元，那么还会养殖绵羊吗？（答案：不会，绵羊变量将从解决方案中删除。）

(4) 如果每只绵羊的利润从350美元下降到320美元，还会养殖羊吗？是否可在不重新运行模型的情况下计算新的 Z 值？（答案：对于这两个问题的回答都是肯定的，因为它在相关范围内。旧的115000美元将降至109000美元（减少 30×200，即6000美元）。

(5) 如果一头猪的利润从300美元增加到310美元怎么办？应该养殖更多的猪吗？这样做会获得更多的利润吗？（答案：解决方案保持不变，即使不是通过养殖更多的猪，利润也会增加，利润增加1500（10×150）美元。

在图C.4中的养殖问题Excel的输出结果中，可以确定 b_i 灵敏度分析的相关范围，如表C.3所示。

表 C.3　b_i 灵敏度分析

约束条件	对偶变量	当前系数 b_i	允许增加数量	允许减少数量	相关范围
1. 土地	600	175	25	75	100～200
2. 劳动力	0	7000	1E+30	750	6250 至无限
3. 猪	0	250	1E+30	100	150 至无限
4. 绵羊	40	200	150	100	100～350

在这个问题中，可以回答下述类型的决策问题：

(1) 如果必须减少土地面积数额，那么可以减少多少土地，同时仍然保证每英亩只损失600美元？（答案：75英亩）

(2) 如果要增加土地面积，那么可以增加多少土地，同时仍然保证每英亩600美元的收益？（答：25英亩）

(3) 如果必须减少最多养殖的绵羊数，那么可以减少多少只绵羊，同时仍然确保一只绵羊仅仅损失50美元？（答案：100只）

(4) 可以减少多少小时劳动力，同时不改变现有的150头猪和200头羊的解决方案？（答案：750小时，这是松弛的小时数）。

最后，应当注意，如果超过由相关范围定义的 c_j 与 b_i 参数边界，那么求解结果集合变量和求解结果都会失效。在这种情况下，值得建议的是改变参数，并通过软件重新运行模型来模拟对解决方案的影响。

C.3.2　第二个求最大化的原问题

考察图C.5和图C.6所给出的第二个线性规划最大化问题的输出信息。

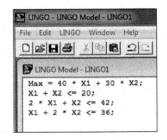

图 C.5　LINGO 对第二个最大化问题的建模

	A	B	C	D	E	F
1		X1	X2			
2	Variables	20	0			
3	Objective	40	30	800		
4	Constraint 1	1	1	20	<=	20
5	Constraint 2	2	1	40	<=	42
6	Constraint 3	1	2	20	<=	36

图 C.6　Excel 对第二个最大化问题的建模及求解结果

通常,此问题的对偶价格值定义如下:
- 1 单位 b_1 的边际贡献。
- 1 单位 b_2 的边际贡献。
- 1 单位 b_3 的边际贡献。

对和每个原始问题的决策变量 X_j 有关的对偶成本下降值,定义如下:
- 1 单位 X_1 的边际成本或损失。
- 1 单位 X_2 的边际成本或损失。

这个问题的 LINGO 求解结果及对偶解如图 C.7 所示,Excel 求解结果及对偶解由图 C.8 给出。

```
Solution Report - LINGO1
Global optimal solution found.
Objective value:                         800.0000
Total solver iterations:                        4

                    Variable           Value        Reduced Cost
                          X1       20.00000            0.000000
                          X2        0.000000            10.00000

                         Row   Slack or Surplus          Dual Price
                           1          800.0000            1.000000
                           2          0.000000            40.00000
                           3          2.000000            0.000000
                           4          16.00000            0.000000
```

图 C.7　LINGO 对第二个线性规划最大化问题的求解结果及对偶解

```
       A    B         C        D       E         F          G          H
1  Microsoft Excel 14.0 Sensitivity Report
2  Worksheet: [Book1]Sheet1
3  Report Created: 8/24/2013 3:47:38 PM
4
5
6  Variable Cells
7                          Final   Reduced   Objective   Allowable  Allowable
8       Cell   Name        Value   Cost      Coefficient Increase   Decrease
9       $B$2   Variables X1  20     0           40        1E+30       10
10      $C$2   Variables X2   0    -10          30         10        1E+30
11
12 Constraints
13                          Final   Shadow    Constraint  Allowable  Allowable
14      Cell   Name         Value   Price     R.H. Side   Increase   Decrease
15      $D$4   Constraint 1   20      40         20           1         20
16      $D$5   Constraint 2   40       0         42         1E+30        2
17      $D$6   Constraint 3   20       0         36         1E+30       16
```

图 C.8　Excel 对第二个线性规划最大化问题的求解结果及对偶解

整理上述结果,如表 C.4 所示。

表 C.4　结果整理

原始问题求解		
数　值	松弛变量值	相关对偶解的数值
$b_1 = 20$	$(s_1 = 0)$	40（1 单位 b_1 的边际贡献）
$b_2 = 42$	$(s_2 = 2)$	0（1 单位 b_2 的边际贡献）
$b_3 = 36$	$(s_3 = 16)$	0（1 单位 b_3 的边际贡献）
$X_1 = 20$		0（1 单位 X_1 的边际成本或损失）
$X_2 = 0$		10（1 单位 X_2 的边际成本或损失）

对偶价格值 40 表示 1 单位 b_1 的边际贡献为 40 美元。所以,如果 b_1 增加到 21,则 Z 将增加 40 美元,如果 b_1 减少到 19,则 Z 将减少 40 美元。

其他对偶价格值 0 与 0 意味着,增加右侧值（b_2 或 b_3）的边际贡献将不改变 Z 值,原因在于这两个约束中都有冗余资源。

对于这个问题来说,人们认为成本下降值为 0,因为其相关的 X_1 等于正值（20）。成本下降 10 意味着,生产 1 单位 X_2,将使最大值 800 美元减少 10 美元（将损失 10 美元）。因为模型的当前解决方案建议不生产 X_2,所以不会生产 X_2,但是如果将约束加到这个模型上,使得 $X_2 = 1$,然后重新运行,那么这个模型将迫使求解生产 1 单位 X_2。在此情况下,最大值 800 美元就会减少 10 美元。

C.3.3 第一个求最小化的原问题

对于第一个最小化问题来说，考察一个新问题——制造公司的问题。

问题背景陈述：制造公司希望确定两家工厂（工厂 A 和工厂 B）每月运行多少天，以便满足每家工厂生产三种轮胎的最低市场需求。每天生产三种轮胎的数量和总的最小需求量如表 C.5 所示。

表 C.5 生产信息和需求量

轮胎类型	每天轮胎生产量信息		总的最小需求
	工厂 A	工厂 B	每月需求量
高级	50	60	2500
豪华	80	60	3000
普通	100	200	7000

如果制造公司每天花费 2500 美元来运营工厂 A，每天花费 3500 美元来运营工厂 B，那么每家工厂运营的最佳天数是多少，以便满足轮胎每月最低需求量？这个问题的线性规划模型如下：

$$\text{Min} Z = 2500X_1 + 3500X_2 \quad (\text{成本})$$

$$\text{s.t.} \begin{cases} 50X_1 + 60X_2 \geq 2500 \ (\text{高级轮胎}) \\ 80X_1 + 60X_2 \geq 3000 \ (\text{豪华轮胎}) \\ 100X_1 + 200X_2 \geq 7000 \ (\text{普通轮胎}) \\ X_1, X_2 \geq 0 \end{cases}$$

式中 X_1——每月运营工厂 A 的天数；

X_2——每月运营工厂 B 的天数。

这个模型的 LINGO 数据输入由图 C.9 给出，Excel 的建模与求解结果则由图 C.10 给出。

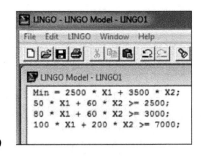

图 C.9 LINGO 对制造公司原问题的建模

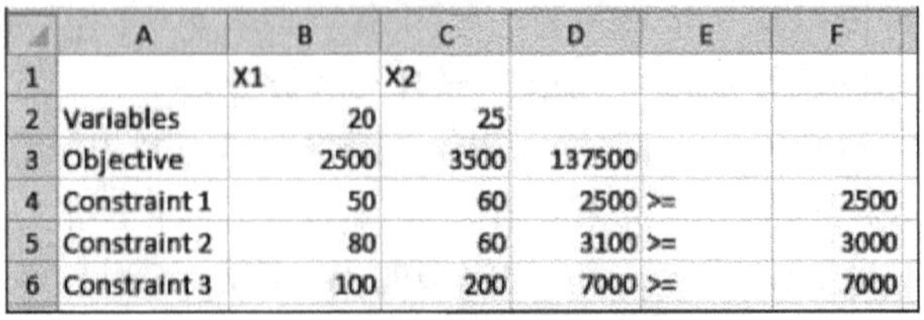

图 C.10 Excel 对制造公司原问题的建模与求解结果

此问题的对偶问题求解值如下：

- 1 个高级轮胎的边际贡献。
- 1 个豪华轮胎的边际贡献。
- 1 个普通轮胎的边际贡献。

这些对偶价格的值就是资源右边值的边际贡献值，对偶成本下降值和每个原问题的 X_j 决策变量有关：

- 工厂 A 运营一天的边际成本或损失。
- 工厂 B 运营一天的边际成本或损失。

如前所述，确有必要全面理解的是，利用原问题的成分可以定义对偶变量。LINGO 的求解结果及对偶解由图 C. 11 给出，而 Excel 的求解结果及对偶解则由图 C. 12 给出。

```
Solution Report - LINGO1
Global optimal solution found.
Objective value:                              137500.0
Total solver iterations:                             2

                  Variable         Value        Reduced Cost
                        X1      20.00000            0.000000
                        X2      25.00000            0.000000

                       Row   Slack or Surplus     Dual Price
                         1      137500.0           -1.000000
                         2      0.000000           -37.50000
                         3      100.0000            0.000000
                         4      0.000000           -6.250000
```

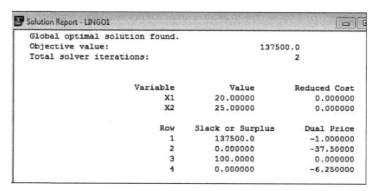

图 C. 11　LINGO 对制造公司原问题的线性规划求解结果及对偶解

Microsoft Excel 14.0 Sensitivity Report
Worksheet: [Book1]Sheet1
Report Created: 8/25/2013 3:44:21 PM

Variable Cells

Cell	Name	Final Value	Reduced Cost	Objective Coefficient	Allowable Increase	Allowable Decrease
$B$2	Variables X1	20	0	2500	416.6666667	750
$C$2	Variables X2	25	0	3500	1500	500

Constraints

Cell	Name	Final Value	Shadow Price	Constraint R.H. Side	Allowable Increase	Allowable Decrease
$D$4	Constraint 1	2500	37.5	2500	1000	40
$D$5	Constraint 2	3100	0	3000	100	1E+30
$D$6	Constraint 3	7000	6.25	7000	222.2222222	2000

图 C. 12　Excel 对制造公司原问题的线性规划求解结果及对偶解

由输出的结果可知,原问题的求解结果及对偶解如表 C.6 所示。

表 C.6 原问题的求解结果及对偶解

原问题求解		
数 值	剩余变量值	相关对偶解的数值
$b_1 = 2500$	$(s_1 = 0)$	37.5(1 个高级轮胎的边际贡献)
$b_2 = 3000$	$(s_2 = 100)$	0(1 个豪华轮胎的边际贡献)
$b_3 = 7000$	$(s_3 = 0)$	6.25(1 个普通轮胎的边际贡献)
$X_1 = 20$		0(工厂 A 运营一天的边际成本或损失)
$X_2 = 25$		0(工厂 B 运营一天的边际成本或损失)

注意输出的结果中,对偶价格值前面有负号。人们可以忽略这些符号。这表示该值源自大于或等于的约束。这些值的解释与最大化问题非常相似。

对于制造公司的问题来说,对这个求解结果可以给出如下解释,对偶价格值为 37.5 意味着 1 个高级轮胎的边际贡献是 37.5 美元。那么,这个轮胎的对偶价格是多少才好呢?答案是至少 37.5 美元,因为这是在最小化 Z 时的价值。对偶解也可以反向发挥作用。如果必须削减生产 1 个高级轮胎,这将对 Z 有什么影响?对于削减一个高级轮胎来说,直接使总成本下降 37.5 美元。所以,当削减 10 个高级轮胎(b_1 从 2500 减少到 2490)时,会对 Z 有何影响?答案是将减少 375 美元(37.5×10)。

对于制造公司的问题来说,对偶价格值为 0 意味着增加豪华轮胎的边际贡献为 0。人们认为,原因在于这个约束存在剩余,使得它不具有约束力或多余。当增加或减少豪华轮胎时,最小值 3000 将不会对现有求解结果产生影响。

对于制造公司的问题来说,6.25 的对偶价格值意味着生产普通轮胎(超过 7000)的 Z 的边际贡献为 6.25 美元。对偶解也可以反向发挥作用。如果有必要减少生产 1 个普通轮胎,那么它会使 Z 减少 6.25 美元,对于减少更多轮胎的情况,也是同样的道理。

最后,在制造公司的问题中,下降成本值 0 与 0 意味着每月工厂 A 运营 20 天,同时每月工厂 B 运营 25 天,这将产生 0 美元的边际成本或损失。

由图 C.12 中的制造公司问题的结果输出,可以确定 c_j 与 b_i 灵敏度分析的相关范围如表 C.7、表 C.8 所示。

表 C.7 c_j 的灵敏度分析

决策变量	当前系数 c_j	允许增加数量	允许减少数量	相关范围
X_1(工厂 A)	2500	416.66	750	1750~2916.66
X_2(工厂 A)	3500	1500	500	3000~5000

表 C.8　b_i 的灵敏度分析

约束条件	对偶变量	当前系数 b_i	允许增加数量	允许减少数量	相关范围
1（高级）	37.5 美元	2500	1000	40	2460 ~ 3500
2（豪华）	0	3000	100	1E + 30	无限制至 3100
3（普通）	6.25 美元	7000	222.22	2000	5000 ~ 7222.22

除了 Z 是成本函数之外，类似于最大化问题，都可以给出相关范围的解释。对变量值增大至边界与对偶解之间要加以权衡，以使其仍然正确。一旦超出边界值，则对偶解无效。有趣的是，豪华轮胎的 b_i 相关范围值表明，下边界是无限制的，然而下边界必须是零。在 Excel 中，使用无限制或 1E + 30 是错误的。用户必须确保零是下边界，以此来保证线性规划的非负性要求得到满足。

C.3.4　第二个求最小化的原问题

考察图 C.13 中的线性规划最小化问题的输出信息，还有图 C.14 中所给出的 Excel 对此问题的建模及求解情况。

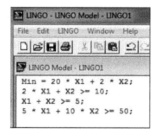

图 C.13　LINGO 对第二个最小化问题的建模

	A	B	C	D	E	F
1		X1	X2			
2	Variables	0	10			
3	Objective	20	2	20		
4	Constraint 1	2	1	10	>=	10
5	Constraint 2	1	1	10	>=	5
6	Constraint 3	5	10	100	>=	50

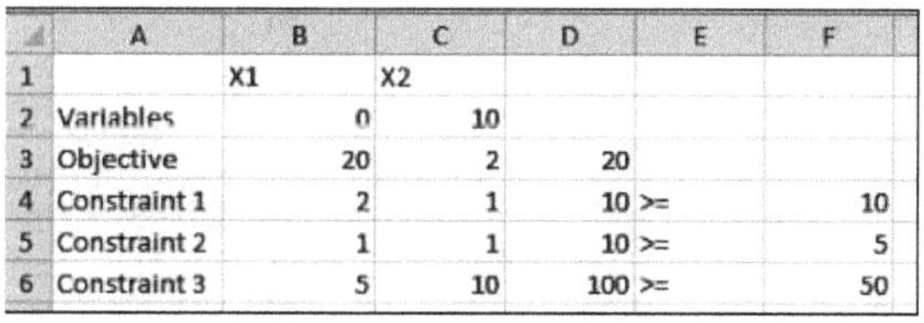

图 C.14　Excel 对第二个问题的建模及求解结果

这个问题的对偶价格值通常如下定义：

- 1 单位 b_1 的边际贡献。
- 1 单位 b_2 的边际贡献。

- 1 单位 b_3 的边际贡献。

与每个原问题的 X_j 决策变量有关的对偶成本下降值如下:
- 1 单位 X_1 的边际成本或损失。
- 1 单位 X_2 的边际成本或损失。

LINGO 对这个问题的求解结果及对偶解由图 C.15 给出,Excel 的求解结果及对偶解如图 C.16 所示。

```
Solution Report - LINGO1
Global optimal solution found.
Objective value:                        20.00000
Total solver iterations:                       1

                Variable          Value       Reduced Cost
                      X1       0.000000          16.00000
                      X2      10.000000          0.000000

                     Row  Slack or Surplus      Dual Price
                       1        20.00000         -1.000000
                       2        0.000000         -2.000000
                       3        5.000000          0.000000
                       4        50.00000          0.000000
```

图 C.15 LINGO 对第二个最小化问题的线性规划求解结果及对偶解

	A	B	C	D	E	F	G	H
1	Microsoft Excel 14.0 Sensitivity Report							
2	Worksheet: [Book1]Sheet1							
3	Report Created: 8/24/2013 3:14:33 PM							
6	Variable Cells							
7				Final	Reduced	Objective	Allowable	Allowable
8		Cell	Name	Value	Cost	Coefficient	Increase	Decrease
9		$B$2	Variables X1	0	16	20	1E+30	16
10		$C$2	Variables X2	10	0	2	8	2
12	Constraints							
13				Final	Shadow	Constraint	Allowable	Allowable
14		Cell	Name	Value	Price	R.H. Side	Increase	Decrease
15		$D$4	Constraint 1	10	2	10	1E+30	5
16		$D$5	Constraint 2	10	0	5	5	1E+30
17		$D$6	Constraint 3	100	0	50	50	1E+30

图 C.16 Excel 对第二个最小化问题的线性规划求解结果及对偶解

线性规划求解结果可以重新表述如表 C.9 所示。

表 C.9 求解结果

原始问题求解		
数　　值	剩余变量值	相关对偶解的数值
$b_1 = 10$	$(s_1 = 0)$	−2（1 单位 b_1 的边际贡献）
$b_2 = 5$	$(s_2 = 5)$	0（1 单位 b_2 的边际贡献）
$b_3 = 50$	$(s_3 = 50)$	0（1 单位 b_3 的边际贡献）
$X_1 = 0$		16（1 单位 X_1 的边际成本或损失）
$X_2 = 10$		0（1 单位 X_2 的边际成本或损失）

对这个求解结果可以给出如下解释，对偶价格值为 2（忽略负号）意味着，1 单位 b_1 的边际贡献是 2 美元。因此，如果 b_1 从 10 增加到 11，则 Z 将增加 2 美元，如果 b_1 减少到 9，则 Z 将减少 2 美元。

其他对偶价格值 0 与 0 意味着，增加右边值的边际贡献将不会改变 Z，原因在于这两个约束中都有冗余资源。

对于这个问题来说，成本下降值 16 意味着，每 1 单位 X_1，在最小值 Z 处成本为 16 美元。由于模型的当前解决方案建议不生产 X_1，所以不会生产它。然而，如果将约束 $X_1 = 1$ 添加到这个模型上，然后重新运行，结果将被迫生成 1 单位 X_1。在此情况下，Z 将增加 16 美元，即从最小值 20 美元增加到 36 美元。由于其相关的 X_2 等于正值（10），所以可以认为其成本下降值为 0。

C.4　确定对偶性资源的经济价值

一旦原问题建模与对偶解均为已知，计算对偶性资源的经济价值就会非常简单。在 C.3.1 节的养殖问题中，对偶解如表 C.10 所示。

表 C.10 养殖问题的对偶解

原问题求解		
数　　值	松弛变量值	相关对偶解的数值
$b_1 = 175$	$(s_1 = 0)$	600（1 英亩土地的边际贡献）
$b_2 = 7000$	$(s_2 = 750)$	0（1 小时劳动力的边际贡献）
$b_3 = 250$	$(s_3 = 100)$	0（1 头猪的边际贡献）
$b_4 = 200$	$(s_4 = 0)$	50（1 只绵羊的边际贡献）
$X_1 = 150$		0（1 头猪的边际成本或损失）
$X_2 = 200$		0（1 只绵羊的边际成本或损失）

为了计算四种资源（英亩土地、劳动力时间、猪和绵羊的约束）中每一种资源的经济贡献，所需做的是将它们的边际贡献系数乘以最终解中每

一种资源的实际数量。对于养殖问题来说：

英亩土地的总贡献量 = (175×600) 美元 = 105000 美元

劳动力时间总贡献量 = (6250×0) 美元 = 0 美元

额外 1 头猪的总贡献量 = (150×0) 美元 = 0 美元

额外 1 只绵羊的总贡献量 = (200×50) 美元 = 10000 美元

最大化总利润 (Z) = 115000 美元

因此，对于这个问题，土地贡献是最多的。注意，劳动力时间没有贡献。最优解得出需要 6250 小时劳动，劳动力时间怎么可能没有贡献呢？之所以如此，是因为这个例子只看资源稀缺的经济价值，而不是养殖动物的实际成本的会计价值。由于劳动力时间是松弛的，可将它们看成是不影响求解结果的一个自由的经济资源，不影响解决方案。事实上，劳动力时间并没有以任何方式确定这个问题中的决策变量的最优值。

C.5 对偶性的实际应用

下面是几个对偶问题的实际应用，每一个都附有答案。运用这些问题来练习本附录所介绍的方法和概念。

1. 一家小型家具制造商生产三种不同类型的家具：桌子、椅子和书柜。木材必须利用机器切割。机器可用于切割的时间为 100 小时，每单位桌子、椅子和书柜需要切割的时间分别为 0.8 小时、0.4 小时和 0.5 小时。家具制造商也有 650 劳动力小时可用于粉刷和抛光，每单位桌子、椅子和书柜分别需要的时间为 5 劳动力小时、3 劳动力小时和 3 劳动力小时。这些产品将被存储在仓库中，仓库总容量为 1260 平方英尺。每一种产品所需的占地面积分别为 9 平方英尺、6 平方英尺和 9 平方英尺。在市场上，每种产品的销售额分别为每单位 30 美元、16 美元和 25 美元。这个问题的对偶解是什么，如何解释？

答案：首先，从原问题的建模开始，这也是附录 B.8 的应用问题。

设 X_1、X_2 和 X_3 分别表示生产桌子、椅子和书柜的数量。由于有 100 总机器小时可用于切割，所有生产 X_1、X_2 和 X_3 不能超过可利用机器小时。

因此，第一个约束条件的数学表述是 $0.8X_1 + 0.4X_2 + 0.5X_3 \leq 100$。另外，为了粉刷、抛光和存放的需要必须满足不超过 650 劳动力小时与 1260 英尺的约束。因此，还有 2 个约束是 $5X_1 + 3X_2 + 3X_3 \leq 650$ 与 $9X_1 + 6X_2 + 9X_3 \leq 1260$。最后，所有的决策变量必须是非负性的。于是，完整的问题建模如下：

$$\text{Max} Z = 30X_1 + 16X_2 + 25X_3$$
$$\text{s.t} \begin{cases} 0.8X_1 + 0.4X_2 + 0.5X_3 \leq 100 \\ 5X_1 + 3X_2 + 3X_3 \leq 650 \\ 9X_1 + 6X_2 + 9X_3 \leq 1260 \\ X_1, X_2, X_3 \geq 0 \end{cases}$$

解答这个问题需要运用计算机。原始解与对偶解的最优值是什么？它们有什么含义？原始解是 $Z=4000$，$X_1=100$，$X_2=0$，$X_3=40$，$s_1=0$，$s_2=30$ 以及 $s_3=0$；对偶解是对偶价格，为 16.667、0、1.852，对偶成本下降值分别为 0、1.778、0。这个对偶解有什么含义？1 个机器小时的边际贡献值为 16.667 美元，劳动力时间的边际贡献值为 0 美元，每平方英尺的边际贡献值为 1.852 美元。此外，如果决定生产椅子（即使原问题的解决方案说不），它将花费每单位 1.778 美元的利润。

2. Riverside 公司希望将三种产品的生产外包：高级金刚石钻机、豪华金刚石钻机和普通金刚石钻机。这三个生产线可以在具有独特生产能力的两个不同的外部工厂生产。通常一天里，外包厂 A 生产 20 个高级金刚石钻机、30 个豪华金刚石钻机和 100 个普通金刚石钻机。外包厂 B 生产 50 个高级金刚石钻机、50 个豪华金刚石钻机和 60 个普通金刚石钻机。每一种金刚石钻机的月需求量分别为 5000 单位、3000 单位和 1000 单位。Riverside 公司支付外包厂 A 的运营成本为每日 50000 美元，外包厂 B 的运营成本为每日 50000 美元。这个问题的对偶解是什么？有什么含义？

答案：再一次对原问题进行建模。令决策变量 X_1 和 X_2 表示每家工厂运营天数。这个问题的目标函数是使两家工厂每日运营成本之和最小化：$Z = 50000X_1 + 50000X_2$。目标是确定决策变量 X_1 与 X_2 的值，在满足约束条件下使总成本最小。这三种不同金刚石钻机中的每一种生产必须至少大于或等于特定数量，以便满足市场需求的要求。

在任何情况下，生产量都不应少于需求量。根据这些约束，这个问题可如下建模：

$$\text{Min} Z = 50000X_1 + 50000X_2$$
$$\text{s.t} \begin{cases} 20X_1 + 50X_2 \geq 5000 \text{（高级金刚石钻机）} \\ 30X_1 + 50X_2 \geq 3000 \text{（豪华金刚石钻机）} \\ 100X_1 + 60X_2 \geq 1000 \text{（普通金刚石钻机）} \\ X_1, X_2 \geq 0 \end{cases}$$

此问题需要运用计算机来进行计算。原始解是 $Z=5000000$，$X_1=0$，

$X_2 = 100$，$s_1 = 0$，$s_2 = 2000$，$s_3 = 5000$；对偶价格值分别为 1000、0、0，对偶成本下降值分别为 30000 和 0。这个对偶解有什么含义？生产每单位高级金刚石钻机将增加成本 1000 美元，但生产每单位豪华金刚石钻机或普通金刚石钻机，不会增加成本。另外，如果使用外包厂 A，总成本 Z 将每天增加 30000 美元。

3. 从图 C.16 的输出信息来看，参数 c_j 与 b_i 的相关范围是什么？

答案如表 C.11 和表 C.12 所示。

表 C.11 c_j 的相关范围

决策变量	当前系数 c_j	允许增加数量	允许减少数量	相关范围
X_1	20	1E+30	16	4 至无限制
X_2	2	8	2	0~10

表 C.12 b_i 的相关范围

约束条件	对偶变量	当前系数 b_i	允许增加数量	允许减少数量	相关范围
1	2	10	1E+30	5	5 至无限制
2	0	5	5	1E+30	无限制至 10
3	0	50	50	1E+30	无限制至 100

附录 D 整数规划

D.1 引言

D.1.1 什么是整数规划？

在前面几章关于线性规划的内容中，我们允许决策变量的值可以取任何实数值，包括小数或十进制数值。整数规划（Integer programming, IP）也称为整数线性规划，是线性规划的一种特殊情况，其中 n 个决策变量的值必须取整数（如 0，1，2 等）。这意味着整数规划问题模型的建立和通常线性规划问题模型有所不同，其差异仅在于对所得到的解决方案中决策变量的要求上。也就是，我们将前面一组实数集合的非负性和已知要求

$$X_1, X_2, \cdots, X_n \geq 0$$

转变为所有整数规划问题模型的如下形式：

$$X_1, X_2, \cdots, X_n \geq 0 \text{ 且为整数}$$

对于一组决策变量值来说，可行的求解方案不仅包括整数还包括非整数（或实数）值。这种类型的解决方案被称为混合整数规划问题模型。在混合整数规划问题模型中，人们会指定哪个决策变量将是整数，哪个决策变量将是非整数。考虑有四个决策变量的问题，其中决策变量 X_1 和 X_2 需要为实（非整数）值，同时决策变量 X_3 和 X_4 需要为整数值。这种混合整数规划模型的非负性和已知要求如下：

$$X_1, X_2 \geq 0; X_3, X_4 \geq 0 \text{ 且为整数}$$

许多商业数据分析问题需要这种整数解。为了求解诸如针对分配人员或生产全部产品、选择新产品，或项目选择的决策，体现在线性规划模型上，就是选择决策变量使得线性规划问题达到最优化。整数规划在商业数据分析过程的第三步——规范性数据分析中得到了应用。

D.1.2 0-1 整数规划问题模型

有些整数规划问题需要所有决策变量为整数解，而有些则需要混合整数解。决策变量取整数的范围可以是 0，1，2，…，一直到任何整数。这是

一种整数规划问题模型。另外，还有一些更为特殊的整数规划模型。有一类整数规划模型被称为 0-1 规划（ZOP）模型，它将决策变量的值限制为仅仅取 0 或 1 的整数值。这样就将非负性和已知要求改变为

$$X_1, X_2, \cdots, X_n = 0, 或 1$$

人们可能认为这种限制太有约束性，以至于这个模型不能有太大用处。然而，大多数日常决策都涉及是或否。在绝大多数 0-1 整数规划问题模型中，决策变量同样应用于对这类决策进行建模，具体形式如下：

$$X_j = 1（"是"决定）$$
$$X_j = 0（"否"决定）$$

D.2 求解整数规划问题模型

D.2.1 简介

分支定界法是求解任何整数问题的解决方法，这里利用通常的单纯形软件既可求解全部整数问题，也可求解混合整数解问题。LINGO（来自 Lindo Systems，www.lindo.com）和 Excel 都基于分支定界法求解整数规划与 0-1 整数规划问题，且将在本附录中使用。

D.2.2 最大化 IP 问题

考察下面的 IP 问题，这可以利用分支定界法得出所有整数解来解决：

$$Max Z = 300X_1 + 200X_2$$

s.t.
$$\begin{cases} 5X_1 + 2X_2 \leq 180 \\ 3X_1 + 3X_2 \leq 141 \\ X_1, X_2 \geq 0，且全部为整数 \end{cases}$$

LINGO 软件要求对模型中的整数变量进行识别，并用专用符号表示。对于所有整数变量（包括非整数变量的混合整数规划），这里给出专用符号：

@GIN（变量名）；

利用 LINGO 求解最大化问题，LINGO 数据输入信息如图 D.1 所示。这个问题的线性规划求解结果如图 D.2 所示。

Excel 具有类似的功能，通过调整设置可以创建整数解。在图 D.3 中，通过将额外的 INT 约束添加到 Excel LP 模型的两个正常的输入之上，此软件将生成全部整数解，如图 D.4 所示。

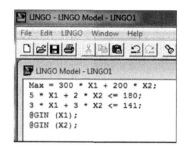

图 D. 1 LINGO 软件求解最大化 IP 问题的数据录入

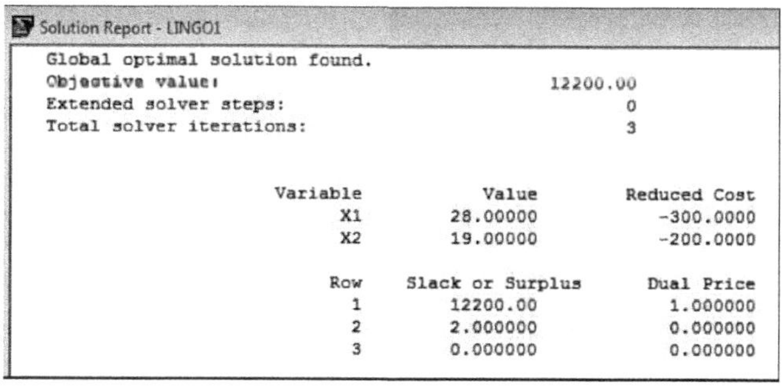

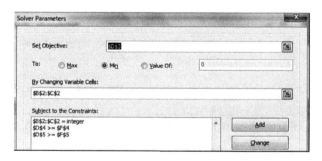

图 D. 2 LINGO 软件给出的最大化 IP 问题的求解结果

图 D. 3 Excel 软件求解最大化 IP 问题的数据录入

	A	B	C	D	E	F
1		X1	X2			
2	Variables	28	19			
3	Objective	300	200	12200		
4	Constraint 1	5	2	178	<=	180
5	Constraint 2	3	3	141	<=	141

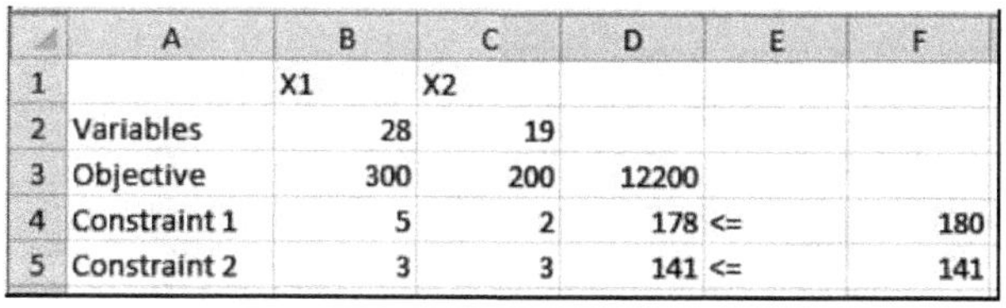

图 D. 4 Excel 软件给出的最大化 IP 问题的求解结果

D.2.3 最小化线性规划问题

考察下面的线性规划问题，这可以利用分支定界法得出所有整数解来解决：

$$\text{Min } Z = 50X_1 + 44X_2$$

s.t. $\begin{cases} 3X_1 + 2X_2 \geq 48 \\ 3X_1 + 6X_2 \geq 75 \\ X_1, X_2 \geq 0, \text{且全部为整数} \end{cases}$

利用这个模型，人们可在 LINGO 中输入问题，如图 D.5 所示，并获得如图 D.6 所示的求解结果。

图 D.5 LINGO 软件求解最小化 IP 问题的录入

```
Solution Report - LINGO1
Global optimal solution found.
Objective value:                    896.0000
Extended solver steps:                     0
Total solver iterations:                   4

            Variable        Value      Reduced Cost
                  X1     10.00000         50.00000
                  X2     9.000000         44.00000

                 Row  Slack or Surplus    Dual Price
                   1         896.0000      -1.000000
                   2         0.000000       0.000000
                   3         9.000000       0.000000
```

图 D.6 LINGO 软件给出的最小化 IP 问题的求解结果

为获得混合整数解，人们允许一个决策变量成为实数值，这时所需要的就是在为模型录入数据时删除@GIN 语句。

此问题的 Excel 求解结果如图 D.7 所示。

	A	B	C	D	E	F
1		X1	X2			
2	Variables	10	9			
3	Objective	50	44	896		
4	Constraint 1	3	2	48	>=	48
5	Constraint 2	3	6	84	>=	75

图 D.7 Excel 软件给出的最小化 IP 问题的求解结果

D.3 求解决 0-1 规划问题模型

如上所述, 0-1 整数规划问题模型要求其决策变量的值要么为 0, 要么为 1。在很多文献中,存在求解 0-1 整数规划问题模型的枚举方法,但这些方法超出了本课程的范围。利用 LINGO 和 Excel 均可求解 0-1 整数规划问题。为了说明求解过程,考察如下形式的 0-1 最大化模型:

$$\text{Max} Z = 7X_1 + 31X_2$$
$$\text{s. t.} \begin{cases} X_1 + 4X_2 \leqslant 34.5 \\ 3X_1 + 2.5X_2 \leqslant 45.5 \\ X_1, X_2 = 0 \text{ 或 } 1 \end{cases}$$

LINGO 软件要求对模型中的 0-1 变量进行识别,并用专用符号表示。对于所有 0-1 变量(包括混合 0-1 变量),这里给出专用符号:

@BIN(变量名);

利用 LINGO 求解最大化问题, LINGO 数据输入信息如图 D.8 所示, 求解结果如图 D.9 所示。

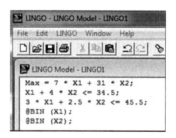

图 D.8 LINGO 软件 0-1 整数规划问题数据输入

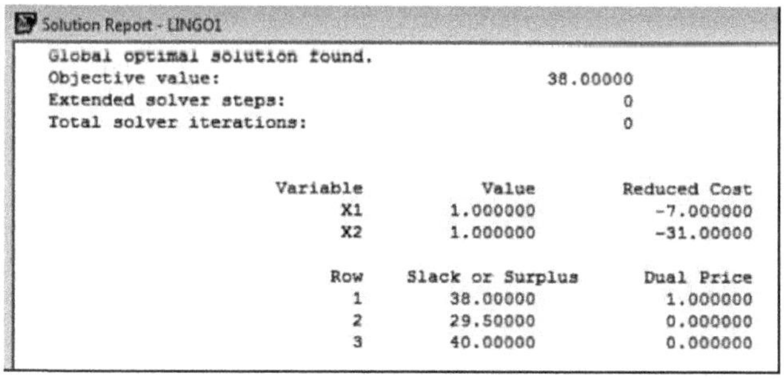

图 D.9 LINGO 软件给出的 0-1 整数规划问题求解结果

Excel 也允许利用 BIN 选项，而不是以前的 INT 整数选项来给出 0-1 求解结果。它通过创建附加约束来求解，如图 D. 10 所示。所得到的 0-1 求解结果如图 D. 11 所示。

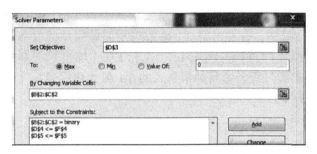

图 D. 10　Excel 软件 0-1 整数规划问题数据输入

	A	B	C	D	E	F
1		X1	X2			
2	Variables	1	1			
3	Objective	7	31	38		
4	Constraint 1	1	4	5	<=	34.5
5	Constraint 2	3	2.5	5.5	<=	45.5

图 D. 11　Excel 软件给出的 0-1 整数规划问题求解结果

D. 4　整数规划应用问题

下述内容是三个应用问题，随后给出它们的答案。通过这些问题来实际运用本附录中所提出的方法和概念。

1. 这个线性规划问题模型的解决方案是什么（求解问题时需要使用计算机）?

$$\text{Max}Z=4X_1+3X_2$$

$$\text{s. t.}\begin{cases}X_1+2X_2\leqslant 100\\8X_1+5X_2\leqslant 300\\X_1,\ X_2\geqslant 0\ \text{且全部为整数}\end{cases}$$

（答案：$Z=172$，$X_1=10$，$X_2=44$）

2. 这个线性问题模型的解决方案是什么（求解问题时需要使用计算机）?

$$\text{Max}Z=40X_1+30X_2$$

s. t. $\begin{cases} 2X_1 + 2X_2 \leq 59 \\ 3X_1 + X_2 \leq 75 \\ X_1 + 2X_2 \leq 50 \\ X_1, X_2 \geq 0 \text{ 且为整数} \end{cases}$

(答案：$Z = 1100$，$X_1 = 23$，$X_2 = 6$)

3. 这个0-1整数规划问题模型的解决方案是什么（求解问题时需要使用计算机）？

$\text{Min} Z = 2X_1 + X_2 + 3X_3 + 2X_4 + 4X_5$

s. t. $\begin{cases} X_1 + 2X_2 + X_3 + X_4 + 2X_5 \geq 4 \\ 7X_1 + X_2 - 3X_4 + 3X_5 \geq 6 \\ -9X_1 + 9X_2 + 6X_3 - 3X_5 \geq -3 \\ X_1, X_2 \geq 0 \text{ 且全部为整数} \end{cases}$

(答案：$Z = 6$，$X_1 = 1$，$X_2 = 1$，$X_3 = 1$，$X_4 = 0$，$X_5 = 0$)

附录 E 预测

E.1 引言

凡是看过《爱丽丝梦游仙境》[⊖]的人都知道，柴郡猫和爱丽丝之间有着交流沟通。爱丽丝问道："请你告诉我，我应该怎样从这里走？"猫回答："这取决于你想要到达的地方"。爱丽丝说："我不在乎到哪里。"猫则回答说："那你走哪一条路都没有什么关系。"

商业数据分析帮助管理者拥有了解问题和解决问题的能力。执行商业数据分析工作需要预测未来，或至少是预测未来的趋势。人们可利用统计方法和定量方法来探索和认识数据集内部的基本关系。这些方法是商业数据分析流程中第二步，即预测性数据分析的核心。

这个附录主要介绍探索数据、数据概念化和预测数据中的关系时十分有用的预测方法。本附录首先介绍数据变化的类型，然后阐述一系列预测方法，这些方法中将利用 SPSS 和 Excel 软件来执行计算分析。

E.2 时间序列数据变化类型

一般来说，商业预测和时间有紧密关系。当商业数据与时间顺序相一致时，称为时间序列数据（Time Series Data）。在预测模型中，时间序列数据用于预测未来销售或产品需求，其中在此附录中时间用字母 t 或 X 表示，它是预测变量（也称为自变量）。人们可能想要预测销售或产品需求，在时间序列模型中，销售或产品需求数据称为因变量，在预测模型中用字母 Y 表示。

时间序列数据可以包含许多独特的变化，这增加了预测的复杂性，并

[⊖] 这是英国作家路易斯·卡罗尔（Lewis Carroll，1832—1898）创作的童话，柴郡猫（Cheshire cat）是书中主角之一，它是一只能随时现身随时消失的短毛猫。柴郡猫作为一个虚构角色，其形象是一只咧着嘴笑的猫，拥有能凭空出现或消失的能力，甚至在它消失以后，它的笑容还挂在半空中。——译者注

导致预测 Y 时产生模型误差。这种复杂性主要归因于时间序列数据中所存在的变化类型。对于时间序列数据来说，存在四种常见类型的变化：趋势、季节性变化、周期性变化以及随机变化。

这些变化类型已在图 E.1 中以图形方式给出。时间序列数据中可能存在一个或多个变化类型。对于一些公司来说，销售由单一变化类型所主导。因此，这些公司就需要一些预测方法，要求能准确针对这些变化的长期（长于一年）或短期（少于一年）特性，以及它们的线性和非线性来进行预测。

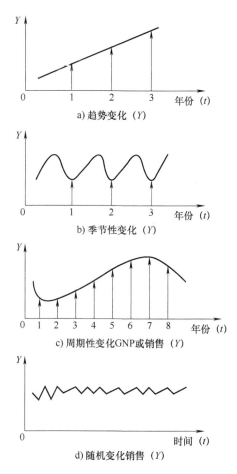

图 E.1 时间序列数据的变化类型

时间序列分析模型存在两种基本类型：一种是加法模型，另一种是乘法模型。加法时间序列模型假定模型由加法函数表示，也就是

$$Y_t = T_t + S_t + C_t + R_t$$

式中 Y_t——时间 t 时的实际值；

T_t——长期趋势对时间 t 时 Y 值的贡献；

S_t——季节性变化对时间 t 时 Y 值的贡献；

C_t——周期性变化对时间 t 时 Y 值的贡献；

R_t——时间 t 时 Y 值中不能由其他变异分量解释的随机或剩余贡献。

乘法时间序列模型假定，每一个变异分量的贡献是相关变异分量共同作用产生的复合函数，因此：

$$Y_t = T_t S_t C_t R_t$$

加法模型与乘法模型均假定，时间序列数据中所有四个变异分量都或多或少地存在。在某些情况下，时间序列数据中的这些变异分量的复杂性使得预测变得十分困难。为了应对数据变异存在的多个分量特性，人们就要分别识别每一个分量，并对每一个分量进行分析。

E.2.1 趋势变化

趋势变化是指数据向上或向下运动的长期线性变化。具有这种变化特性的时间序列数据可通过长时间的逐渐增加或减少的功能来刻画，如图 E.1 所示。为了预测这种变化，人们需要一种长期的线性预测方法。

E.2.2 季节性变化

季节性变化包含了在一年或一个季度中短时间周期性的峰值和谷值，一般是每年重复出现。休闲娱乐的产品销售在一年内具有明确的高低活动特性。如图 E.1b 所示，这种变化是非线性的，需要一种短期的非线性预测方法。

E.2.3 周期性变化

周期性变化是季节性变化的长期版本。周期性变化通常用来描述一个国家经济或行业销售的繁荣期和爆发时期。如图 E.1c 中的分界线所示，经济周期性经历衰退期（第 1~2 年）到恢复期（第 3~5 年）、繁荣期（第 6~7 年）、萧条期（第 8 年以后）这样一种典型的四个时期序列。企业销售也会经历类似的情况，这可能或不可能和一般的经济条件有关联。

E.2.4 随机变化

随机变化是指在剔除了其他变化类型（趋势、季节性和周期性变化）

之后的时间序列数据中仍然存在的无法解释的变化（剩余变化）。所有时间序列数据都拥有某种形式的随机变化。时间序列数据中的随机变化越多，预测起来就越困难。事实上，如果随机变化是时间序列数据中最主要的变化类型（也就是占据主导地位，超过趋势变化、季节性变化和周期性变化），那么预测几乎是不可能的。

E.2.5 预测方法

时间序列数据可能含有时间序列变化的所有四种类型，或者仅有一个或两个分量的变化类型。要想确定这些不同变化类型对预测的影响，人们就需要运用几种预测方法。有些方法是基于线性方法（用于确定趋势变化），而其他方法则运用非线性方法（用于确定季节性变化和周期性变化）。这些预测方法可以识别各种不同类型的变化，并用于预测。

当时间序列数据有很少或没有随机变化时，预测模型是最有用途的。不幸的是，数据并不总是规规矩矩地服从于线性或非线性变化趋势。如果不能很容易地从时间序列数据中辨别变化模式，那么就应该采用更复杂的预测模型。有些模型将在本节下述内容中简明扼要地加以讨论。如果可以识别出时间序列数据中的趋势、季节性变化或周期性变化模式，那么人们可能想要运用下列多种预测方法之一，包括简单回归模型（用来预测线性趋势）、多元回归模型（用来预测线性趋势），或者指数平滑模型（用来预测非线性季节性变化或周期性变化）。此外，人们也会以预测应用为主要任务，采用其他的软件建模技术，用模型拟合实际数据。

E.3 简单回归模型

E.3.1 趋势模型

利用回归（过程）方法，人们可以创建线性模型，用此模型表示线性趋势，并用于短期或长期预测。从本质上看，这个数学过程是通过使数据点和直线之间的距离最小化，将数据点平均化为线性表达式。其结果是一个线性模型。

简单回归模型是指仅有单个自变量的模型，这被认为是简单模型，利用它可计算趋势。简单回归模型试图将数据点（X 与相关的 Y 点）回归到单个线性表达式。在简单回归模型中，将原始销售数据（Y 变量）随时间（X 变量）的变化转换为线性等式，得到：

$$Y_p = a + bX$$

式中 Y_p——趋势的因变量的预测值;

a——垂直轴截距值;

b——趋势线的斜率(表示趋势的方向和速率);

X——自变量,通常以年为单位的时间或单位时间。

模型参数 b 提供了模型中使用的每个时期(X)的趋势方向和速率。若 b 是正的,则 Y 与时间或 X 正相关(由于 X 值在上升,Y 将上升)。若 b 是负的,则 Y 与 X 负相关(由于 X 上升,Y 下降)。因为在上述简单回归模型中不存在以手工计算 a 与 b 的值,所以这里将省略计算公式。

使用该模型预测趋势,可以观察到:b 值为正,表明未来正向的增长趋势,b 为负则表明未来负向的下降趋势。当以预测为目的应用模型时,仅需要选择未来时间(X),并将其代入模型中来生成特定时间的预测值(Y_p)。

E.3.2 利用计算机获得解决方案

假设一家公司想创建如下这样模型:揭示其销售趋势,并用来预测销售。现在我们将讨论仅限于预测变量为时间而因变量为销售的情况。我们假定有 20 个月的顺序相关的实际销售额,这已经由图 E.2 给出,用这些来创建模型。

	A	B	C
1	Time	Sales	Sun Spots
2	1	13444	78
3	2	12369	20
4	3	15322	1
5	4	13965	83
6	5	14999	5
7	6	15234	2
8	7	12999	1
9	8	15991	4
10	9	16121	21
11	10	18654	5
12	11	16876	45
13	12	17522	5
14	13	17933	17
15	14	15233	8
16	15	18723	2
17	16	13855	12
18	17	19399	5
19	18	16854	1
20	19	20167	24
21	20	18654	4

图 E.2 用于创建预测模型的销售与其他数据

利用 Excel 的数据分析加载项的回归选项，输入图 E.2 中的数据。经计算可以得到简单回归模型，以及其他有用的统计量，如图 E.3 所示。此外，利用图表还可以对线性回归模型与实际数据的差距给予概念化描述，如图 E.4 所示。

	A	B	C	D	E	F	G
1	SUMMARY OUTPUT						
2							
3	Regression Statistics						
4	Multiple R	0.731303658					
5	R Square	0.53400504					
6	Adjusted R Square	0.508960875					
7	Standard Error	1584.581894					
8	Observations	20					
9							
10	ANOVA						
11		df	SS	MS	F	Significance F	
12	Regression	1	51959190.16	51959190	20.69345442	0.000248641	
13	Residual	18	45196196.04	2510900			
14	Total	19	97155386.2				
15							
16		Coefficients	Standard Error	t Stat	P-value	Lower 95%	Upper 95%
17	Intercept	13280.68947	736.0881347	18.04225	5.65743E-13	11734.22569	14827.15326
18	Time	279.524812	61.44745026	4.549006	0.000248641	150.4285095	408.6211146

图 E.3　Excel 简单回归模型的统计量

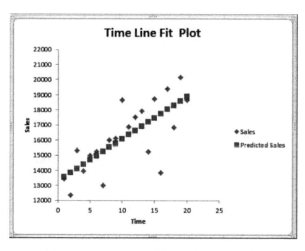

图 E.4　Excel 的回归模型和实际销售数据

SPSS 也可以提供类似的回归模型统计量，如图 E.5 所示。

Correlations

		Sale	Time
Pearson Correlation	Sale	1.000	.731
	Time	.731	1.000
Sig. (1-tailed)	Sale	.	.000
	Time	.000	.

Model Summary

Model	R	R Square	Adjusted R Square	Std. Error of the Estimate	Change Statistics				
					R Square Change	F Change	df1	df2	Sig. F Change
1	.731ª	.535	.509	1584.582	.535	20.693	1	18	.000

a. Predictors: (Constant), Time

ANOVAª

Model		Sum of Squares	df	Mean Square	F	Sig.
1	Regression	51959190.159	1	51959190.159	20.693	.000ᵇ
	Residual	45196196.041	18	2510899.780		
	Total	97155386.200	19			

a. Dependent Variable: Sale; b. Predictors: (Constant), Time

Coefficientsª

Model		Unstandardized Coefficients		Standardized Coefficients	t	Sig.	95.0% Confidence Interval for B	
		B	Std. Error	Beta			Lower Bound	Upper Bound
1	(Constant)	13280.689	736.088		18.042	.000	11734.226	14827.153
	Time	279.525	61.447	.731	4.549	.000	150.429	408.621

a. Dependent Variable: Sale

图 E.5 SPSS 简单回归模型的统计量

基于 SPSS 的输出（与 Excel 的输出相同），这个销售问题的简单回归模型有如下形式：

$$Y_p = 13280.689 + 279.525X$$

式中　Y_p——任何时间（例如一个月）的预测销售值；

X——想要预测的未来的任何时间（任何月份）。

由于 b 值为正 (279.525)，即斜率是正的，这表明未来销售将会递增。通过将每月的时间值 21 与 25 代入到简单回归模型中，可以生成预测值，以预测未来这两个时间的销售。因此，人们使用该模型预测第 21 个月的销售额为19150.714（13280.689+5870.025）美元，或者可以预测未来如第25个月的销售额为20268.814（13280.689+6988.125）美元。这些是估计的平均值，而不是精确的平均值，因为从图E.4的变化中可以知道，简单回归直线仅仅是接近未来的可能趋势。

E.3.3 解释利用计算机获得的求解结果和预测统计

为了在趋势分析和预测中应用简单回归模型，人们会做某些必须成立的假设。这些假设或规则的某些内容如下所述：

- 变量X与Y之间存在因果关系。
- 对于X的每个值，存在Y的分布，它允许回归Y的值以用于预测目的。
- Y的分布服从正态分布。
- 关系是线性的。
- 当X的值超出用于建立模型时的X值范围，模型的精确度将越来越差。

为了支持运用来自简单回归模型的信息，存在可以帮助我们解释信息的统计值和检验。

考察图E.5中的SPSS输出结果（Excel提供了大部分相同的信息），从中可以看到，皮尔逊相关性是正的且很大（0.731，更接近于1）。这意味着随着自变量（时间）增加，因变量（销售额）的预测值也将增加。此外，Sig.（显著性水平，单侧）检验$p=0.000$，这证实，时间与销售额之间的关系具有统计意义上的显著性。

在Model Summary（模型概括）表中，用R^2和调整R^2统计量可进一步确认这种相关性（此处所提及的统计检验的更多信息，参见附录A与第5章）。ANOVA中的F检验（ANOVA表中的实际值）将回归线值与实际值（测量从实际值到回归线的变异）加以比较。Model Summary表中Sig. F Change列与ANOVA表中的Sig.列均表明在时间和销售额变量之间存在显著相关性，所以通过时间可以显著地预测销售额。

在图E.5中的Coefficients（系数）表中可以查到简单回归模型的系数a与b。另外，在这种情况下t检验（t列与Sig.）证实，a与b系数都是统计显著的。而且，最后一列中B的95.0%置信区间具有十分有用的置信区间统计量（参见第5章）。可以认为，20个销售额的原始数据的95%会落在销售区间[11734.226，14827.153]。

E.4 多元回归模型

对于预测目标来说，常用的强有力的统计工具有许多，其中之一是多元回归。本节将介绍此方法，并给出一个简单的说明性例子，同时解释其运用中的某些局限性。

E.4.1 简介

和单个自变量的简单回归模型相比，当多个自变量的回归模型能更准确地预测因变量时，人们就会使用多元回归来创建模型。多元回归并不限于时间序列数据，而且可用于产生时间序列预测。多元回归通过对可行的预测变量进行排序，并确定在预测模型中应该采用哪些预测变量，不应该采用哪些预测变量。

多元回归模型的广义模型可以表示为

$$Y_p = a + b_1 X_1 + b_2 X_2 + \cdots + b_n X_n$$

式中 Y_p——趋势因变量的预测值；

a——垂直轴截距；

X_i——（对于 $i=1,2,\cdots,n$）各种不同的自变量；

b_i——（对于 $i=1,2,\cdots,n$）与 Y_p 预测有关的自变量贡献比例。

对 n 个不同变量的选择，源于对可行预测变量的广泛研究。这些变量可能是任何集合，如数据集合，而数据是可观测的或者假定是与 Y 有关系的。

E.4.2 应用

为了说明多元回归的运用，再次考察图 E.2 中的销售额数据，此时包括另外的太阳黑子（Sun Spots）变量。如前所述，对于简单回归，假设因果关系，但在选择太阳黑子变量时，它不可能与销售额变量相关。无论如何，这两个变量可以被放入多元回归模型中，建立线性回归模型。SPSS 模型（与 Excel 模型类似）求解结果见图 E.6。

多元回归模型系数，可以在图 E.6 中给出的 Coefficients（系数）表 B 列中找到。所得到的多元回归模型可从输出结果中获得：

$$Y_p = 13369.037 + 275.321 X_1 - 2.578 X_2$$

Correlations

		Sale	Time	SunSpots
Pearson Correlation	Sale	1.000	.731	-.314
	Time	.731	1.000	-.398
	SunSpots	-.314	-.398	1.000
Sig. (1-tailed)	Sale	.	.000	.089
	Time	.000	.	.041
	SunSpots	.089	.041	.
N	Sale	20	20	20
	Time	20	20	20
	SunSpots	20	20	20

Model Summary[b]

Model	R	R Square	Adjusted R Square	Std. Error of the Estimate	Change Statistics					Durbin-Watson
					R Square Change	F Change	df1	df2	Sig. F Change	
1	.732[a]	.535	.481	1629.394	.535	9.797	2	17	.001	2.837

a. Predictors: (Constant), SunSpots, Time, b. Dependent Variable: Sale

ANOVA[a]

Model		Sum of Squares	df	Mean Square	F	Sig.
1	Regression	52021674.647	2	26010837.323	9.797	.001[b]
	Residual	45133711.553	17	2654924.209		
	Total	97155386.200	19			

a. Dependent Variable: Sale, b. Predictors: (Constant), SunSpots, Time

Coefficients[a]

Model		Unstandardized Coefficients		Standardized Coefficients	t	Sig.	95.0% Confidence Interval for B		Correlations		
		B	Std. Error	Beta			Lower Bound	Upper Bound	Zero-order	Partial	Part
1	(Constant)	13369.037	951.075		14.057	.000	11362.444	15375.629			
	Time	275.321	68.871	.720	3.998	.001	130.016	420.626	.731	.696	.661
	SunSpots	-2.578	16.802	-.028	-.153	.880	-38.028	32.872	-.314	-.037	-.025

a. Dependent Variable: Sale

图 E.6 销售问题的 SPSS 多元回归输出结果

当查看图 E.6 来了解统计数据的潜在影响时，将其与单变量模型的图 E.5 的 SPSS 输出结果进行对比是十分重要的。我们可以在 Correlations 表的 Sale 列中看到，皮尔逊相关系数对于时间变量是相同的（0.731），但是新的太阳黑子变量只有 -0.314。尽管时间仍然是统计显著的，$p = 0.000$，但是与 0.05 相比，太阳黑子变量对应的 0.089 显示其并不是统计显著的。

在 Model Summary（模型概括）表中，模型的相关系数都展示了出来。有趣的是，在多元回归模型中，一旦增加变量，即使和目标函数值相关性程度很低的变量，都会使模型整体的相关值得到增加。在这个销售问题中，R^2 和调整 R^2 统计量在统计上是显著的。然而，来自单变量模型统计数据的微量增加被调整 R^2 的减少（从 0.509 到 0.481）和 Std. Error of the Estimate（从 1584.582 到 1629.394）所抵消。更大的误差对于预测来说不是一件好事。还要注意，Sig. F Change 检验值现在为 0.001，而在仅有单个变量模型的情况下，时间更为显著。当将太阳黑子变量引入模型时，此时方差增加就会引起 F 检验的不同。

图 E.6 中的 Coefficients 表中有简单回归模型的 a、b_1 以及 b_2 系数。另外，在这种情况下，得到的 t 检验（在 t 列与 Sig. 中）表明，a 与 b_1 系数都是统计显著的。太阳黑子系数 b_2 不是统计显著的。因此，强烈建议将太阳黑子变量排除在模型之外，因为它将更大的变异引入了预测中。

E.4.3 用多元回归模型预测时间序列数据的局限性

在时间序列预测中，多元回归模型是有局限性的。当使用模型超越其自变量（如时间）范围时，这可能违反上述对简单回归模型所做出的必要假设。此外，存在许多其他数学条件，也会导致多个自变量的预测充满风险。在自变量之间存在滞后效应时，可能错误地导致研究者假定他们有相关系数很大的相当准确的模型，而事实上只是自变量之间相关，而并不是自变量与因变量相关。

在回归分析中，常用的统计检验称为德宾—沃森（Durbin-Watson）自相关检验，它检验变量之间的滞后因果关系。当将预测值与实际值进行比较时，它会测量残差误差。在理想情况下，不应存在自相关。如果在模型中存在自相关，则不能准确地表示模型中变量之间的关系。德宾—沃森检验算出的统计 d 值可以在 0 到 4 范围内（类似于 t 检验或 Z 检验）。当 d 值越接近 2，假设的残差相关性就越小（自相关性越小）。当 d 值越接近 0，则残差的正相关度越强；当 d 值越接近 4，则残差的负相关性越强。

从图 E.6 中可以看出，多元回归模型的德宾—沃森 d 值为 2.837。这表明残差略微负相关，但没有太多的自相关。德宾—沃森检验只是众多检验中的一个，运用这个检验可以增加多元回归模型应用的有效性。

E.5 简单指数平滑

E.5.1 简介

季节性变化和周期性变化是变化的非线性函数。为了预测由这些非线性函数所支配的数据，人们需要运用非线性预测方法。其中一种非线性预测方法就是指数平滑。

指数平滑模型，顾名思义，是指对原始数据进行平滑，以此来揭示数据的非线性行为。这种平滑是通过对先前预测的不准确性赋予数学权重来实现的，以便产生新的预测。换句话说，指数平滑模型允许对先前不准确的预测赋予数学权重，努力寻求改进，并使其对未来做出的预测更加准确。由于模型仅限于在未来一个时期内进行预测，因此它被看作短期预测模型，用它识别数据中的周期性与季节性行为特性。

简单指数预测模型的公式如下：

$$F_t = F_{t-1} + \alpha(A_{t-1} - F_{t-1})$$

式中 F_t——t 时期的指数平滑的预测值；

F_{t-1}——$t-1$ 时期的预测值；

A_{t-1}——$t-1$ 时期的实际值；

α——取值范围从 0 到 1 的权重。

F_1（F_0 与 A_0 是由 F_{1-1} 与 A_{1-1} 计算得到）这个第一预测值通常是假定值，或者是一些先前数据集的平均值。这些所假定的 F_0 与 A_0 值的效果最终由预测模型平均化得来，因此如果当预测值 n 的数量非常大时，则选择可以是任意的。模型中所用时期 t 的数量与公式中所用 α 值均是实验性的，这两者必须借助于选择使预测误差最小化的最佳组合来确定。这通常凭借试错法完成，将各种参数值代入模型，得到模拟结果，通过对精确度统计数据进行比较（参见 E.8 节），以便求出最佳 α 用于公式，或者得到在假定生成想要的预测值之前的运行时期数量。

E.5.2 指数平滑的例子

给定图 E.7 中的时间和销售数据，可使用指数平滑模型来揭示数据中的非线性周期（如果时间是年）或季节性（如果时间是月或周）变化。利用较大的 α 会需要较大量的先前实际销售值，这会导致很少的平滑（注意图 E.7）。而利用较小的 α 会提供销售变量值的更为平滑的函数，并且揭示出数据中两个非线性周期。还要注意，对于 α = 0.1 的函数，总趋势是向上的。

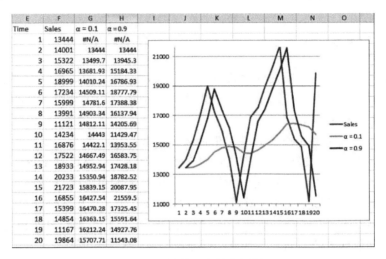

图 E.7　指数平滑销售问题

人们还可以利用指数平滑结果来计算一个时期的预测值。当代入第 20 个时期的预测值与实际值时，F_{21} 预测可以导出如下：

$$F_t = F_{t-1} + \alpha (A_{t-1} - F_{t-1})$$
$$F_{21} = F_{20} + 0.1 (A_{20} - F_{20})$$
$$= 15707.71 + 0.1 \times (19864 - 15707.71)$$
$$= 16123.339$$

E.6　平滑平均值

E.6.1　简介

人们可将众多平均方法应用于研究季节性和周期性变化中常见的非线性数据类型的预测。这些平均方法包括加权移动平均法。这些方法研究数据中所存在的变化，目的是揭示非线性行为。加权移动平均的预测模型公式如下：

$$\overline{Y}_t = w_1 Y_{t-1} + w_2 Y_{t-2} + \cdots + w_{t-k} Y_{t-k}$$

式中　$\overline{Y}_t$ ——t 时期的预测值；

　　　Y_{t-1} ——$t-1$ 时期的实际值；

Y_{t-2}——$t-2$ 时期的实际值；

k——移动跨期或步长；

w_i——数学权重，所有权重之和等于 1。

如果 w_i 权重全部相等，则加权移动平均方法就变成了对前 k 期的移动平均。

问题：考虑到下述销售数据，利用具有相等权重 0.5 的二值（k）移动平均方法，时期为 5 的销售预测是什么？

时期数	销售
1	49
2	56
3	67
4	78

解答：对于二值平均方法，要计算第 5 期的预测值，只需要第 3 与第 4 期的数据：

$$Y_t = w_1 Y_{t-1} + w_2 Y_{t-2}$$
$$Y_5 = w_1 Y_4 + w_2 Y_3$$
$$= 0.5 \times 78 + 0.5 \times 67$$
$$= 72.5$$

E.6.2 移动平均法的应用

回到图 E.7 中的销售数据上，可以计算二值移动平均值与五值移动平均值（这里假设平滑模型中的权重相等）。这两个平滑函数的 Excel 输出结果如图 E.8 所示。

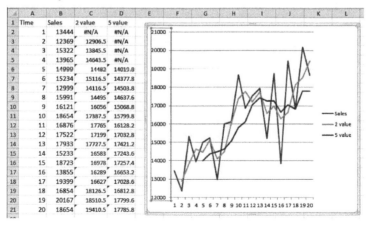

图 E.8 关于二值与五值的移动平均平滑

注意图 E.8 中五值移动平均值与二值移动平均值的差异。五值移动平均值提供最平滑的函数，但它也将模型函数偏离实际销售开始的时期。当 k 越大时，与实际时期的偏离就越大。这是使用平滑方法的代价。然而，它确实有助于识别潜在的非线性周期性或季节性变化，比仅仅查看原始数据更好。实际上，这种方法可以用于商业数据分析过程中的描述性分析步骤，同时在识别预测性分析步骤中具有重要的价值。

E.7　用模型拟合数据

SPSS 软件提供的一种基于计算机计算的方法是曲线估计的拟合模型函数。该函数在 SPSS 中的路径如下：ANALYZE → REGRESSION → CURVE ESTIMATION。在 Excel 的 Trendline 工具中，也有这样的方法。

此函数允许使用任何类型的数据，包括时间序列数据，由软件通过各种不同数学表达式来拟合各种模型。它利用回归建模，用数据拟合成潜在模型的集合，每个模型具有独特的数学特性。这个特性允许利用线性和非线性函数进行回归。另外，它允许用户运用此特性来检测所有类型的时间序列变化，并建立模型，以便帮助预测它们。

在图 E.9 中，数据录入对话框允许选择 11 个不同的数学表达式，以此拟合变量数据（在本例中为销售和时间数据）。除了用数据拟合特定数学表达式之外，它还提供关于模型在判断准确度方面十分有用的统计检验信息。在这 11 个数学表达式中，每一个表达式都接收了相同类型的统计信息，而最佳模型就是基于这些信息被选择出来的。有关这 11 个函数的结构和定义的信息，请参见 SPSS 帮助窗口（/ help / index. jsp？topic = / com. ibm. spss. statistics. help / overvw_auto_0. htm）。

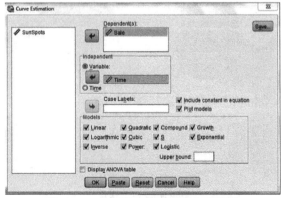

图 E.9　SPSS 拟合曲线的录入对话框

在更复杂的模型中，对特定类型的数学表达式来说，要对统计量加以调整，例如图 E. 10 和图 E. 11 中的二次回归模型输出结果。二次回归模型可从图 E. 10 中得到：

$$
\begin{aligned}
Y_{\mathrm{p}} &= a + b_1X + b_2X^2 \\
&= 12783.181 + 415.209X - 6.461X^2
\end{aligned}
$$

Quadratic

Model Summary

R	R Square	Adjusted R Square	Std. Error of the Estimate
.736	.542	.489	1617.247

The independent variable is Time.

ANOVA

	Sum of Squares	df	Mean Square	F	Sig.
Regression	52692091.653	2	26346045.827	10.073	.001
Residual	44463294.547	17	2615487.915		
Total	97155386.200	19			

The independent variable is Time.

Coefficients

	Unstandardized Coefficients		Standardized Coefficients	t	Sig.
	B	Std. Error	Beta		
Time	415.209	263.881	1.086	1.573	.134
Time ** 2	-6.461	12.206	-.365	-.529	.603
(Constant)	12783.181	1203.202		10.624	.000

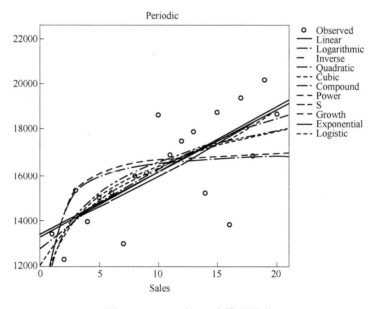

图 E. 10　SPSS 的二次回归模型的输出结果

图 E. 11　SPSS 的 11 个模型图形

正如在简单回归中所阐述的,这 11 个模型中的任何一个都可用于预测未来销售。注意,在图 E.11 中,没有一个模型包括所有数据点,但每个模型都可以根据其 t 检验与 F 检验统计量来考察精确度,以便确定最佳预测模型。

E.8　建模时如何选择模型和参数

选择要预测的模型或模型中的参数(例如 α 或多元回归中的自变量),这可依据多个准则来做。数据变化的类型(线性或非线性)就是一个准则。其他准则包括创建模型的成本、创建预测模型所需的时间,以及预测的时间范围(长期或短期)。

用于最终选择模型或模型参数的最重要的准则是预测精度。尽管诸如相关和 t 检验等统计方法提供了测量变量关系及其预测潜力的办法,但在预测中,实际结果是至关重要的。精确度统计量有助于人们做出这个决定。最准确的模型将是产生最小预测误差的模型。当模型建立完之后,就可计算一些统计量(MAD、MSE 和 MAPE 统计量),比较各种不同的模型,并且选择所用的参数。下面是这些常用的预测精确度的统计量公式。

对于经验丰富的预测人员来说,通常运用平均绝对偏差(Mean Absolute Deviation,MAD)这个比较简单的统计量。MAD 公式如下:

$$\text{MAD} = \frac{\sum |A_t - F_t|}{n}$$

式中　A_t——t 时期的实际值;

F_t——t 时期的预测值;

n——在分子中求和的 t 个时期的总数。

如果预测模型生成的 F_t 完美地预测了 A_t,则 MAD 统计量将为零。随着预测中的误差增加,MAD 统计量也将增加。当人们对来自各种不同模型的 MAD,或者同一个模型依据不同参数的预测的 MAD 加以比较时,MAD 越小,则模型就越准确。

寻求使预测误差最小化的类似统计量,运用与标准误相同的原理使均方误差(Mean Square Error,MSE)最小化。下面是 MSE 的公式:

$$\text{MSE} = \frac{\sum (A_t - F_t)^2}{n}$$

式中　A_t——t 时期的实际值;

F_t——t 时期的预测值;

n——在分子中求和的 t 个时期的总数。

和 MAD 统计量一样，当 MSE 越小，则所用参数或模型就越准确。

另一个十分有用的误差度量是平均绝对百分比误差（Mean Absolute Percentage Error，MAPE）。对于 MSE 与 MAD 来说，当观测值越来越多时，这两个值也会变得更大，这个时候就需要采用同类型的其他测量值加以比较。MAPE 具有相对优势，原因在于它以百分比形式刻画误差，可以帮助分析人员立刻了解关于相对误差的信息。下面是 MAPE 的公式：

$$\text{MAPE} = \left(\frac{100}{n}\right) \sum \left|\frac{A_t - F_t}{A_t}\right|$$

E.9 预测应用问题

下面是一些实际预测问题，随后给出答案。有些问题可通过手工计算来求解，而另一些问题则需要运用计算机来求解。对这些问题应用本附录所介绍的方法和概念加以求解。

1. 过去 5 年，公司的年需求量分别为 120、124、127、134 及 145 单位。利用 $\alpha = 0.2$，请计算下一年的预测值是多少（需要运用计算机）？

答案：第 6 期预测 = 128.546。

2. 过去 5 年，公司的年需求量分别为 120、124、127、134 以及 145 单位。假定公司希望建立基于两个预测变量，也就是时间和需求量指数的预测模型。时间值分别为 1、2、3、4、5。需求量指数分别为 120、135、148、158、169。所得到的多元回归模型是什么（需要运用计算机）？

答案：$Y_p = 256.0505 + 21.8889 X_1 - 1.3131 X_2$。

3. 有三个模型用来生成预测值。模型 1 预测相关系数为 0.79，模型 2 预测相关系数为 0.37，模型 3 预测相关系数为 0.89。请问哪一个模型是最好的预测模型？

答案：在没有任何其他统计量作为参考时，模型 3 具有最大相关系数，它似乎是最好的。

4. 假设销售已经作为回归模型中的因变量，而需求量指数作为自变量，使得模型为 $Y_p = -138.9045 + 2.0201 X$。现在假设可以发现，下个月的需求量指数值将是 $X = 90$。请问 Y_p 的预测值是多少？

答案：$Y_p = -138.9045 + 2.0201 \times 90$ 或 42.9045。

附录 F 模 拟

F.1 引言

用来对概率函数进行建模的数学模型，可能会变得非常难以求解。为了避免出现诸如线性规划等模型的复杂性和限制性假设，人们使用"模拟"来获得解决方案。一旦模拟模型得到开发和验证，它就可以用来回答假设分析问题。在商业数据分析中，可用模拟方法预测未来事件与结果。模拟还允许对系统进行更改，而不会对真正的系统带来风险。例如，人们在预计损益表中可假定对成本增加 5%、10%、15%，以便在没有给组织带来任何风险的条件下，模拟与预测对利润的影响。

F.2 模拟的种类

模拟可以分为两大类：确定性模拟和概率型模拟（或译作随机模拟）。

F.2.1 确定性模拟方法

确定性模拟方法涉及在预定义模型或一组方程式中，参数有渐进的变化。例如，假设人们关注于通过改变盈亏平衡模型中的价格参数来研究对单位盈亏平衡点的影响：

$$单位盈亏平衡点 = \frac{总固定成本}{价格 - 可变成本}$$

设总固定成本是 3000 美元，可变成本是 5 美元，代入上述公式中，而价格按照 6 美元、7 美元和 8 美元变化。价格参数的变化代表盈亏平衡公式中单个参数的增量变化，所得到的单位盈亏平衡点变化如下：

$$单位盈亏平衡点（价格 = 6 美元）= \frac{3000 \text{ 美元}}{6 \text{ 美元} - 5 \text{ 美元}} = 3000$$

$$单位盈亏平衡点（价格 = 7 美元）= \frac{3000 \text{ 美元}}{7 \text{ 美元} - 5 \text{ 美元}} = 1500$$

$$单位盈亏平衡点（价格 = 8 美元）= \frac{3000 \text{ 美元}}{8 \text{ 美元} - 5 \text{ 美元}} = 1000$$

这三个盈亏平衡值代表了确定性模拟方法的结果,它们在商业数据分析中可用来探讨三种定价方案对盈亏平衡点的影响。

F.2.2 随机模拟方法

随机模拟方法则允许一个或多个变量依据概率分布来运动。蒙特卡罗方法就是一种随机模拟方法。这种方法非常有用,因为它不需要我们识别出具体的概率分布类型就可以给出问题的解。当前,许多高级模拟软件系统都需要概率分布的识别,比如我们在附录 A 中所提到的。在游戏和培训系统所使用的许多最先进的模拟器都利用了蒙特卡罗模拟方法。

F.2.2.1 蒙特卡罗模拟方法的程序

和所有数学建模方法一样,蒙特卡罗模拟方法也有若干个步骤:

(1) 用数学表达式来表示系统的行为,确定模拟中的规则和假设,这将决定系统的成功或失败——数学表达式可以是一个成本函数,规则可能是对库存中的商品收保管费。假设可将系统的行为限制在固定的时期内,系统的总成本决定着成功还是失败。

(2) 收集概率分布信息——至少有一个参数依据概率分布而变化运动,可以有几十个参数与概率分布需要收集数据,分布是以模拟形式加以建模。

(3) 用离散分布形式给出每一个参数的概率分布——这里所需要做的是识别参数行为,它们代表了所收集的分布。例如,销售数据的范围可能是从 0~18 美元,我们可以把这些数据分别放到 0~9 美元和 10~18 美元这两个区间里,这是所谓的参数行为。然后我们就可以将观测到的概率附到这些区间上,如表 F.1 所示。

表 F.1 刻画参数行为与概率

参 数 行 为	行为的概率
1	P_1
2	P_2
⋮	⋮
m	P_m

这 m 个区间的建立使得每一个参数行为的分布形成更易于识别的概率分布。

(4) 建立随机数系统——为建立随机数系统,在表 F.1 的基础上将系统添加进去,结果和事例由表 F.2 给出。

表 F.2　蒙特卡罗随机数系统与说明

随机数系统		
参 数 行 为	行 为 概 率	随机数系统（2 位）
1	P_1	00 到 -
2	P_2	- 到 -
⋮	⋮	⋮
m	P_m	- 到 99

说明			
参 数 行 为	行 为 概 率	累计行为概率	随机数系统（2 位）
0 ~ 10 美元	0.15	0.15	00 ~ 14
11 ~ 20 美元	0.20	0.35	15 ~ 34
21 ~ 30 美元	0.65	1.00	35 ~ 99

这是蒙特卡罗模拟方法的核心思想。随机数系统可以是一个范围（00 ~ 99）的 2 位数系统，如同所说明的那样。这个想法是让这 100 个数字与"行为概率"列的百分比之间成比例地对应。在表 F.2 中的示例中，参数行为（表格中第 1 列）分为三个区间。假设我们将要对这些观测出的每日销售额进行模拟。在第 2 列（行为概率）中，用小数表示每日销售额的观测频率。这些概率必须满足规范性，即总和为 1。在第 3 列（累计行为概率）中，每一项都是第 2 列中从第一行开始的概率累加的值。最后，第 4 列（随机数系统）中范围从 0 ~ 99 的数字都严格地与行为概率的值成比例。例如，0 ~ 14 之间有 15 个数字，代表 0 ~ 10 美元的参数行为区间概率的值是 0.15。注意，随机数系统中的区间上限与累计行为概率之间的关系，累计行为概率 × 100 - 1 = 区间上限（15 - 1 = 14，35 - 1 = 34 以及 100 - 1 = 99）。这样数字系统就模拟了行为。

（5）确定模拟方法的样本量——可以有多种方法确定样本量。某些情况下，可以由时间来确定（例如，仅模拟一年的行为价值）。但是，应用更复杂的统计技术可以包括统计置信度。

（6）运行模拟，计算想要的统计量，做出决策——用计算机软件进行模拟。在蒙特卡罗模拟方法中，通过随机选择 0 ~ 99 之间的数字，然后确定随机数所代表的参数行为的区间来执行模拟。要收集的统计数据，通常在第 1 步中进行定义，决策依据的标准也是如此。

F.2.2.2　蒙特卡罗模拟的应用

假设一家公司想要从两种生产策略中选择一种。这两种待选策略如下：

策略1——每月固定生产100件。

策略2——每月灵活生产，和上一个月的实际需求量相同。

最佳的策略，即要求在10个月的固定期限中，产生最少的短缺成本和库存持有成本。为了进行这一模拟，我们运用蒙特卡罗模拟六步法。请注意如下内容：

（1）模拟的数学表达式、规则和假设——公司收集到了如下这些规则、假设和成本信息：

1）每月生产量无法满足需求量的就是库存短缺。商品每短缺一件，分销公司就会收取10美元的费用。

2）超过需求的生产量或者自上月就持有的库存，当前月份没有使用的库存，这些都被视为库存持有量。每过一个月，每件库存就会产生2美元的成本。

3）进行10个月的模拟。

4）总成本 = 短缺成本 + 持有成本。

5）在这10个月中，能使总成本最小化的即为最佳策略。

6）本月的库存持有量要计算到下个月的产出当中。

7）在策略2中，第1个月的生产量设定为100件。

（2）概率信息——公司可能面临5个需求层次。它们分别是每个月80件、90件、100件、110件和120件。在收集数据时，观察到的情况如下：80件的需求概率为15%，90件的需求概率为20%，100件和110件的需求概率均为25%，120件的需求概率为15%。

（3）概率分布和分配随机数。随机数字分配计划由表F.3给出。

表F.3 概率和随机数分配

参数行为	行为概率	累计行为概率	随机数系统
80件	0.15	0.15	0~14
90件	0.20	0.35	15~34
100件	0.25	0.60	35~59
110件	0.25	0.85	60~84
120件	0.15	1.00	85~99

（4）样本量：第1步中给出的10个月份。

（5）模拟两种策略的行为和统计量。SPSS与Excel都提供了十分有用的统计工具来进行模拟。如图F.1所示，利用Excel的随机数函数生成器，我们可以加载表F.3中的概率分布与数据，用Excel模拟所观察到的需求值。注意，这里我们使用的是离散概率分布列，因为要的输出是离散值（尽管也包含概率函数）。如果需要，也可以用附录 A 中列出的其他概率分布来代替这里的离散分布，然后用 Excel 进行模拟。

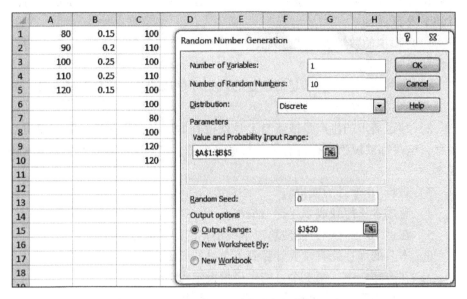

图 F.1 Excel 对需求进行的模拟

策略 1 的模拟结果由表 F.4 给出，策略 2 的结果由表 F.5 给出。在策略 1 中，每月固定的 100 件生产量是满足需求的。我们可以看到，所有 10 个月的数量都是 100 件，随机数 52 落在 35~59 这一随机数系统区间内，对应表 F.3 中参数行为的 100 件。由于策略 1 是每月固定生产 100 件，模拟的需求也是 100 件，所以不存在短缺成本和持有成本。也就是，产品一件不剩，同时成本计为 0。在第 2 个月，产生的随机数是 80，落在 60~84 这一区间。这一区间代表着 110 件的产品需求。因为每个月的产出只有 100 件，所以 110 件需求会造成 10 件产品短缺，或者说有 100 美元（10 件 × 10 美元/件）的成本。这种生成随机数、检查所在区间、确定需求量、计算成本的过程对于全部 10 个月要重复 10 次。所得到的策略 1 总成本是 480 美元。现在考察表 F.5 中策略 2 的成本，注意第 1 个月的需求量就是第 2 个月的生产量，第 2 个月的需求量就是第 3 个月生产量……以此类推。在模拟策略 2 时，使用的随机数与策略 1 中的相同，其总成本是 340 美元。由于策略 2 的总成本小于策略 1 的，所以最终选择策略 2。

表 F.4 策略 1 的模拟结果

月份	随机数	模拟需求（件）	生产量（件）	件数变化（件）			成本（美元）
				+	0	-	
1	52	100	100		0		0
2	80	110	100			10	100
3	45	100	100		0		0
4	68	110	100			10	100
5	59	100	100		0		0
6	48	100	100		0		0
7	12	80	100	20			40
8	35	100	100	20			40
9	91	120	100		0		0
10	89	120	100			20	200
						合计	480

表 F.5 策略 2 的模拟结果

月份	随机数	模拟需求（件）	生产量（件）	件数变化（件）			成本（美元）
				+	0	-	
1	52	100	100		0		0
2	80	110	100			10	100
3	45	100	110	10			20
4	68	110	100		0		0
5	59	100	110	10			20
6	48	100	100	10			20
7	12	80	100	30			60
8	35	100	80	10			20
9	91	120	100			10	100
10	89	120	120		0		0
						合计	340

在这一蒙特卡罗模拟问题中，只有一个参数有概率分布。在更现实的模拟问题中，会有同时模拟多个参数来捕捉系统行为的动态性。对这些类型的问题进行模拟需要运用一些更专业的模拟软件。

F.2.2.3 计算机模拟方法的评价

许多软件系统都支持任何规模的问题，这里 Excel 的例子是为了提供一个简单的思想来说明模拟方法的流程。SPSS 有着强大的模拟功能，不论确定性模拟还是随机模拟，都允许使用大数据。对这功能的解释说明会涉相当多的数据库编程、原理和方程的内容,已超出了本书的范围。

F.3 模拟实际问题

以下几个实际模拟问题都是概念性的,每道题的后面都给出了答案。思考这些问题,实际应用本附录中提出的方法和概念。

1. 一家公司有着这样的需求:单位时间内 20 件的需求概率是 10%,30 件的需求概率是 40%,40 件的需求概率是 50%。利用随机数(19,45,84,5,99)来模拟 5 个时期的需求。

答案:分别是 30,30,40,20,40。

2. 某个问题的模拟存在如下四个区间,0~5、6~10、11~15、16~20,对应的概率分别是 15%、25%、30%、30%。问:什么样的"随机数系统"可用于执行蒙特卡罗模拟方法。

答案:00~14,15~39,40~69,70~99。

附录 G 决策理论

G.1 引言

决策分析包括一系列方法，这些方法基于启发式方法、基本原理和最优化方法，可以帮助人们更好地做决策。人们将和决策分析紧密联系的普通知识体系称为决策理论。决策理论（Decision Theory，DT）是一门研究如何应用数学和统计理论，为决策提供有用信息的方法。决策理论不是解决像线性规划的最优解这样的问题，而是基于决策者偏好和原则来选择方案，以便更好地满足需要，尤其是关注解决问题的环境。运用这些决策理论方法之前，人们必须知道决策理论模型，以便识别问题，并且能够正确地表达出问题。

本附录所介绍的解决方法是简单数学方法，可以利用 Excel 或 SPSS 轻松地实现这些方法。对于这种模型，我们使用简单的电子表格生成规范性数据分析的信息。

G.2 决策理论模型的元素

所有决策理论问题都存在三个主要元素：可选方案、自然状态以及收益。

（1）决策的可选方案或策略。在决策理论模型中，独立决策变量有许多可选择项，尽管它们是可选策略或选择方案，但只能选择其中一个。

（2）自然状态。假设在未来发生的独立事件，例如经济衰退。

（3）收益。如果选取了特定备选方案，同时出现了特定的自然状态，那么预计产生的相关参数，称为收益。例如提高的绩效。

将这三个主要元素组合成收益表，以此为基础来制定决策理论模型。由表 G.1 所给出的决策理论模型有 m 个可选方案和 n 个自然状态。可选方案的数量可以与自然状态不同（也就是，m 不必等于 n），其中 P_{ij}（其中 $i=1, 2, \cdots, m$; $j=1, 2, \cdots, n$）表示收益值。

表 G.1　决策模型的广义表述

可选方案	自然状态			
	1	2	⋯	n
1	P_{11}	P_{12}	⋯	P_{1n}
2	P_{21}	P_{22}	⋯	P_{2n}
⋮	⋮	⋮	⋮	⋮
m	P_{m1}	P_{m2}	⋯	P_{mn}

G.3　决策环境类型

决策环境主要有三种类型：确定型、风险型、不确定型。

(1) 确定型——在这种环境下，决策者清楚地知道可选方案是什么，以及每一种方案所能带来的收益。

(2) 风险型——在这种环境下，可以知道自然状态发生的可能性信息，但这种信息是以概率方式表现出来的。

(3) 不确定型——在这种环境下，没有任何关于自然状态如何发生的信息。

G.4　决策理论建模

建立决策理论模型通常包括下述一般几个步骤：
(1) 确定并列出可选方案，将其作为行排列。
(2) 确定并列出可能发生的自然状态，并作为列排列。
(3) 确定并列出相应的行和列所对应的收益。
(4) 将这个模型制成收益表。

运用这种方法，考察下面的决策理论问题。假设某人想要在两种促销活动之间做出抉择：要么选择 A，要么选择 B，它们的收益取决于自然状态。在这个问题中，存在两个自然状态：高需求与低需求。如果选择促销策略 A，则：高需求的市场环境，收益将为 300 万美元；低需求的市场环境，收益将为 100 万美元。如果选择促销策略 B，则：高需求的市场环境，收益将为 400 万美元；低需求的市场环境，将产生 200 万美元的损失。怎样建立这个决策理论模型呢？

依据上述办法,按四个步骤来进行:

(1) 确定可选方案,将其作为行排列。这个问题存在两种可选方案(A 与 B),并且只能选择其中一种。

(2) 确定并列出可能发生的自然状态,作为列排列。这个问题存在两种自然状态(高需求与低需求),于是得到一个 2×2 的收益表。

(3) 确定并列出相对应的行列收益。收益即为销售额:300 万美元、100 万美元、400 万美元、200 万美元。

(4) 将模型制成收益表。完整模型的收益表由表 G.2 给出。

表 G.2 促销选择问题的决策理论模型的建立

(单位:百万美元)

可选方案	自然状态	
	高需求	低需求
促销 A	3	1
促销 B	4	-2

一旦建立好决策理论模型,就可利用收益表分析收益来做决策。求解决策模型问题的方法,会随着决策环境类型的不同而有所不同。

G.5 确定型决策分析

当决策者确定地知道,在给定自然状态下的收益时,可利用许多不同的准则做出决定。大中取大与小中取大就是其中的两个准则。

G.5.1 大中取大法

大中取大法是一种乐观的决策方法。选择大中取大建立在下述两个步骤的基础上:

(1) 选择每一个可选方案的最大收益。
(2) 选择步骤 1 最大收益中最大的可选方案。

为了说明这个准则,重新考察这个问题。表 G.3 给出该问题的解决方案。从此表可以看出,两种可选方案的最大收益分别为 300 万美元与 400 万美元。其中 400 万美元是最大收益,所以最大收益中的最大值是 400 万美元,故选择 B 促销方案。

表 G.3　促销选择问题决策理论模型的大中取大法

（单位：百万美元）

可选方案	自然状态		对于可选方案 取最大收益	大中取最大者
	高需求	低需求		
促销 A	3	1	3	
促销 B	4	−2	4	4

G.5.2　小中取大法

小中取大法是一种半悲观的方法。此方法假设将会发生最坏的自然状态，然后选择这种状态下最佳的选择。小中取大法建立在下述两个步骤的基础上：

（1）选择每一个可选方案的最小收益。

（2）选择步骤 1 最小收益中最大的可选方案。

为了说明这个准则，再次研究这个问题。表 G.4 给出该问题的解决方案。这两个可选方案中的最低收益分别是 100 万美元与 −200 万美元的销售额。其中，100 万美元是最大收益，所以最小收益中的最大收益是 100 万美元，故选择 A 促销方案。

表 G.4　促销选择问题决策理论模型的小中取大法

（单位：百万美元）

可选方案	自然状态		对于可选方案 取最小收益	小中取最大者
	高需求	低需求		
促销 A	3	1	1	1
促销 B	4	−2	−2	

注意，对于前面同一问题为什么会有截然不同的答案，这引起了人们的思考。为什么使用某一种准则会选择一种方案，而用另一种准则时却会选择其他方案呢？哪一种选择是最佳的呢？事实上，这取决于选择什么样的准则作为指导决策。乐观主义者会选择大中取大法，而悲观主义者则会选择小中取大法。

G.6　风险型决策分析

当决策者知道面临的问题有风险时，即知道各种自然状态发生的概率是多少，有许多准则可以帮助我们做决策。在这种决策环境中，概率的起源和用于做决策的准则都是十分重要的。

G.6.1 概率起源

对于有风险的问题来说，每一种自然状态都对应着一个概率，这些概率之和一定为1。附录A已经提供许多计算概率的方法。概率包括客观性来源概率和主观性来源概率。客观性来源概率是指根据历史的实验观察，或使用一些统计公式而得出的概率，例如概率分布。当利用客观方法计算概率时，要做出如下假设：

（1）过去的事件在未来也将遵循相同模式。
（2）概率在观察的过程中是稳定的。
（3）样本量足以代表过去的行为。

如果这些假设无效，那么可使用主观性来源概率。主观性来源概率包括专家对自然状态的概率做出的准确猜测。利用这种方法确定概率，需要专家熟悉他们所要评估的概率特性，同时要求他们的判断是有理有据且准确的。

G.6.2 期望值准则

在风险环境中，决策者能够利用许多准则做决策。其中两个准则分别是期望值准则与期望机会损失准则。期望值（EV）是通过计算每一个可选方案收益的加权值来确定的。期望值准则建立在下述三个步骤的基础上：

（1）在收益表中，每一个自然状态的收益在每行中有对应的概率。
（2）每个收益乘以对应的以小数形式表示的概率，再求和，得到的就是每个可选方案的预期收益。
（3）选择具有最佳期望值的可选方案。如果这个问题是求利润或者销售额，那么最佳期望值是最大的；如果这个问题是求成本费用，那么最佳的期望值是最小的。

下面用促销可选方案的问题来说明这个准则，假设高需求的概率为40%，低需求的概率为60%。自然状态的概率将这个问题转变为风险型决策。为了计算期望值，将百分比形式的概率变成小数形式，再乘以它们各自的收益值。表G.5的最后一列就是每个可选方案的期望值。可以看出，最佳收益（最大预期利润）是A促销策略的180万美元。

表 G.5　促销选择问题决策理论模型的期望值求解方法

可选方案	自然状态		期望值 a
	高需求（40%）	低需求（60%）	
促销 A	300 万美元×0.40 +	100 万美元×0.60 =	180 万美元
促销 B	400 百万美元×0.40 +	(−200 万美元)×0.60 =	40 万美元

G.6.3　期望机会损失准则

期望机会损失准则的逻辑基础是避免损失。此准则的原理是使期望机会损失（因没有选择各自然状态下的最佳决策而付出的代价）达到最小。计算期望机会损失的过程包括下述三个步骤：

(1) 确定在每一个自然状态下，没有做出最佳决策的机会损失值。首先计算每一个自然状态下的最佳收益，然后再减去该列所有的收益值（包括最佳收益）。所得到的这个差称为机会损失。可以将机会损失值填制成机会损失表，形式与决策理论收益表一样。

(2) 将概率与机会损失值一一对应，对每一个可选方案用概率乘以各自的机会损失值，并求和计算期望机会损失值。

(3) 选择步骤（2）中所计算出的最小期望机会损失值所对应的方案。

运用这个准则求解选择促销策略问题决定的步骤，由表 G.6 和 G.7 给出。

表 G.6　促销选择问题决策理论模型的期望机会损失求解的第 1 步

（单位：百万美元）

可选方案	自然状态		可选方案	高需求	低需求
	高需求（40%）	低需求（60%）			
促销 A	3	1	每种自然状态的最佳收益	4	1
促销 B	4	−2			

可选方案	自然状态	
	高需求（40%）	低需求（60%）
促销 A	4 − 3 = 1	1 − 1 = 0
促销 B	4 − 4 = 0	1 − (−2) = 3

表 G.7　促销选择问题决策理论模型的期望机会损失求解中的第 2 步与第 3 步

可选方案	自然状态		期望值 a
	高需求（40%）	低需求（60%）	
促销 A	100 万美元×0.40 +	0×0.60 =	40 万美元
促销 B	0×0.40 +	300 万美元×0.60 =	180 万美元

（1）确定在每个状态下没有做出最佳决策的机会损失值。首先，计算每一个状态下的最佳收益，然后再分别减去该列所有的收益值。如表 G.6 所示，在高需求的自然状态下，如果选择促销方案 B，就没有机会损失，因为这是这种自然状态下最好的收益。如果选择促销 A，则销售额将有机会损失 100 万美元，因为在高需求的状态下，可能产生 400 万美元的收益，而不是 300 万美元。

（2）将概率与机会损失值一一对应，并将概率乘以各自的机会损失值。对每行进行求和计算每个可选方案的期望机会损失值。

（3）选择在步骤 2 中所计算出的最小期望机会损失值。最小期望损失值所对应的方案是 A 的 40 万美元。

G.7 不确定型决策分析

不确定型决策意味着，决策者没有关于自然状态会怎样发生的任何信息。尽管在这种环境中可以使用许多不同的准则，但这里只考虑下述五种准则：拉普拉斯准则，小中取大法，大中取大法，赫维茨准则，以及大中取小法。

G.7.1 拉普拉斯准则（Laplace Criterion）

拉普拉斯准则是以信息不足原则为基础的。这个准则假定，由于没有任何关于自然状态的信息，因此每一种自然状态都以等可能性发生。因此，可以对每一种自然状态分配相等的概率，然后计算每个可选方案的期望值。拉普拉斯准则建立在下述三个步骤的基础上：

（1）为每一种自然状态分配相同的概率，见表 G.8。
（2）利用期望值准则计算每个可选方案的期望值。
（3）选择在步骤 2 中计算出来的最佳期望值。

我们可再一次用选择促销策略问题来说明这个准则。

表 G.8 促销选择问题决策理论模型的拉普拉斯准则方法

（单位：百万美元）

可选方案	自然状态	
	高需求（50%）	低需求（50%）
促销 A	3	1
促销 B	4	−2

(1) 为每一个自然状态分配相等的概率。由于存在两种自然状态，所以发生每一种自然状态的概率都是50%或0.5。

(2) 计算每个可选方案的期望值。期望值的计算如下：

促销方案 A：300万美元×0.50 + 100万美元×0.50 = 200万美元；

促销方案 B：400万美元×0.50 + (−200万美元)×0.50 = 100万美元。

(3) 选择步骤（2）所计算出来的最佳期望值。最佳可选方案是方案A，其销售额为200万美元。

G.7.2 小中取大法

在不确定型环境中的小中取大法和在确定型环境下的一样。解决方案与前面所给出的相同。

G.7.3 大中取大法

在不确定型环境中的大中取大法和在确定型环境下的一样。解决方案与前面所给出的相同。

G.7.4 赫维茨准则（Hurwicz Criterion）

赫维茨准则是利用决策者对于未来的乐观程度而进行主观赋权的一种准则。用乐观系数决定权数。乐观系数的范围是0~1，用希腊字母 α 表示。当 α 越接近1时，表示决策者对于未来越乐观。悲观系数是 $1-\alpha$。赫维茨选择建立在下述四个步骤的基础上：

(1) 确定 α 的值。

(2) 确定每个可选方案的最大收益值和最小收益值。

(3) 使每个可选方案的乐观系数（α）与最大收益值相乘，悲观系数 $(1-\alpha)$ 与最小收益值相乘，再将两个乘积的结果相加就得到了期望值。

(4) 选择步骤3中的最佳期望值所对应的方案。

为了说明这个准则，再次回顾决策理论中的促销方案选择问题，见表G.9。

(1) 确定乐观系数 α 的值。假设 $\alpha = 0.7$。这意味着决策者比较乐观。

(2) 确定每种方案的最大收益值和最小收益值。

(3) 使每个备选方案的乐观系数（α）与最大收益值相乘，悲观系数 $(1-\alpha)$ 与最小收益值相乘，再将两个乘积的结果相加就得到了期望值。

促销方案 A：300万美元×0.7 + 100万美元×(1−0.7) = 240万美元；

促销方案 B：400 万美元 × 0.7 + (−200 万美元) × (1 − 0.7) = 220 万美元。

(4) 选择步骤 3 中的最佳期望值。最佳期望值是促销方案 A 中的 240 万美元的销售额。

表 G.9 促销选择问题决策理论模型的赫维茨准则方法

(单位：百万美元)

可选方案	自然状态			
	高需求	低需求	最大收益值	最小收益值
促销 A	3	1	3	1
促销 B	4	−2	4	−2

G.7.5 大中取小法

大中取小法与期望机会损失准则相似，它的基础是避免损失。利用这个准则做决策是基于最小化期望机会损失。它的计算过程由下述步骤组成：

(1) 确定在每一种自然状态下没有做出最佳决策的机会损失值。首先，选择每一种自然状态下的最佳收益，然后再分别减去该列所有的收益值，得到的差就是机会损失。

(2) 确定每个可选方案的最大机会损失值。

(3) 选择在步骤 (2) 中确定的具有最小机会损失值的方案。

表 G.10 至表 G.12 给出运用该准则求解促销选择问题的决策理论过程。

表 G.10 促销选择问题决策理论模型的大中取小法

(单位：百万美元)

可选方案	自然状态		可选方案	高需求	低需求
	高需求(40%)	低需求(60%)			
促销 A	3	1	每种自然状态的最佳收益	4	1
促销 B	4	−2			

表 G.11　机会损失表

可选方案	自然状态	
	高需求（40%）	低需求（60%）
促销 A	4 - 3 = 1	1 - 1 = 0
促销 B	4 - 4 = 0	1 - (-2) = 3

表 G.12　各方案的最大机会损失值

可选方案	自然状态		最大机会损失值
	高需求	低需求	
促销 A	1	0	1
促销 B	0	3	3

（1）确定在每一种自然状态下没有做出最佳决策的机会损失值。首先，选择每一种自然状态下的最佳收益，然后再分别减去该列所有的收益值，所得到的差是机会损失。并将其填制成与决策理论收益表形式一样的机会损失表（见表 G.11）。

（2）确定每个可选方案的最大机会损失值（见表 G.12）。

（3）选择在步骤（2）中所计算出的具有最小机会损失值的方案。最大机会损失中的最小机会损失值是促销方案 A 的 100 万美元的销售额。

G.8　完全信息期望值

完全信息期望值（Expected Value of Perfect Information，EVPI）是指在确定型决策环境下的期望值与在风险决策环境下的期望值之差。换句话说，如果人们确切地知道未来什么自然状态会发生，选出在确定型环境下使收益最大化的策略，然后将这些最优选择与在风险环境下使用期望值分析法所做出的选择进行比较，这两个值之差就是完全信息期望值。完全信息期望值是人们愿意为未来自然状态的完整信息所支付的费用上限。

用下面计算机租赁的例子来说明这个问题。现在计算风险环境下的期望收益如表 G.13 所示，人们将选择提供三台可供租赁的计算机，因为这个策略的期望收益最大，是 115 美元，这是风险环境下的最佳选择。然而，计算期望值时会考虑所有可能事件的结果（仅有一台计算机可供租赁、仅有两台计算机可供租赁等）。在表 G.13 中，带有 * 的值是每一个方案的最大收益利润。如果明确地知道哪些事件将会发生，那么人们将选择将使利润最大化的策略。

表 G.13 每个计算机租赁行动方案的期望收益值

所需要的 计算机数 (X)/台	发生 概率 P(X)	为客户提供计算机					
		提供不同的计算机数对应的收益/美元				
		1	2	3	4	5
1	0.15	60*	$20	$-20	$-60	$-100
2	0.35	60	120*	80	40	0
3	0.25	60	120	180*	140	100
4	0.15	60	120	180	240*	200
5	0.10	60	120	180	240	300*
期望收益		60	105	115	100	70

注：* 表示所选定的特定方案的最大收益

表 G.14 给出了在确定型环境下收益的计算。确定型环境下的期望收益是 162 美元。所以，为了对所有可能结果做出最佳的决策，人们可以预期每天最大租赁收益是 162 美元。确定型环境下的最大期望收益与风险环境下的最大期望收益之差是完全信息期望值，即

完全信息期望值 = [最大期望收益(确定型环境)] - [最大期望收益(风险型环境)]
= 162 美元 - 115 美元
= 47 美元

因此，对于计算机租赁问题，为获得完全信息而付出的价值是每天 47 美元。

表 G.14 确定型环境下的收益

所需要的 计算机数 (X)/台	发生 概率 P(X)	基于确定性信息 的最佳方案	最佳方案 的收益 (美元)	期望值 (美元)
1	0.15	确有一台 计算机可用	60	9
2	0.35	确有二台 计算机可用	120	42
3	0.25	确有三台 计算机可用	180	45
4	0.15	确有四台 计算机可用	240	36
5	0.10	确有五台 计算机可用	300	30

注：确定型条件下的期望收益 = 162 美元

G.9 序贯决策与决策树

在某些决策环境下，要求做出一系列的决策。在决策序列中，相互彼此依赖的决策称为序贯决策（又称序列决策）。在理解序贯决策问题时，一种有用的统计方法是决策树。决策树是一种用水平树状结构来描绘多个决策顺序的辅助图形。树的分支表示决策者在决策序列中可以选择的决策路径。

考查调查产品引进的序贯决策问题，目的是阐述利用决策树的序贯决策过程。假设营销经理必须决定是否引进新产品，这个问题的决策树由图 G.1 给出。注意，图 G.1 的顶部有这个问题的两个序贯决策。第一个决策是是否针对客户需求进行调查，第二个决策是是否引进产品。在每个决策中，都有可选行动方案、（概率）事件以及收益。

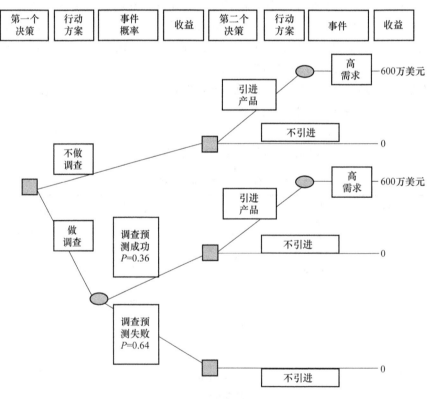

图 G.1 调查产品引进的序贯决策树问题

为了解决这个序贯决策问题,可利用后向决策方法。后向决策方法是将大中取大策略的经济准则与前文所讨论的概率准则的期望值相结合。顾名思义,后向决策方法是从第二个决策的最后收益开始。在确定型环境下利用大中取大法,首先,选择第二个决策中所有分支中的最大收益。在图 G.2 中,显而易见,人们存在两个选择:一是引进产品,收益为 600 万美元;二是不引进产品,收益为 0。因此,大中取大法时是选择引进产品,其收益为 600 万美元,同时放弃不引进产品的策略。双竖线或(||)表示不选择和放弃的那个分支。注意,图 G.2 中的第二个决策框是大中取大的收益。实际上,这个问题正从第二个决策走向第 个决策。

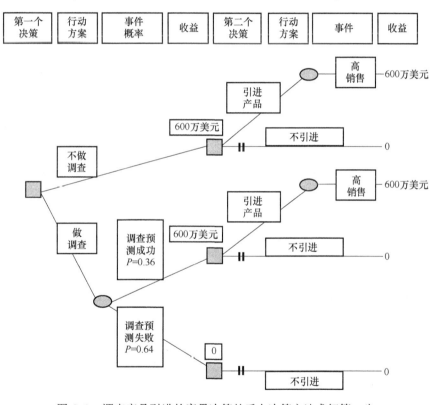

图 G.2 调查产品引进的序贯决策的后向决策方法求解第一步

现在我们可利用事件的概率信息,计算第一个决策的期望值收益。期望值的计算由图 G.3 给出。采取调查策略的期望收益为 216 万美元,而不做调查的策略收益为确定的 600 万美元。因此,管理人员会选择不做调查,并引进该产品,获得 600 万美元的期望收益。

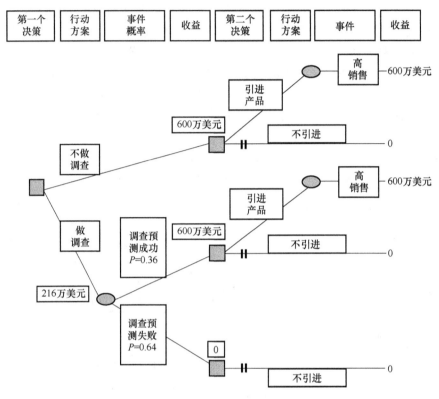

图 G.3 调查产品引进的序贯决策的后向决策方法求解第二步

后向决策方法假定,大中取大法和以其为基础的期望值平均地反映了这种环境下的预期收益值。这种解决方法可应用于更复杂的问题,并可扩展到涉及三个、四个或更多个序贯决策。在这样的问题中,序贯决策中的可能事件可能会对应不止一组概率。我们假设每个决策的概率都是相互独立的,如果概率并不独立,则在序贯决策过程中必须分析并考虑它们的条件概率性质。计算这些条件概率的一种方法是使用贝叶斯定理(将在下一节阐述)。

G.10 不完全信息的价值:贝叶斯定理

绝大多数的附加信息是不完全的,原因在于通常这类信息是经由样本调查或研究而得到,而不是源自于全部信息的总体。在风险型决策环境下,完全信息期望值是对附加信息进行投资的上限。任何信息都可能值得付出额外成本来获得，更不用说是可以提高做出正确决策的概率并增加预期收益的信息。确定不完全信息价值的方法会涉及贝叶斯定理。

贝叶斯定理可利用给定条件概率信息（也就是附加的不完全信息）来对先验概率或已知概率加以修正。贝叶斯定理是将条件概率 $P(A|B)$ 转换成 $P(B|A)$。基于贝叶斯定理的转换条件概率的公式如下：

$$P(B|A) = \frac{P(B)P(A|B)}{\sum P(B_i)P(A|B_i)} \quad i = 1, 2, \cdots, n$$

式中　$P(B|A)$——已知 A 事件下事件 B 的条件概率；

$P(B_i)$——互斥完备事件组 B_i ($i=1, 2, \cdots, n$) 的概率；

$P(A|B_i)$——已知 B 事件下事件 A 的条件概率。

当事件 A、B 不是相互独立时，贝叶斯定理是建立在乘法原则（参见附录 A 的 A.3.3 节）的基础上的。因此，$P(AB)$ 的条件概率如下：

$$P(AB) = P(B)P(A|B)$$

对上式两边同时除以 $P(B)$，这个规则就转变成贝叶斯公式：

$$P(A|B) = \frac{P(AB)}{P(B)}$$

在这个转换概率表达式中，称分母 $P(B)$ 为所有 $P(AB)$ 的联合边缘概率。边缘概率是所有 $P(B_i)P(A|B_i)$ 的乘积之和。由于此概率一般在联合概率表的边界（概率之和通常位于边界），所以称之为边缘概率（又称边际概率）。将 $P(AB)$ 除以 $P(A)$ 的值，可以得到想要的条件概率 $P(B|A)$。

为了说明如何在商业数据分析和决策上应用贝叶斯定理，考查图 G.9 节中序贯决策情况的修正版。假设某个人正面临一个商业决策，考察是否引进新产品。这类似于由图 G.4 给出的决策树。

存在两个可以选择的行动方案：引进产品和不引进产品。在仔细研究新产品之后，对新产品的需求情况做出了主观判断。附录 A 称这样的概率为主观概率，原因在于这种概率源自主观判断。高需求和低需求这两个事件的先验概率或给定概率由表 G.15 给出。

表 G.15　调查产品引进问题的收益表和先验概率

事件	先验概率	行动方案	
		引进产品	不引进产品
高需求（H）	0.2	600 万美元	0
低需求（L）	0.8	−200 万美元	0
	总和 = 1.0		

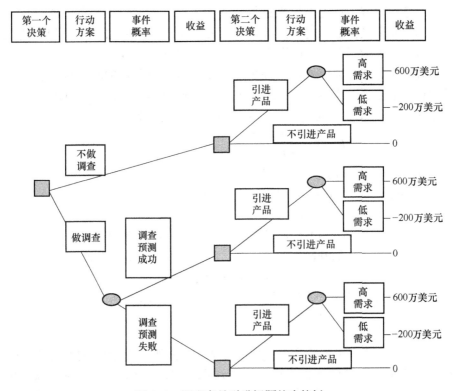

图 G.4 调查产品引进问题的决策树

基于对市场需求的判断,表 G.13 给出了每一个行动方案的估计利润。利用这些先验信息,可以计算每一个可选方案的预期收益。

行动方案的预期收益如下:

引进产品 = 0.2 × 600 万美元 + 0.8 × (-200 万美元) = -40 万美元

不引进产品 = 0.2 × 0 美元 + 0.8 × 0 美元 = 0

当只看预期收益时,我们会选择不引进新产品的行动方案,以使损失达到最小。(损失为 0 要比损失 40 万美元要好)。在这个决策情境中,完全信息期望值如下:

完全信息期望值(EVPI) = 0.2 × 600 万美元 + 0.8 × 0 美元 = 120 万美元

完全信息期望值表明,在这个问题中,如果我们有完全信息,很可能会有相当可观的预期收益。也可以这样理解,如果要获得不完全信息的成本小于 120 万美元,那么对于我们来说,付出额外成本来获得不完全信息是有利可图的。

现在这个问题变成了序贯决策问题:第一个决策,是否要获得附加信息（做调查还是不做调查），第二个决策，是引进新产品还是不引进新产品。图 G.4 序贯决策树上面的分支是原来的引进产品的决策。

假设要做调查去获得附加的不完全信息，并以此为基础来决策是否引进新产品。调查的目的是判定引进新产品是否会成功。调查将有两种可能的结果：预计成功和预计失败。这个序贯决策如图 G.4 决策树下面的分支。考虑到这个问题是以决策树的形式表现出来的，我们可能会想到，利用反向求解方法来计算预期收益，并做出决策。不幸的是，只有我们确定第一个决策的调查预测结果的概率后，才能使用这种方法。

为了获得调查预测事件的信息，我们不能用简单的概率。预测产品的成功或失败的概率值可能是无意义的（这可能与引进新产品或者最终收益无关）。相反，我们必须认识到在决策序列中事件概率的依赖性（调查结果的概率和实际收益是相关的）。对于这个问题来说，首先要决定是否要（通过调查）获得附加信息，其次决定是否引进新产品。因为有必要从第二个决策值开始，利用反向求解方法，所以我们必须给定第一个决策事件已经发生的条件，再来确定第二个决策事件发生的概率。因此，概率要体现出决策的顺序关系。具体来说，要确定当给定调查结果时的实际收益的条件概率。为此，要运用贝叶斯定理与某些附加的客观概率信息。

利用贝叶斯定理对先验概率进行修正的方法由下述几个步骤组成：

(1) 获得决策环境中事件的先验概率和条件概率。在调查产品引进问题中，先验 $P(H)=0.2$ 和 $P(L)=0.8$ 是已知的。条件概率是被引入这个问题的附加信息。注意，只依据先验概率，我们不会引进新产品。我们可以依据客观资料（以前类似的调查或者对类似产品的调查）来确定条件概率，或者可以依据主观判断（富有经验的专家的判断）。在这个问题中，我们使用如表 G.16 给出的条件概率。注意，由此表可知，高需求时，依据经验预测产品成功的概率是 0.6。

表 G.16　调查产品引进问题的给定实际需求的调查结果的条件概率

调查结果	实际需求	
	高需求（H）	低需求（L）
调查预测成功（S）	$P(S|H)=0.6$	$P(S|H)=0.3$
调查预测失败（F）	$P(F|H)=0.4$	$P(F|H)=0.7$
总和	1.0	1.0

(2) 将先验概率和条件概率转换成联合边缘概率。附录 A 已经给出转换公式，表 G.17 (A) 只是重述这个问题。表 G.17 (B) 给出了联合概率

的计算。从表 G.17（B）中可以看出，高需求与调查预测成功的联合概率计算如下：

$$P(HS) = P(高需求)P(调查预测成功|高需求)$$
$$= P(H)P(S|H)$$
$$= 0.2 \times 0.6$$
$$= 0.12$$

将所有需求的联合概率相加，可以得到调查结果的边缘概率。因此，预测产品成功的调查的边缘概率：

$$P(S) = P(HS) + P(LS)$$
$$= 0.12 + 0.24$$
$$= 0.36$$

表 G.17　调查产品引进问题的联合概率计算表：P（实际销售与调查结果）

A. P（实际需求与调查结果）的联合概率公式

需求水平	成功(S)	失败(F)	总和
高需求(H)	$P(HS) = P(H)P(S\|H)$	$P(HF) = P(H)P(F\|H)$	$P(H)$
低需求(L)	$P(LS) = P(L)P(S\|L)$	$P(LF) = P(L)P(F\|L)$	$P(L)$
总和（边缘概率）	$P(S)$	$P(F)$	1.0

B. P（实际需求与调查结果）的联合概率计算

需求水平	成功(S)	失败(F)	总和
高需求(H)	$P(HS) = 0.2 \times 0.6 = 0.12$	$P(HF) = 0.2 \times 04 = 0.08$	$P(H) = 0.2$
低需求(L)	$P(LS) = 0.8 \times 0.3 = 0.24$	$P(LF) = 0.8 \times 0.7 = 0.56$	$P(L) = 0.8$
总和（边缘概率）	$P(S) = 0.36$	$P(F) = 0.64$	1.0

（3）利用贝叶斯定理计算修正概率或后验概率。后验概率这个术语表示先验概率通过包括附加概率信息（即调查结果的条件概率）而得到修正。因此，只有已知先验概率之后，才能得出后验概率。计算后验概率是利用贝叶斯定理来完成的。在决策过程中，计算图 G.4 中每个末端分支的后验概率，必须反映调查结果的信息。利用贝叶斯定理，给定产品成功的调查结果，对高销售额的后验概率计算如下：

$$P(H|S) = \frac{P(HS)}{P(S)} = \frac{0.12}{0.36} = 0.333$$

注意，所得到后验概率的结果 0.333 大于先验概率 0.2，这表明后验概率考虑到了附加信息。

类似地，其他三个后验概率的计算过程如下：

$$P(H|F) = \frac{P(HF)}{P(F)} = \frac{0.08}{0.64} = 0.125$$

$$P(L|S) = \frac{P(LS)}{P(S)} = \frac{0.24}{0.36} = 0.667$$

$$P(L|F) = \frac{P(LF)}{P(F)} = \frac{0.56}{0.64} = 0.875$$

这种三步方法可应用于任何情况的问题，但必须有先验概率与条件概率。

现在我们可以将边缘概率和后验概率与向后求解方法相结合，利用序贯决策解决调查产品引入问题。在图 G.5 中，决策树包含边缘概率与后验概率。可以看出，后验概率位于做调查决策的分支末端。然后，用与前面相同的方式计算每一个分支的期望值。所有不引进产品的选择期望值为 0，但是现在，由于概率得到了修正，其中一个分支中的销售收益为 66.4 万美元。采用大中取大法，从第二个决策中选择最佳收益，然后再将其放到第一个决策中加以考虑。由于调查结果的事件有可能发生（用边缘概率测量），所以计算出的第二个预期值 23.9 万美元，代表了选择做调查的预期收益。然后，下一步将决定选择 0 收益的"不做调查"，还是带来 23.9 万

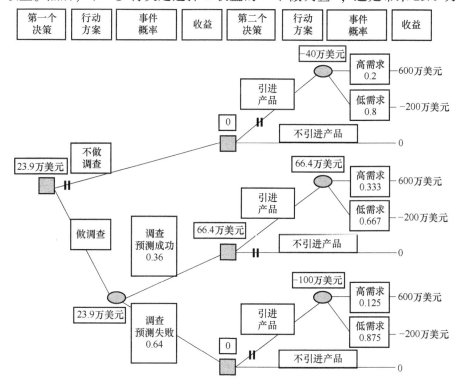

图 G.5 调查产品引进问题的序贯决策求解

美元收益的"做调查"。如利用期望值准则，那么最佳选择是"做调查"。如果调查预测成功，就会选择"引进产品"，预计将会有23.9万美元的收益。如果调查预测失败，那么将选择"不引进产品"，并且所得到的收益为0。

在这个问题中，如果仅仅依据先验概率，那么，面临的情况会是预期收益为0。通过增加调查结果的条件概率，预期收益则会增加到23.9万美元。出现这种差异的原因在于附加信息。新增加的信息虽然是不完全信息，但是却使预期收益增加了23.9万美元（和原来的决策相比）。

使用者在利用这个方法时，应该注意以下几个要素：①不完全信息的期望值是一个预期值，因此，我们不一定接受它。②因为我们还没有获得附加的不完全信息，所以，它的真正价值不能确定。在决策过程中使用附加的不完全信息，人们只能确定它是否有价值，能否提高正确做出决策的能力，能否增加人们想要的预期收益。③事件概率的依赖性不是一定成立的。用一个事件的概率来修订另一个事件的概率可能是无效的，除非可以证明二者之间有关系。④这里没有讨论附加信息的成本。如果做调查的成本大于销售额23.9万美元的收益，那么我们不会做调查。

G.11 决策理论应用问题

下面是决策理论的几个应用问题，同时在每个问题后面都给出了答案。对这些问题运用本附录中所阐述的方法和概念。

1. 某公司希望投资三种资源中的一个：新的人员、新技术或者新流程。我们不知道该公司处于什么样的经济环境，也没有信息表明经济环境是什么样的。假如投资于人员，当市场环境繁荣时，会有230万美元的预期利润，当市场环境低迷时，则只有110万美元。假如投资于技术，当市场繁荣时，会有280万美元的利润，当市场环境低迷时，则有130万美元的利润。假如投资于流程，当市场环境繁荣时，会有70万美元的利润，当市场环境低迷时，则有420万美元的利润。

a. 怎样建立这个决策理论模型呢？
答案：基本模型见表G.18。

表 G.18 基本模型（问题1）

可选方案	自然状态	
	市场繁荣状况	市场低迷状况
人员	230 万美元	110 万美元
技术	280 万美元	130 万美元
流程	70 万美元	420 万美元

b. 这个问题的决策理论环境是确定型还是不确定型？

答案：因为自然状态是不确定的，所以这是不确定型问题。

c. 采用大中取大法，最佳的选择是什么？

答案：投资于流程，获得420万美元的收益。

d. 采用小中取大法，最佳的选择是什么？

答案：投资于技术，获得130万美元的收益。

2. 由于良好的股市，公司有机会投资新的信息技术来支持开发新的电子商务市场。他们计划开发两个新市场来销售服务，包括企业对企业（B2B）和企业对消费者（B2C）。为了支持这些市场，可以投资下面三种技术之一：A、B或者C。假如投资A技术，则在B2B市场中每年可获得的利润为350万美元，在B2C市场中为400万美元。假如投资B技术，则在B2B市场中每年可获得的利润为220万美元，在B2C市场中为490万美元。假如投资C技术，则在B2B市场中每年可获得的利润为500万美元，在B2C市场中为200万美元。

a. 怎样建立这个决策理论模型？

答案：基本模型见表G.19。

表G.19 基本模型（问题2）

可选方案	自然状态	
	B2B	B2C
技术A	350万美元	400万美元
技术B	220万美元	490万美元
技术C	500万美元	200万美元

b. 这个问题是确定型问题还是不确定型问题？

答案：因为自然状态是不确定的，所以这是不确定型问题。

c. 如果采用拉普拉斯准则，最佳的选择是什么？

答案：投资于A技术，可获得375万美元的收益。

d. 如果采取大中取小法，最好的选择是什么？

答案：投资于A技术，此时机会损失最小，为150万美元。

第3和第4个问题将用到下面这些数据，假设有如表G.20所示的这个成本收益表：

表 G.20　成本和收益

事件	可选方案		
	A	B	C
A	120	270	380
B	200	410	280
C	280	290	250
D	560	100	100

3. 采用大中取大法、小中取大法、拉普拉斯准则，最佳的选择分别是什么？

答案：大中取大法——策略 A（最大收益为 560）

小中取大法——策略 A（最差的收益为 120）

拉普拉斯准则——策略 A（平均收益为 290）

4. 四个事件的概率分别是 0.40、0.35、0.15、0.10。这三种可选方案的每一个期望值分别是多少？基于期望值分析，哪一个可选方案是最佳的选择？

答案：A = 216，B = 305，C = 297.5；最佳选择是 B 策略。

5. 利用如表 G.21 所示的修订后收益表，重新计算考察表 G.13 所给出的调查引进产品问题的附加不完全信息的期望值。

表 G.21　修订后收益表

事件	行动方案	
	引进产品	不引进产品
(H)	2400 万美元	0
(L)	-1200 万美元	0

答案：EVPI（完全信息期望值）= 0.2 × 2400 万美元 + 0.8 × 0 美元 = 480 万美元；

EV(引进产品) = 0.2 × 2400 万美元 + 0.8 × (-1200 万美元) = -480 万美元；EV(不引进产品) = 0.2 × 0 美元 + 0.8 × 0 美元 = 0 美元。

6. 如果人们想要使预期收益最大化，考察图 G.6 中的决策树，那么最佳决策是什么？

答案：D 是最佳的选择，期望值为 427 美元，与之相对的 C 期望值为 173.9 美元。

7. 图 G.7 给出了利润最大化的决策树。使用后向求解方法，确定最佳决策。最佳决策的期望值是多少？

答案：没有最佳选择，期望值为 474.2 美元。

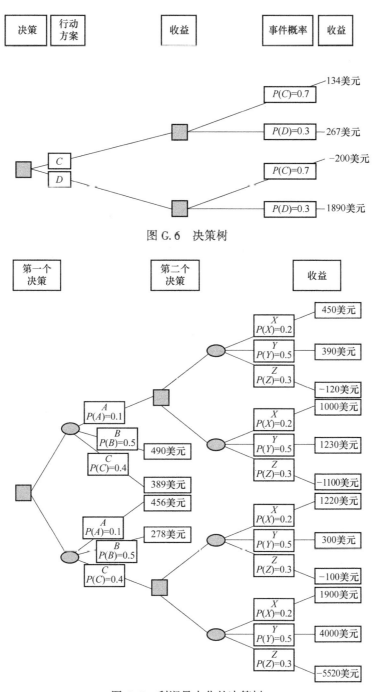

图 G.6 决策树

图 G.7 利润最大化的决策树

Authorized translation from the English language edition, entitled Business Analytics Principles, Concepts, and Applications: What, Why, and How, 1st Edition, 9780133552188, by Marc J. Schniederjans, Dara G. Schniederjans, Christopher M. Starkey, published by Pearson Education, Inc, Copyright © 2014 by Marc J. Schniederjans, Dara G. Schniederjans, and Christopher M. Starkey.

All rights reserved. No part of this book may be reproduced or transmitted in any form or by any means, electronic or mechanical, including photocopying, recording or by any information storage retrieval system, without permission from Pearson Education, Inc.

CHINESE SIMPLIFIED language edition published by CHINA MACHINE PRESS, Copyright © 2018 by China Machine Press.

本书封面贴有Pearson Education（培生教育出版集团）激光防伪标签。
无标签者不得销售。
北京市版权局著作权合同登记 图字：01-2015-5832号。

图书在版编目（CIP）数据

商业数据分析：原理、方法与应用／（美）马克·J. 施尼德詹斯等著；王忠玉，王天元，王伟译．—北京：机械工业出版社，2018.6（2023.2重印）

书名原文：Business Analytics Principles, Concepts, and Applications: What, Why, and How

ISBN 978-7-111-60209-5

Ⅰ.①商… Ⅱ.①马… ②王… ③王… ④王… Ⅲ.①商业信息-数据处理 Ⅳ.①F713.51

中国版本图书馆CIP数据核字（2018）第128536号

机械工业出版社（北京市百万庄大街22号 邮政编码100037）
策划编辑：易 敏 责任编辑：易 敏 刘 静 刘鑫佳
责任校对：刘秀芝 封面设计：鞠 杨
责任印制：常天培
固安县铭成印刷有限公司印刷
2023年2月第1版第4次印刷
169mm×239mm · 17.25印张 · 330千字
标准书号：ISBN 978-7-111-60209-5
定价：59.00元

电话服务　　　　　　　　网络服务
客服电话：010-88361066　　机 工 官 网：www.cmpbook.com
　　　　　010-88379833　　机 工 官 博：weibo.com/cmp1952
　　　　　010-68326294　　金 书 网：www.golden-book.com
封底无防伪标均为盗版　　　机工教育服务网：www.cmpedu.com